KB244015

함께 사는 세상이
정치의 근본입니다.

문 용 식

함께 살자

개념사장 문용식의 인생 3막

함께 살자

문용식 지음

21세기북스

세 가지 질문에 대한 답

올해 초에 《꾸준함을 이길 그 어떤 재주도 없다》라는 제목의 책을 펴낸 바 있다. PC통신 나우누리에서 인터넷 개인방송 아프리카TV까지, 20년간 IT기업을 경영하면서 얻은 경험과 깨달음을 정리한 책이다. 책을 읽은 많은 분들로부터 분에 넘치는 칭찬을 받아서 새삼 책을 쓴 보람을 느끼기도 했다. 책 제목으로 삼은 '꾸준함을 이길 그 어떤 재주도 없다'는 내 인생 좌우명이기도 하다.

책 출간 이후, 내 인생에 커다란 변화가 있었다. 지난 6월, 기업 생활을 마무리하고 정치에 뛰어든 것이다. 나우콤 대표이사직까지 사임하고 새롭게 민주당 인터넷소통위원장을 맡게 되었다. 내가 지난 20년간 해온 일이 인터넷 분야여서 인터넷소통위원장이란 임무가 생소할 것은 없지만, 어쨌든 기업에서 정당으로, 비즈니스에서 정치로 완전히 말을 갈아탄 셈이다.

초심, 지킬 수 있어?

정치 입문 이후에 많은 사람들을 만나고, 많은 얘기를 들었다. 그중에서 가장 많이 들은 세 가지 질문이 있다.

첫째, 좋은 기업 버리고 왜 골치 아픈 정치에 뛰어드냐? 내가 만난 많은 사람들에게 정치는 골치 아픈 것, 험한 것, 욕 먹는 것이었다. 잘해도 본전이고 못하면 욕 바가지로 먹기 십상인 정치에 뭐가 아쉬워서 뛰어드냐는 것이다. 아프리카TV, 나우콤 다 잘나가는데, 그냥 하던 거나 하지….

둘째, 정치를 하더라도 왜 하필이면 민주당이냐? 이 질문을 하는 사람들 중에 왜 한나라당 가지 않고 민주당이냐는 뜻으로 묻는 사람은 아무도 없을 것이다. 평소 개념 찬(?) 언행으로 볼 때 이념적 지향이 강한 진보정당이 더 어울릴 것 같은데 왜 민주당이냐는 뜻이다. 이들에게 민주당은 전라도 사람들에게 의지하는 지역주의 정당, 이념적 정체성이 애매모호한 보수적인 정당에 불과한 것이다. 문제 많고 인기도 없는 민주당에 왜 제 발로 찾아가냐, 미련스럽게….

셋째, 정치도 좋고 민주당까지도 좋아, 그런데 정치하면서 초심 지킬 수 있어? 이들에게 정치인은 한결같이 뜨내기였다. 선거철만 되면 얼굴 내밀었다가, 떨어지면 소리 소문 없이 사라지는 철새…. 혹은 요행히 당선되고 나면 목에 깁스하고 군림하려 드는 권력의 부나방…. 그래서 결국 그놈이 그놈이더라는 식의 체념…. 문용식, 너도 약자를 위해 정치를 하겠다고 말은 하지만, 결국 바뀔 거지? 절대 안 바뀌고 끝까지 초심 지킨다고 약속할 수 있냐고….

이 책은 어찌 보면 이 세 가지 질문에 대한 답이다. 왜 정치를 하는가? 왜 민주당에서 정치를 하는가? 과연 초심을 지킬 수 있을 것인가? 밤잠을 설쳐가면서 수도 없이 고민하고 고민한 질문들이다. 이 질문들에 답하기 위해 출사표도 정리해보고, 인터뷰도 하고, 강연도 하고, 편지글도 써보았다. 이 책은 그 글들을 모아 정리한 것이다.

나는 세 가지 질문 중에서 가장 중요한 것은 세 번째 질문(과연 초심을 지킬 수 있을 것인가)이라고 생각한다. 첫 번째, 두 번째 질문의 경우 정치하는 사람들마다 다 명분이 있고, 선택의 근거들이 있다. 정치하는 명분, 당을 선택하는 근거는 다 그럴듯하다. 그래서 이 말 들으면 이 말이 옳고 저 말 들으면 저 말이 옳은 것처럼 들릴 수밖에 없다. 게다가 정치인들의 말이 얼마나 화려한가!

그러나 세 번째 질문은 입으로 내세우는 명분이 아니라 몸으로 실행하는 실천의 문제다. 백 마디 말보다 한 번의 실행이 중요하다. 본디 사람의 말은 믿을 것이 못 된다. 하물며 정치인의 말이야 두말해서 무엇하랴! 하지만 말은 속일 수 있을망정, 인생은 속이지 못한다. 정치인이든 누구든 그 사람을 판단하려면, 자신의 인생이 걸린 결정적인 순간에 무슨 선택을 했는가, 어떤 실천을 했는가를 보면 알 수 있다. 특히 정치인들은 입에 발린 공약보다는 살아온 인생이 훨씬 중요한 판단 기준이 될 것이다.

이번에 책을 내면서 책의 구성을 인생 1막, 2막, 3막으로 정리한 것도 다 이 때문이다. 커다란 성취는 없었지만, 나름대로 성실하고 열심히 살아온 인생을 있는 그대로 보여주자는 뜻이다.

엄혹한 군사독재정권 아래서 민주화운동을 하던 인생 1막 20대 시절, 누구나 계란으로 바위치기라 했지만, 결국 계란이 모여 바위를 깨트렸다. IT기업을 하던 인생 2막 30~40대 시절, 누구나 망한다고 했던 회사의 대표이사를 맡아 크지는 않지만 위기에 강한 기업을 만들었다. 이제 인생 3막 새롭게 정치를 시작하면서, 시대적 과제를 앞에 두고 결코 비겁하게 회피하거나 주저하지 않고 정면으로 도전해보려 한다. 지금까지 살아왔듯이….

어머니의 마음으로

책 제목 '함께 살자'는 나의 가장 근본적인 정치적 메시지라 하겠다. 내가 정치하는 가장 근본적인 이유나 목적을 들라면 '함께 사는 세상'을 만들기 위해서다. 예전에 고집쟁이 농사꾼이자 작가였던 전우익 선생의 《혼자만 잘 살믄 무슨 재민겨》란 책이 있었다. 바로 그 정신이 내가 정치하는 소박한 이유다.

현재 한국 사회는 공동체의 따뜻한 사회 안전망이 없는, 모두가 불안한 사회로 바뀌어버렸다. 중소기업, 직장인, 자영업자, 영세상인, 비정규직, 청년, 대학생 모두가 불안하다. 현재 한국 사회를 규정짓는 단 한 가지 키워드를 들라면, '불안' 이 한마디다. 모두가 불안한 사회에서 벗어나야 한다. 함께 사는 길을 찾아야 한다.

가진 자와 못 가진 자가 함께 살고, 대기업과 중소기업이 함께 살고, 정규직과 비정규직이 함께 살고, 동과 서, 남과 북이 함께 살아야 한다. 나아가 한국과 세계가 함께 살고, 인간과 자연이 함께 살아야 한다. 승자독식에서 함께 사는 사회로 바뀌어야 한다.

향후 20년이 관건이다. 이 20년 동안 대한민국이 나아갈 물꼬를 근본적으로 궤도 수정하지 않으면 차마 상상하기 어려운 일이 현실로 나타날 수 있다. 남미의 어느 나라들처럼 잘나가는 기업의 CEO들은 무장경호원의 호위를 받으면서 출퇴근을 해야 할지 모른다. 얼마 전 영국에서처럼 현실에 좌절한 젊은이들의 분노가 터져 나와 도심 한복판에서 폭동이 벌어질지도 모르는 일이다. 1퍼센트 특권층들이 불의와 반칙으로 쌓아 올리는 성채는 더 이상 안전하지 않다. 특권층이 안심하고 살아가기 위해서라도 함께 사는 따뜻한 공동체를 회복해야 한다.

목소리가 없는 사람들에게 목소리를 찾아주는 것이 정치라고 했다. 미국의 오바마 얘기다. 브라질의 룰라 대통령은 정치는 '어머니의 마음'으로 해야 한다고 했다. 어머니가 자식들 가운데 가장 약한 아이에게 신경을 더 쓰듯, 정치는 사회적 약자를 돌보는 사회통합에 힘을 써야 한다는 뜻이다. 약자를 위한 정치, 함께 사는 세상이 정치의 근본이다. 함께 살자!

2011년 11월

인생 3막의 첫발을 내디디며 **문용식**

CONTENTS

인생 1막 운 동

계란으로 바위 치기, 바위를 깨트리다

부록 우리가 만난 문용식

인생 3막

정치

정의와 상생의
대한민국을 꿈꾸다

나는 왜 정치를 시작하는가?

2011년 6월, 20년 재직하던 나우콤을 그만두고 민주당에 입당하여 유비쿼터스위원장(인터넷소통위원장)을 맡게 되었다. 그때 정치 입문을 앞두고 입문의 변을 정리한 글이다. 문용식의 '정치 출사표'라 하겠다.

대한민국은 지금 중병을 앓고 있다. 각종 통계가 이를 생생하게 보여준다. OECD 국가 중에서 한국은 근로시간 1위, 비정규직 비율 1위, 산재 사망률 1위, 저임금 노동자 비율 1위, 소득격차 2위, 사교육비 비중 1위, 이혼율 1위, 자살률 1위, 출산율 꼴찌를 기록하고 있다.

한마디로 한국 서민들은 가장 위험한 노동환경 하에서 가장 장시간 일을 한다. 하지만 일자리는 불안정하고 소득 불평등은 극심하다. 소득은 적은데 애들 교육비는 가장 많이 들어간다. 팍팍한 세상살이 탓에 많은 가정이 해체되고, 많은 사람이 스스로 목숨을 끊는다. 미래가 암담하기 때문에 애를 낳는 것도 거부한다. 이런 상태가 지속되면 한국 사회는 머잖아 최소한의 공동체적 기반마저 허물어지는 길로 접어들 것이다.

　이런 세상을 살아가는 한국 사람이 결코 행복할 리가 없다. 한국 사회는 현재 불안과 분노, 불신에 가득 차 있다. 한국 사회를 규정짓는 가장 근본적인 키워드는 '불안'이다. 한국 사회는 승자독식의 사회다. '1등만 기억하는 더러운 세상'이다. 경쟁에서 탈락한 약자들이 타고 올라갈 수 있는 사다리가 없다. 패자부활전이 불가능한 사회, 공동체의 따뜻한 사회 안전망이 없는 사회, 그래서 모두가 불안한 사회다. 중소기업, 직장인, 자영업자, 영세상인, 비정규직, 청년, 학생 모두가 불안 속에 살고 있는 사회다.

　세상이 정의롭지 못하고 공정하지 못할 때, 분노는 터져 나오게 된다. 법은 가진 자에게는 관대하고 약자에게는 가혹하다. 삼성 이건희 회장은 수조 원을 탈세해도 특별사면되고, SK그룹 오너의 일가는 봉건적인 사적 린치를 가해도 '사회적 지탄을 충분히 받았다'는 기가 막힌 논리로 석방된다. 반면 용산 철거민은 살기 위해 망루에 올랐다가 공권력에 의해 죽어서 내려왔다. 재벌기업은 한결같이 탈세, 횡령, 배임, 부당거래, 편법상속 투성이고, 고위 공직자들은 부동산투기와 위장전입의 전문가들이다. 오죽하면 '고소영 강부자 정권'이라고 하겠는가.

　가진 자의 자녀는 좋은 교육을 통해 부를 대물림하는 반면, 사교육비를 감당 못하는 서민의 자녀는 출발선에서부터 경쟁에 탈락한다. 대기업은 중소하청기업을 쥐어짜고, 대기업 정규직은 비정규직의 희생 위에 자신만의 성채를 짓고 산다. '분노가 밖으로 표출되면 존속살인이나 묻지마 살인의 방식으로 나타나고, 분노가 나를 향하면 자살로 이어진다.'

한국 사회의 발전 틀을 바꾸자

한국 사회를 더 이상 이대로 방치하면 안 된다. 사회의 발전 틀을 근본적으로 바꾸어야 한다. 승자독식의 사회에서 함께 사는 사회로 바꾸어야 한다. 가진 자와 못 가진 자가 함께 살고, 대기업과 중소기업이 함께 살고, 정규직과 비정규직이 함께 살고, 동과 서·남과 북·한국과 동아시아 국가들이 함께 살아야 한다. 나아가 인간과 자연이 함께 살아야 한다.

함께 사는 사회를 만들려면 무엇보다 공동체의 정의롭고 공정한 규칙을 세워야 한다. 기득권층의 특권과 반칙이 용납되어서는 안 된다. 선출되지 않은 권력이 민주주의 원리를 짓밟아서는 안 된다. 재벌 대기업의 탐욕은 공정과 상생의 원리 아래 제어되어야 한다. 무소불위의 검찰 권력은 권력 분립과 민주적으로 통제되는 구조로 개편되어야 한다. 보수언론은 사실에 기초하고 상식을 회복하도록 개혁되어야 한다. 관료의 폐쇄적 철밥통 구조는 깨져야 하고 국민의 공복으로 거듭나야 한다. 관은 다스리기(治) 위해 존재하는 것이 아니라 백성(民)을 주인(主)으로 섬기기 위해 존재하는 것이다.

이 모든 것은 정치로부터 출발한다. 정치가 바로 서야 국가와 사회가 바로 선다. 사회발전 틀을 근본적으로 바꾸는 것도, 사회에 정의와 공정의 원칙을 세우는 것도 정치에서 비롯된다. 그러나 한국의 정치는 국민의 열망을 충족시키지 못할 뿐만 아니라, 오히려 한국 사회를 분열시키고 퇴행시키는 역할을 하고 있다. 남북분단 상황은 이 나라 보수를 시대착오적인 수구 이념에 사로잡히게 만들었고, 영호남 지역주의 구조는 지역 대립, 분열을 부채질하는 데 이용되었다.

한국의 정치는 상식과 합리에 기초해서, 건전한 보수와 합리적 진보개혁이 경쟁하는 구조로 바뀌어야 한다. 이를 위해서는 무엇보다 수구적 보수가 영원히 퇴출되거나 정치적으로 무의미할 정도로 위상이 줄어야 한다. 반대로 진보개혁 세력은 혁신의 거듭남을 통해 정치적인 위상을 키워야 한다. 이렇게 변화할 때 한국 정치는 보수와 진보개혁 간 경쟁을 통한 선순환의 발전 고리가 만들어질 것이다.

나는 한국 사회의 발전 틀을 근본적으로 바꾸고, 이 땅에 정의와 공정의 원칙을 세우는 데 미약한 힘이나마 보태기 위해 정치를 시작한다. 그리고 새로운 리더십으로 진보개혁 세력을 통합하고 혁신적으로 거듭나게 하는 데 기여하고자 정치를 시작한다.

내가 생각하는 한국 사회의 비전은 '지식문화 강국'이다. 이미 한국 사회는 지식산업의 시대로 접어들었다. 공장 노동자보다 사무직, 전문직 노동자의 비중이 훨씬 크다. 게다가 한국 사회는 세계에서 첫 번째로 꼽힐 만한 우수한 인적자원과 문화적 창의성, 역동성을 지니고 있다. 한국 사회가 갖춘 주·객관적인 조건을 잘 활용한다면 한국은 21세기를 주도하는 국가가 될 수 있다.

정당의 리더십도 바뀌어야

나는 인터넷 전문기업 나우콤에서 20년간 한 우물을 파왔다. PC통신 시절 나우누리로 시작하여 아프리카TV를 성공시키기까지 통신, 인터넷, 뉴미디어 분야의 벤처 1세대이자 성공한 기업가로 일해왔다. 지난 20년은 한국 사회가 아날로그에서 디지털로 바뀌어온 시절이기도 했다. 앞으로는 디지털 시대다. 수직적인 위계구조를 특징으로 하는 아날로그 사회는 수평적인 해체와 통합을 본질로 하는 디지털 사회로 바뀌어갈 것이다. '수직에서 수평으로!' 이것이 디지털 시대를 맞아 생겨나는 사회변화의 또 하나의 키워드다. 사회가 바뀌면 리더십도 바뀌어야 한다. 수직적·권위적인 리더십에서 수평적·소통지향적인 리더십으로 바뀌어야 한다.

게다가 지금은 커뮤니케이션 방식이 SNS 기반의 뉴미디어로 바뀌었다. 획일적인 지시와 통제가 먹히지 않는 시대다. 누구나 정보의 발신자가 되고, 누구나 정보의 수신자가 된다. 개방, 참여, 공유의 플랫폼 위에서 소비자가 미디어를 창조적으로 소비하는 시대다.

커뮤니케이션 방식이 바뀌면 당연히 정치 행태와 정당의 리더십도 바뀌어야 한다. 스토리가 있는 콘텐츠를 만들어내는 능력, 이슈를 놓고 대중과 공감할 수 있는 소통 능력, 온·오프를 넘나들면서 정보와 지식의 나눔을 즐기는 능력, 이를 통해 우호적 지지자 네트워크를 효과적이고 광범위하게 결집시키는 능력이 정치 행위에서 새롭게 요구되는 리더십이다.

지금의 진보개혁 세력, 특히 민주당에 이런 리더십이 시급히 강화되어야 한다. 민주당은 진보개혁 세력의 맏형이다. 민주당은 지금까지 김대중, 노무현 대통령의 리더십을 바탕으로 항상 새로운 변화를 적극적으로 수용함으로써 시대적인 요구에 부응해왔다. 이제 민주당은 소셜네트워크 등의 뉴미디어 환경 내에서 청년, 화이트칼라, 전문직 등의 새로운 지지층을 결집함으로써 젊은 정당으로 거듭나야 할 과제를 안고 있다. 나는 지난 20년 동안 IT기업을 경영한 경험을 살려서 민주당이 새로운 정치 리더십을 선보이고, 새로운 지지층(지식문화산업의 원동력이 되는 일꾼들)을 결집하는 데 도움이 되도록 최선의 노력을 다할 것이다.

20대에 민주화운동을 할 때 죽을 각오로 했다. 죽을 용기는 없었지만, 운동하다가 군사독재정권의 고문과 탄압으로 죽을 수도 있다고 생각했다. 실제로 내가 주도했던 '깃발'과 민추위 조직의 가까운 후배 우종원은 의문사를 당했다. 또 수배 중인 '깃발' 조직원의 후배였던 박종철 학생은 남영동 대공분실에서 물고문을 받다가 고문사를 당했다. 이는 결국 1987년 6월 항쟁의 기폭제가 되어 거대한 승리를 이루는 역사의 한 페이지를 장식했다. 민주화운동을 할 때 누구나 계란으로 바위치기라 했다. 그러나 결국 계란이 모여 바위를 깨트렸다. 이게 내 인생 1막이었다.

이후 30대 초반부터 지금까지는 나우콤에서 일했다. 대주주가 연속 세 번씩 부도를 내고 누적적자가 100억이 넘어서 회사가 망할 위기에 있을 때 대표이사에 취임했다. 누구나 망한다고 했다. 이미 사업 트렌드는 바뀌었고, 기존사업은 망해가고, 신규사업은 준비해놓은 것이 없었다. 그러나 절체절명의 위기에서 기적 같은 반전에 성공했다. 운도 좋았고, 직원들이 최선의 노력을 다한 결과였다. 나우콤이 가장 성공한 회사는 아니지만, 위기에 처했을 때 가장 강한 기업이라는 자부심 정도는 내세울 수 있다. 20년간 기업경영을 하면서 비록 최선의 결과를 얻지는 못했을지라도, 과정에서 매 순간 최선의 노력을 다했다고 감히 자부한다. 이게 내 인생 2막이다.

이제 인생 3막을 살려고 한다. 한국 사회의 물꼬를 돌리는 데 남은 인생을 바치려 한다. 꽃다운 젊은 청춘이 세계에서 가장 많이 목숨을 끊는 나라가 어찌 제대로 된 사회라 할 것인가. 나락으로 빠지지 않으려고 경쟁에 몸부림을 칠 뿐 협력과 배려의 기쁨을 느끼지 못하는 사회가 어찌 인간의 사회라 할 것인가. 사람에 대한 사랑은 정의를 추구하게 하고, 정의의 실현은 평화로 열매를 맺을 것이다.

함께 살자. 공정한 원칙을 세우자. 새로운 리더십을 세우자. 그래서 21세기 지식문화 강국으로 우뚝 서자!

IT업계의 거물, 정치무대에 서다

정치에 입문한 지 한 달도 안 되어 전통 있는 시사 주간지의 표지모델로 등장하는 영광(?)을 누렸다. 표지 사진은 즉석에서 촬영한 것인데, 분장과 포토샵 처리를 하지 않은 생얼 그대로다.

만나고 보니 아무리 봐도 아날로그형 인간이다. 문용식 민주당 유비쿼터스위원회 위원장. 트위터 같은 소셜미디어를 '제법 잘 쓴다'는 사람들은 기회를 잘 포착한다. 이런 사람들은 상대방과 이야기를 나누면서도 시선은 때때로 트위터의 타임라인을 훑는다. 어디 행사장에서 영상을 상영하기 위해 불이라도 끌라치면, 고개를 푹 숙이고 열심히 트위터 팔로어들에게 현장중계하느라 열심이다. 때로는 스마트폰으로 앞에서 발언하는 사람의 사진을 찍는 것도 이제는 익숙한 풍경이다. 하지만 문 위원장은 그러지 않았다. 인터뷰 내내 그는 가끔 자신의 휴대폰에 걸려오는 전화나 문자메시지를 확인했지만 거기까지였다. 이 사람, '멀티'에는 능하지 않다. 트위터는 바빠서 많이 못 하고, 이동 중에 짬짬이 한다고 했다.

인생 3막_정치 21

문용식 민주당 유비쿼터스위원회 위원장은 어떤 분야의 일을 하든 한 분야에서 10년을 최선을 다한다면 최고의 경지에 오르게 된다고 주장한다. 사진은 나우콤 사장 시절 직원을 격려, 교육하는 문용식 위원장.

　그의 인생사도 멀티가 아니다. 지독히 모든 것을 바쳐 한 우물을 판 인생이다. 그는 자신의 인생을 3막으로 구분했다. 1막은 20대의 10년이다. 민주화운동에 올인했다. 2막의 무대는 나우콤이라는 인터넷 기업이다. 20년이다. 그는 "30~40대의 청춘을 바쳤다"고 말했다. 그리고 앞으로 펼쳐질 3막의 무대는 정치다. 그는 3막에도 20년을 투자할 예정이다.

20대 10년은 민주화운동에 바쳐

정치권이 그에게 준 첫 역할이 유비쿼터스위원회 위원장이다. 유비쿼터스(ubiquitious)를 문자 그대로 정의한다면 '어디든 편재(遍在)하는'이라는 뜻이다. IT기술과 접목시킨다면 '언제 어디서나, 디바이스, 예를 들면 PC나 휴대폰 또는 제3의 단말기에 상관없이, 심지어 사람이든 사물이든 가리지 않고 네트워크에 연결되는' 정도로 해석할 수 있다. 그는 SNS와 같은 뉴미디어 기술이 진보개혁에 보다 친화적이라고 주장했다.

　지금까지의 결과만 놓고 보면 그렇다. 장덕진 서울대학교 사회학과 교수는 심지어 "한국 민주주의의 역사는 트위터 이전과 이후로 나뉜다"고까지 단언한 바 있다. 즉 트위터와 같은 SNS가 확산되면서 사람들이 관계 맺는 형식도 근본적으로 변했는데, 2010년 6·2 지방선거는 '소셜 선거의 탄생'을 보여주는 사건이었다는 지적이다. 그렇다면 앞으로 다가오는 2012년 총선과 대선은? 장 교수나 문 위원장의 진단은 엇비슷하다. SNS와 같은 뉴미디어가 결과를 판가름하는 핵심적 역할을 한다는 것이다.

여전히 풀리지 않는 의문이 있다. 왜 잘나가던 기업가가 굳이 정치에 뛰어드는가. 한국 현대사에 기업가에서 정치가로 변신한 사례는 꽤 된다. 현대의 정주영 회장이 그랬고, 이명박 현 대통령이 그랬다. 가까운 예로는 문국현 전 창조한국당 대표가 있다. 그 사람들이 정치에 뛰어든 건 결과적으로 잘한 일일까. 모르겠다. "조금 구별해서 말씀드려야 할 것 같습니다. 그분들은 주로 기업만 했잖아요. 저는 20대에 국가나 사회, 민족을 위해 청춘을 바쳐 공공선을 위해 살아본 사람입니다. 그러다가 기업을 20년 해서 중간매듭을 지었고 나름의 성과도 냈지요. 중간매듭을 짓는 것도 중요하기 때문에 내가 할 수 있을 만큼은 끈질기게 한 우물을 팠던 것이고요. 앞으로의 과제는 후배들의 몫으로 남겨둘 때가 온 거죠. 이 사회나 공동체가 옳은 방향으로 갈 수 있도록 봉사·희생하기 위해 정치에 뜻을 둔 겁니다." '조국과 민족을 위해' '봉사와 희생', 보다 숭고한 목적 혹은 타인을 위한 삶. 쉽게 할 수 있는 말이 아니다.

그는 드라마틱한 부침이 거듭된 지난 20년을 IT업계에서 살아남았다. PC통신 '나우누리'로부터 시작해 도산 위기를 넘기면서 현재의 아프리카, 웹스토리지 사업 PD박스까지 이제는 '그가 빠져도 굴러가는 데 문제가 없을 정도로' 회사를 궤도에 올려놓았다. 지금까지 살아남았다는 것은 다시 말해 IT 판도를 한눈에 읽을 수 있는 실력을 갖췄다는 뜻이다. 그리고 그런 '경력'이 정치의 해인 2012년, 총선과 대선 국면에서 민주당이 헤쳐나갈 수 있는 뒷심이 될 것이다. 여기까지는 민주당이 할 수 있는 계산이다. 그런데 개인 문용식의 입장에서 본다면?

그의 생각을 읽을 수 있는 첫 번째 열쇠 말은 '분노'다. 이 키워드를 끄

집어낸 것은 정용진 신세계 부회장이다. "이분, 분노가 참 많으시네요. 아무리 왼쪽에 서 계셔도 분노는 좀 줄이도록 하세요. 사회가 멍듭니다."

분노한다, 고로 정치에 나섰다

2010년 10월 포털 검색어를 달군 문용식—정용진 논쟁이다. 논쟁은 트위터상에서 이뤄졌다. 문 위원장은 사회를 멍들게 하는 것은 분노가 아니라 대기업의 약탈이라고 응수했다. 그는 자신이 갖고 있는 '분노'를 부인하지 않았다.

"최근 베스트셀러가 된 프랑스의 노(老) 레지스탕스 투사의 책 제목이 뭡니까. 《분노하라》이지 않습니까. 한국 사회에서 기득권의 탐욕과 반칙이 도를 넘어섰습니다. 이래선 대한민국 공동체가 무너지기 때문에 분노하는 겁니다." 문 위원장이 분노하는 대상엔 재벌 일가들, 전두환 전 대통령, 그리고 과거 운동권 출신으로 현재 한나라당에 들어간 인사들이 모두 망라된다. '분노'엔 시대에 대한 부채의식이 덧붙어 있다. 1980년대를 몸으로 관통해온 인사들에게 공통적으로 발견되는 멘탈리티다.

또 다른 열쇠 말들은 '상식과 정의'다. "정치해서 부귀영화 누릴 게 뭐가 있겠어요? 상장기업 대표이사를 하고 있는 게 훨씬 낫죠. 대한민국이 정말 잘못된 방향으로 가고 있기 때문에 정치에 뛰어든 겁니다. 모든 사회통계지표가 그것을 보여주고 있어요. 쉽게 말하면 승자독식 사회입니다. 상식, 정의, 공정이 바로 서야 합니다. 저는 대한민국이 정의와 상생의 양

수레바퀴가 제대로 굴러가는 나라가 되어야 한다고 생각해요. 20년은 꾸준히 바꿔야 그 흔적이 남을 거라고 생각합니다."

문 위원장은 상식과 정의를 담보하는 이상적인 정치구도를 '합리적 보수와 합리적 진보가 경쟁하는 양당제 체제'라고 했다. 그러기 위해서는 현재의 정치지형은 바뀌어야 한다. 민주당을 포함한 진보개혁은 뭉쳐서 합리적인 진보 세력이 되어야 하고, 한나라당은 크게 탈바꿈해서 극우적인 색채를 줄이고 건전 보수로 거듭나야 한다. 마지막으로 물었다. 민주당에서 그의 역할을 스포츠 경기의 포지션으로 비유한다면? (애초에 구상한 이 기사의 가제는 '운동권 맏형, 민주당 구원투수로 나서다'였다.) "축구로 치면 미드필더이지 않을까 싶네요. 앞에서 공격수들이, 대권후보가 득점을 해야 하잖아요. 그분들이 잘 득점하도록 돕는. 야구로 치면 포수일 것 같고. 유비쿼터스위원장을 맡았는데, 사실 그게 별거 아니에요. 기획과 전략은 전략위원회에서 만드는 건데 그것이 소통되도록 열심히 '몸빵'하는 겁니다. 꾸준하게 누군가는 해야 할 일을 하는 거죠."

문용식의 뉴스레터

민주당 인터넷소통위원장으로 취임한 뒤 격주로 뉴스레터를 발행하고 있다.
이 글은 뉴스레터의 머리말을 모은 것이다.

정치는 영혼으로 하는 것

이 뉴스레터는 제 메일 주소록에 등록된 모든 분들께 일단 '무작정'(?) 보냅니다. 제 이름 석 자와 얼굴을 보기 싫으신 분들은 주저 마시고, '수신거부' 버튼을 선택하시길.ㅜㅜ

제가 20년 IT기업 생활을 정리하고, 새롭게 20년 정치를 시작하고자 결심했습니다. 왜 어려운 고생을 사서 하느냐고 걱정해주신 분들도 많았지만, "드디어 제 갈 길을 가는구나"라고 격려해주는 분들이 더 많았습니다. 정치 초짜라서 이런저런 어설픔이 있을 것입니다. 그러나 정치는 기술로 하는 것이 아니라, 영혼으로 하는 것이라고 생각합니다. 영혼에서 우러나

민주당
DEMOCRATIC PARTY

정의와 상생의 대한민국을 만들겠습니다!

민주당 유비쿼터스 위원장 **문용식** 입니다.

안녕하세요? 문용식입니다.
이 뉴스레터는 제 메일 주소록에 등록된 모든 분들께 일단 '무작정' (?) 보냅니다.
제 이름 석자와 얼굴을 보기 싫으신 분들은 주저마시고, '수신거부' 버튼을 선택하시길.ㅜㅜ

제가 20년 IT기업 생활을 정리하고, 새롭게 20년 정치를 시작하고자 결심했습니다.
왜 어려운 고생을 사서 하느냐고 걱정해 주신 분들도 많았지만,
'드디어 제 갈 길을 가는 구나'라고 격려해 주는 분들이 더 많았습니다.

정치 초짜라서 이런저런 어설픔이 있을 것입니다.
그러나 정치는 기술로 하는 것이 아니라, 영혼으로 하는 것이라고 생각합니다.
영혼에서 우러나오는 정치, 심장에서 우러나오는 정치를 하겠습니다.

저는 지금까지 인생을 살면서 시대적 과제가 주어졌을 때 회피하지 않고,
항상 정면으로 도전하여 해결해 왔다고 자부합니다.

새로운 도전, 격려해 주시길 바랍니다.
초심으로, 진정성을 가지고, 열씨미 하겠습니다.

감솨!

문용식 드림.

문용식 twitter

▷ 절대로 막아야죠. 사람 목숨에 등급을 매길수는 없잖아요? "@Tcfcwing: @green_mun 이번 정부
   가 의료보험 민영화를 다시 내걸었는데 어찌되실것 같으세요?"

▷ 7월9일 부산 한진중공업 노조를 응원하러 185대의 희망버스가 출발하지요. 왜 185대인가 했더니.
   김진숙 지도위원의 크레인 농성이 그날로 185일째 된다는군요. 저도 신청!

오는 정치, 심장에서 우러나오는 정치를 하겠습니다. 저는 지금까지 인생을 살면서 시대적 과제가 주어졌을 때 회피하지 않고, 항상 정면으로 도전하여 해결해왔다고 자부합니다. 새로운 도전, 격려해주시길 바랍니다. 초심으로, 진정성을 가지고, 열씨미 하겠습니다. 감솨! (2011년 6월 24일)

제2의 미네르바를 만들 필요는 없다

안녕하세요? '정치 초짜' 문용식입니다.

당에 입당한 지도 한 달여가 되어가는군요. 여의도 국회와 영등포 당사를 출입하는 시간이 많아졌습니다. 당이 어떻게 돌아가는지, 첨예한 이해관계가 걸린 회의가 어떻게 진행되는지 조금씩 몸으로 익히는 시간이었습니다. 봉숭아학당 같은 분위기에 약간 질리기도 했지만, 정치 초짜가 어쩌겠습니까? 바닥에서부터 하나하나 확인하고, 다져나가는 수밖에요.

이번 주 〈주간경향〉 933호에 제가 표지모델로 등장했습니다. 그냥 인터뷰인 줄 알고 했더니, 잡지의 커버스토리로 특집을 실었더군요. 지금까지는 당대표나 원내대표급만 표지에 실리는 영광을 누렸답니다. 분에 넘치는 대접에 그저 감솨!할 따름입니다.

7월 6일(수)에는 일산경찰서 앞에서 태어나서 처음으로 1인시위를 했습니다. 자세한 얘기는 아래 〈오마이뉴스〉 기사를 참고하시고요. 어쨌든 인터넷 표현의 자유와 네티즌의 권리를 보호하는 문제라면, 항상 현장에서 몸빵 뛰는 것을 게을리하지 않겠습니다. (2011년 7월 7일)

새로운 25년, 민심의 바다 위에 배를 띄웁시다

제가 최근에 인상적인 얘기를 들었습니다. 대한민국은 크게 25년 한 세대 단위로 역사의 흐름이 바뀌어왔다는 겁니다. 1961년 군사 쿠데타 이후 1987년 6월 항쟁까지 25년의 세월이 산업화의 시기였다면, 1987년부터 2012년까지 25년의 세월은 민주화의 시기이고, 2013년부터 시작하는 새로운 25년은 경제민주화가 시대정신으로 떠오르는 시기라는 거지요. 일리 있는 얘기라 생각합니다.

내년 총선과 대선은 새로운 시대정신을 둘러싼 대결입니다. 진보개혁 세력과 특권보수 세력이 대한민국의 나아갈 방향을 놓고서 일대 승부를 벌이는 셈이지요. 정의와 상생, 평화가 뿌리내리는 새로운 대한민국이냐, 아니면 특권과 독점, 전쟁의 공포가 지배하는 그들만의 대한민국이냐를 판가름할 승부처지요. 지금으로서는 박근혜 대세론이 워낙 강해서 대선 승리가 어려워 보이지만, 총선에서 야권이 승리하고 나면 정국의 분위기는 급변할 것이기 때문에 대선 역시 초박빙의 승부가 될 것입니다.

그래서 결국 문제는 총선입니다. 현재로서는 이명박정부가 워낙 잘못한 게 많아 수도권에서 야권이 손쉽게 이길 것 같은 낙관의 분위기도 읽힙니다. 그러나 이런 낙관은 전혀 번지수를 잘못 짚은 것입니다.

총선은 MB와의 싸움이 아니고, 박근혜와의 싸움입니다. 박근혜가 바보입니까? 총선에서 참패하면 대선도 어렵다는 것을 박근혜는 누구보다도 잘 알고 있습니다. 그래서 박근혜는 자신의 깃발 아래, 자기가 주도해서 자기의 책임 아래 총선을 진두지휘할 것입니다.

진보개혁 세력은 똘똘 뭉쳐서 통합, 연합, 연대를 이루어 여권과 1:1 구도를 만들어내는 것은 물론이고, 능력 있고 참신한 인재를 적극적으로 발굴해서 공천 혁명을 이루지 않고서는 굉장히 어려운 싸움이 될 것입니다. 머리카락 한 올의 힘까지도 모아내야만 승리하는 게 선거라고 했습니다. 진보개혁 세력과 특권보수 세력의 전면적인 일대 승부에서는 더 말할 나위가 없겠지요.

민주당 내부에서 통합과 연대에 대해 회의적이고 소극적인 분위가 생겨나고, 일부 기득권 세력이 공천 개혁에 저항하는 기류가 있는 것도 사실입니다. 모두가 부질없는 짓입니다. 민심의 바다를 벗어나서 무슨 정치가 있겠습니까? 한 줌의 모래를 움켜쥐고서 그걸 지키려고 손에 힘을 더 주면 줄수록 모래는 손바닥을 빠져나가기 마련입니다. 모든 걸 국민에게 맡기고, 민심의 바다 위에 배를 띄웁시다. (2011년 7월 20일)

문용식과 민주당, 이제는 말하고 싶다

정치를 시작하면서 두 가지 질문을 가장 많이 받았습니다.

첫째는 사업이나 계속 하지, 왜 골치 아픈 정치를 하느냐는 것이고, 둘째는 정치를 하더라도 왜 하필이면 민주당에서 하느냐는 질문입니다.

정치를 왜 하느냐는 첫째 질문에는 여러 번 답을 드렸습니다. 저는 한국 사회의 발전 틀을 근본적으로 바꾸려고 정치를 합니다. 이 땅에 정의와 상생의 원칙을 세우는 데 미약한 힘이나마 보태기 위해 정치를 합니다.

물론 정치를 하면서 골치 아픈 일이 많겠지요. 이 모든 난관은 일종의 사명감으로 이겨나갈 생각입니다.

문제는 왜 민주당에서 하느냐입니다. 답하기 쉽지 않은 질문입니다. 민주당이 야당 중에서 가장 세가 커서? 한편으론 맞는 얘기입니다. 50을 넘은 나이에 정치를 시작하는데, 이왕이면 첫 번째 도전에서 성공하고 싶은 인간적인 욕심이 있습니다.

그러나 현실적인 계산만이 전부는 아닙니다. 현재 대한민국은 개혁의 과제와 진보의 과제가 중첩되어 있습니다. 이 중 우선 시급한 것은 시장의 공정한 경쟁 질서를 발전시키고, 국가의 부패를 줄여나가는 개혁의 과제입니다. 재벌, 검찰, 언론, 사학 등을 확실히 개혁해서 사회정의를 바로 세워야 비로소 진보의 공간이 활짝 열릴 수 있습니다. 천정배 의원이 어느 인터뷰에서 말했던 '확고한 개혁과 온건한 진보'도 거의 비슷한 개념입니다.

대한민국 개혁의 과제는 진보개혁 세력의 맏형인 민주당이 주도하고 뒷받침해야 합니다. 대한민국 정치는 민주당만으로도 안 되지만, 민주당 없이는 안 됩니다. 민주당은 많은 문제를 안고 있습니다. 보수에서 진보까지 당의 이념적 스펙트럼이 매우 넓습니다. 그래서 때로는 정체성이 모호합니다. 당의 활동 행태 역시 풀뿌리 시민사회에 뿌리를 내리지 못하고 있습니다. 당원 구성이 지역, 계층, 연령 면에서 편중되어 있는 것도 현실입니다.

그러나 이 모든 문제에도 불구하고, 민주당은 개혁 대통령을 두 번씩이나 배출한 당입니다. 군사독재에 맞서 민주주의를 위해 싸워온 당입니다.

중산층과 서민을 위해 시장경제를 발전시켜 온 당입니다. 또 냉전수구 세력에 맞서 한반도 평화와 통일을 지켜온 당입니다. 역사 속에서 민주당이 지켜온 정체성은 누구에게나 자랑할 만한 가치를 지니고 있습니다.

이것이 민주당의 많은 문제에도 불구하고, 제가 민주당에서 정치를 시작하는 이유입니다. 부족한 점은 개혁하고 채워나가면 됩니다. 문제가 있다고 해서 멀리하고, 쪼개기 시작하면 대한민국에 당은 수십 개가 있어도 부족할 것입니다. 문제는 해결하라고 있는 것이지, 회피하라고 있는 것이 아닙니다.

민주당이 자랑스런 정체성을 지키면서도 좀 더 젊은 정당이 되고, 풀뿌리 시민사회에 뿌리를 내리는 건강한 정당이 되도록 노력하겠습니다. 지켜봐 주시고, 힘을 보태주시기 바랍니다. (2011년 8월 3일)

유비쿼터스위원회는 어디에 쓰는 물건인고?

제가 민주당 유비쿼터스위원회 위원장으로 일한 지 벌써 세 달째가 되어 갑니다. 하는 일 없이 시간은 어찌 이리 잘 가는지….

물론 그냥 놀고 있지만은 않으니, 이쁘게 봐주시길. 그동안 당의 최고 의사결정기구인 최고위원회의가 어떻게 돌아가는지 구경도 하고, 이해관계가 첨예하게 대립하는 당 개혁특위 논의도 지켜보고, 하루하루 바쁘게 돌아가는 전략홍보본부 회의도 참석하는 등 당이 돌아가는 기본 시스템을 배워나가고 있다고나 할까요. 정치 초짜로서는 당연히 거쳐야 할 수순이라고 해야겠죠.

석 달 동안 많은 분들을 만나면서 작은 문제점을 하나 느낀 게 있는데, 바로 유비쿼터스위원회 이름입니다. 다들 위원회 이름이 너무 어려워 무슨 뜻인 줄 모르겠다는 겁니다. 뜻은 둘째치고 발음하기도 어려워서 부르는 사람마다 유비터쿼스, 유비키터스 등등 제각각이더군요. 때론 유비… 하면서 뒷말은 생략하기도 하고.

고백 하나 할게요. 실은 저도 '유비쿼터스'라는 용어의 정확한 뜻을 위원장으로 임명된 다음에야 알았습니다. ㅠㅠ IT업계 20년 짬밥으로 유비쿼터스란 말이 언제 어디서나 네트워크에 접속할 수 있는 환경을 뜻한다는 정도는 알고 있었지만, 이 말의 정확한 유래는 몰랐던 거지요. 알고 보니 유비쿼터스란 중세 신학에서 하느님(신)이 세상 어디에나 동시에 존재한다는 의미의 라틴어에서 나왔더군요.

어쨌든 유비쿼터스란 말이 너무 어렵기도 하고, 시대에 맞지도 않아서 위원회 이름을 바꿔볼까 합니다. 주변의 의견을 두루 물어보니, '인터넷소통위원회' 정도가 어떠냐는 의견이 많으시더군요. 인터넷, SNS, 모바일 등을 통해 국민들과 적극적으로 소통하는 것이 위원회의 주된 역할인 만큼, 어찌 보면 활동 내용을 가장 잘 나타내는 이름이라고 할 수 있겠지요.

현 정부의 가장 큰 문제점으로 국민과의 소통 단절, 밀어붙이기식 국정 운영을 꼽는 국민이 많지요. 민주당은 그러지 않겠다, 소셜미디어를 적극 활용하여 국민과 소통하는 정당이 되겠다는 의지의 표명 차원에서라도 '인터넷소통위원회'로 거듭나는 것이 필요하지 않을까 생각이 드는군요.

결론은? 열씨미 하겠습니다! (2011년 8월 17일)

'오세 훈이' 시장 미워요!

지난 8월 26일에는 인터넷소통위원회 주최로 '민주당 IT정책 수립을 위한 10대 이슈 토론회'가 열렸습니다. 제가 위원장을 맡고 나서 IT정책만큼은 기본 방향을 세워야겠다는 생각에서 두 달 가까이 준비한 행사였습니다. 그런데 공교롭게도 토론회 당일 아침에 오세훈 서울시장 사퇴라는 대형 뉴스가 터지는 바람에 언론의 주목을 받지는 못했지요. '오세 훈이' 시장 미워요!

토론회를 준비하면서 가장 힘들었던 점은 10대 이슈를 확정하고, 이슈의 핵심 쟁점을 정리하는 일이었습니다. 생각보다 전체 얼개를 짜는 일이 만만치 않더군요. 제가 20년간 IT기업에 몸을 담았다고 해서, IT의 모든 분야에 걸쳐 속속들이 쟁점을 파악할 수는 없는 일이니까요. 게다가 저는 기업인 출신의 정치인이지 학자나 정책 전문가는 아니지 않습니까?

그래도 두 달간 많은 전문가를 만나 조언을 들으면서 10가지 이슈를 추리고, 나름의 논점을 정리할 수 있었습니다. 10대 이슈에는, ① IT컨트롤타워 기능의 부활과 Government 2.0 구축 등과 같은 정부 차원의 이슈, ② 망중립성, 저작권법 개정 등과 같은 산업 차원의 이슈, ③ 그리고 인터넷 표현의 자유 규제 개선과 디지털 기본권 확립 등과 같은 사회문화적 차원의 이슈 등이 망라되어 있습니다.

정리하면서 보니까 다양한 쟁점이 복잡하게 얽혀 있더군요. 대기업과 중소기업 간에 이해관계가 첨예하게 대립하거나, 타당성에 대한 논란조차 아직 정리가 안 되어 있는 경우도 있고요. 비록 기본 방향을 잡았더라도 추후 당의 총선 공약으로 확정되기까지는 많은 토론과 검토가 필요하다는 걸 느꼈습니다. 추후 세부 전문가 토론회나 당 정책위와의 조율 등을 거쳐 차근차근 당의 정책으로 공약화하는 작업을 하겠습니다.

세상 일이 천리길도 한 걸음부터지요. 첫걸음을 떼었다는 것이 중요합니다. 토론회 패널 중의 한 분이 그러시더군요. 민주당에서 '실명제 폐지'를 이렇게 똑 부러지게 언급하는 경우는 처음 봤다고. 그리고 Government 2.0 구축 같은 과제 한 가지만 확실히 해도 대한민국 정부의 투명성은 한 단계 업그레이드될 거라고.

저는 대한민국의 미래 비전은 '지식문화 강국'에 있고, 지식문화산업 종사자들의 어깨 위에 대한민국의 미래가 달려 있다고 입버릇처럼 얘기하고 다닙니다. 민주당은 바로 이들의 지지를 받는 정당이 되어야 합니다. 그럴 때 민주당은 비주류 정당에서 대한민국의 주류 정당으로 토대가 튼튼해진다고 생각합니다. 당의 IT정책 수립은 그 작은 첫걸음이 될 것입니다.

(2011년 8월 31일)

혼자서는 절대로 못하는 것

벌써 추석 연휴가 시작되는군요. 올해도 어김없이 귀성길이 붐비겠지요. 연휴를 맞아 여행을 떠나시는 분들도 많으실 거고요. 고향 가시는 분들이나 타향에 남으시는 분들이나 모두들 행복하고 풍성한 한가위를 맞으시길 빕니다.

정치판에는 무슨 일들이 그렇게 많이 생기는지요. 하루하루 롤러코스터를 타는 듯합니다. 전쟁 같은 무상급식 주민투표가 끝나자마자 곽노현 교육감 사건이 터졌지요. 진실공방이 벌어지는가 싶더니 안철수 교수 출마설로 여론이 발칵 뒤집히고, 급기야 박원순 변호사로의 단일화까지…. 오세훈 시장이 사퇴한 일이 까마득한 옛일이 되어버린 듯한 느낌마저 들 정도입니다. 제가 정치에 입문한 지 100일 남짓 되는데요, 그 사이 하루도 편안히 지나가는 날이 없는 것 같아요. 한국 정치는 '하루살이' 정치라고나 할까.

정치 입문 이래 지역 주민들로부터 가장 많이 들은 얘기가 한 가지 있습니다. 바로 "초심을 잃지 마라"는 말이지요. 표를 얻고자 할 때의 그 마음이 이후에도 절대로 변하지 말고, 초지일관 일편단심의 마음을 지켜달라는 당부지요.

주민들이 이렇게 말씀하시는 심정을 잘 압니다. 선거철만 되면 나타났다가 소리 소문도 없이 사라지는 정치 철새가 그동안 얼마나 많았겠어요? 그러니 "덕양에 뼈를 묻겠습니다, 20년 한 우물을 파겠습니다" 하고 백날 말로 외쳐본들 무슨 소용이 있겠어요? 말 대신 행동으로, 계획 대신 결과로 보여주는 수밖에 없는 거지요.

정치 입문 100일, 그동안 가장 크게 느낀 게 한 가지 있습니다. 정치는 절대로 혼자서 못한다는 것! 공부도 혼자서 할 수 있고, 운동도 혼자서 할 수 있고, 돈 버는 것도 혼자서 할 수 있지만, 정치만큼은 절대로 혼자서 못한다는 것이지요. 국민의 뜻과 열망, 희생이 하나하나 쌓이고 모여서, 결국 마지막 머리카락 한 올까지의 정성이 모아져야 이룰 수 있는 게 정치라고 생

각합니다. 정치는 함께 꿈을 꿔야 이룰 수 있는 것! 현실정치에 뛰어들어서 온몸으로 깨달은 진실이기에 저에게는 너무나도 소중한 깨달음입니다.

저는 추석 연휴 때 지역 답사를 할 생각입니다. 자전거를 타고 지역 구석구석을 둘러보면서 주민들이 사는 동네 풍경을 눈으로 익히고, 몸으로 느껴보는 거지요. 현장 속에서 비전도 나오고, 정책도 만들어지고, 꿈도 영글어가는 거라고 생각합니다.

한가위 명절, 가족끼리 행복한 시간 되시길 빕니다. (2011년 9월 8일)

'氣'를 듬뿍 받은 문용식!

최근에 아주 강렬한 경험을 했습니다. 달빛, 별빛과 함께하는 북한산 야간산행! 진관동 삼천사에서 시작해 나한봉−청수동암문−문수봉−승가봉−사모바위−비봉−응봉을 거쳐 다시 삼천사로 내려오는 총 7시간의 코스. 나중에 지도로 확인해보니까, 의상능선−비봉능선−응봉능선으로 이어지는 길이더군요.

산행 길은 장관의 연속이었습니다. 문수봉에서 바라보는 서해안 낙조는 정말 장관이더군요. 해가 떨어지자 구름이 붉게 물드는데, 환상적으로 아름다웠습니다. 또 북한산 봉우리에서 바라보는 서울 야경이 어찌나 아름답던지.

서울의 불빛이 북한산마저 밝게 비추는 것처럼 느껴졌습니다. 그 때문인지 전적으로 달빛에 의존할 수밖에 없는 산행이었지만, 생각만큼 어둡

지는 않더군요.

문수봉에 앉으면 고양 전역이 손에 잡히듯 들어옵니다. 고양은 북한산에서 한강 사이의 드넓은 평야지대, 축복받은 땅입니다. 그리고 북한산에서 발원하여 지축—삼송을 지나 행주산성으로 흐르는 창릉천이 덕양의 소중한 생태공간이라는 것도 금방 알 수 있습니다. 창릉천을 강남의 양재천이나 분당의 탄천 이상의 명품 생태하천으로 만드는 게 덕양의 미래를 위해 가장 중요한 일이라 생각합니다.

북한산 야간산행은 혼자서는 하기 힘든 경험입니다. 수년 동안 수십 번씩 같은 코스를 야간에 오르내렸던 인도자가 있었기에 가능한 일입니다. 저는 그분의 경험에 숟가락 하나 얹었을 뿐입니다. 고맙지요.

비슷한 일이 또 있습니다. 제가 주말마다 자전거를 타고 지역을 크게 돕니다. 하루에 평균 40킬로미터씩 도니까, 만만한 코스가 아니지요. 이것 역시 자전거 코스를 잘 아는 인도자가 있기에 가능한 일입니다. 저는 그분의 소중한 경험을 고스란히 물려받는 거지요. 고마운 일입니다.

정치를 하면서 느끼는 게 고마운 분들이 많다는 것입니다. 저를 위해 경험과 지혜를 아낌없이 쏟아줍니다. 저에 대한 기대와 성원의 표시지요. 어떻게 해야 기대에 부응하는 것인지, 어깨가 무겁습니다. (2011년 9월 21일)

살아 돌아올 손학규

손학규 대표가 당대표 사퇴 의사를 밝혔습니다. 이 얼마나 요동치는 한국

42

정치인가요? 무상급식 주민투표–오세훈 시장 사임–곽노현 교육감 구속–안철수 돌풍–박원순 시민후보 단일화 경선 승리–민주당 손학규 대표 사퇴. 이 모든 일이 불과 한 달 열흘 사이에 벌어진 일입니다.

중국에서 나비의 날갯짓이 미국에서 허리케인을 몰고 온다는 카오스 이론이 있긴 하지요. 하지만 무상급식 주민투표의 승리가 그 승리를 주도한 손학규 대표의 사퇴로 이어지리라고 누가 생각했겠습니까? 그만큼 한국 정치는 불안정합니다. 민심은 용광로처럼 들끓고, 변화를 바라는 민심은 폭발 일보 직전인 상황입니다.

손학규 대표는 서울시장 선거에서 민주당 후보를 내지 못한 데 대해 정치적·도의적 책임을 지고 사퇴한다고 했습니다. 저는 손학규 대표의 과감한 결단과 헌신에는 경의를 표합니다. 평소 한없이 부드럽다가도, 결정적 순간이 오면 모든 걸 버리고 승부를 볼 줄 아는 승부사적 기질이 있다는 것도 인정합니다. 그러나 이번 서울시장 경선에서 민주당 후보를 못 냈다고 해서 대표직을 사임할 일인가에 대해서는 견해를 달리합니다.

박원순 시민후보의 승리를 두고 민주당의 패배이자 시민후보의 승리라거나, 구태적인 조직동원 선거의 패배이자 SNS에 기반한 자발적 참여의 승리라고 해석하는 시각이 있습니다. 일견 맞는 분석이긴 하지만, 너무나도 외형적이고 피상적인 분석입니다.

박원순 후보는 서울시장 선거가 있을 때마다 민주당 영입 1순위로 오르내리던 분입니다. 민주당 당원이나 지지자들은 그의 진보개혁적인 정체성에 근본적인 의문을 가지고 있지 않습니다. 민주당 지도부에서는 지도부의 책임이 있으니까 선거기간 중에 박영선 후보가 반드시 당선되어야 한다고 주장할 수 있습니다. 그러나 민주당 당원들의 밑바닥 정서에는 박영선이나 박원순이나 둘 다 'ㅂㅇㅅ'일 뿐입니다. 한나라당 나경원만 이기면 둘 중 누가 되어도 상관없다는 정서였습니다. 그래서 민주당 당원이면서도 여론조사에서 박원순을 지지하고, 참여경선 현장에서 박원순에게 한 표를 기꺼이 던진 것입니다.

다시 말해 박영선 후보와 박원순 후보 간의 경선은, 민주당 후보와 시민후보 간의 경선이 아니었습니다. 적어도 민주당 지지자들에게는 현재의 민주당 후보와 미래의 민주당 내지는 민주당이 참여하는 통합정당 후보 간의 행복한 선택 문제였을 뿐입니다. 이 선택에서 민주당 당원들은 현재보다 미래에, 기득권 유지보다는 기득권 구조의 혁신에, 그리고 야권의 분열보다는 야권의 통 큰 통합에 한 표를 던진 것입니다. 민주당 당원 나름의 전략적인 투표 행위를 한 것입니다.

이런 점에서 손학규 대표의 사퇴는 민주당 후보를 내지 못한 것에 대한 도의적 책임으로 끝나서는 안 됩니다. 손 대표의 사퇴는 민주당의 과감한 혁신과 더 큰 민주당으로 나아가는 통합의 계기가 되어야 합니다. 그럴 때 서울시장 경선에서 죽은 손학규는, 대선후보 경선에서 살아 돌아올 것입니다. (2011년 10월 5일)

한 사람이 열 명에게

서울시장 선거가 한창입니다. 저도 박원순 후보 선대위에서 뉴미디어본부장을 맡아 미력이나마 힘을 보태고 있습니다. 인터넷방송 박원순10TV도 확대 개편하고, SNS와 연동되는 소셜 토크 방송도 진행하고, 젊은 층의 투표 참여를 위해 온라인 이벤트인 〈나비 날자〉 프로젝트도 시작했습니다. 희망나비를 100만 마리쯤 날려볼 생각이었는데, 계획처럼 안 되는군요. 쩝.

선거라는 게 본래 시작해서 조직 갖추고 막 본격적으로 해볼 만하다 싶으면 끝나버린다는 말이 있지요. 그만큼 단기전 승부이기 때문에 큰 욕심을 낼 수는 없습니다. 핵심 포인트 한두 가지에 집중할 수밖에 없지요. 저희 뉴미디어본부에서는 첫째도 투표 참여, 둘째도 투표 참여, 셋째도 투표 참여에 맞추고 있습니다.

선거가 중반에 접어들면서 박원순 후보의 지지율이 떨어지고, 나경원 후보와 오차 범위 안에서 접전을 벌인다거나, 뒤집어졌다는 보도도 나오고 있습니다. 많이들 걱정하시고, 선거 결과가 궁금하실 겁니다. 물론 저도 궁금합니다. ㅎㅎ

제가 점쟁이는 아니지만, 이번 서울시장 선거는 저희가 이깁니다. 현재 지지율 조정기를 거치고 있는데, 선거운동에 돌입하면 중간에 한 번은 위기 국면이 올 것이라고 예측했던 일입니다. 저희가 초반에 상당한 우위로 시작했지 않습니까? 그러면 상대방 한나라당 지지자들은 위기감에서 결집하는 반면, 저희 지지자들은 이완되기 때문에 지지율의 혼전 양상이 올 수밖에 없지요.

어쩌면 위기 국면이 일찍 온 것이 차라리 잘된 일일 수도 있습니다. 저희가 전투태세를 정비하여 확실하게 반전할 시간적 여유가 더 생겼으니까요. 우세-하락-위기-반전을 거쳐 결국은 승리할 것입니다.

이번 선거 과정 중에 벌어진 일들을 보면서 이번 선거는 정말 절대로 져서는 안 되겠다는 사명감 같은 것을 느낍니다. 현 정권이 얼마나 국민을 무시하면 대통령이 나랏돈으로 자식의 땅을 사줍니까? '설마 그렇게까지야 하겠어?' 하는 상식선이 있는 것 아닙니까. 그런데 이 정권은 국민의 상식을 항상 가볍게 뛰어넘어 버립니다. 정말 정권의 후안무치에 분노를 넘어 허탈하기까지 합니다.

국민의 상식을 배반하는 정권은 응징해야 합니다. 국가권력을 잡아서 자기 잇속 채우기에 급급한 한나라당 정권은 심판받아 마땅합니다. 서울 시장 선거는 그 심판의 첫 번째 단추입니다. 이 첫 단추를 잘 꿰어야 내년 총선과 12월 대선의 단추도 잘 꿰어집니다.

결국 승부는 투표율이 좌우합니다. 장년과 노인층의 투표율은 상수이고, 젊은 층과 SNS 층의 투표율은 변수입니다. 변수를 키워야 이깁니다. 한 사람이 열 명에게 투표 독려 전화를 하고, 한 사람이 열 명에게 투표 참여 문자를 날립시다. 평생을 자기만을 위해 살아온 특권층 후보 대신, 힘들고 고통스런 이웃을 위해 살아온 서민의 후보를 뽑아보자고….

(2011년 10월 20일)

표 달라고 표를 주나?

서울시장 선거가 다행히 승리로 끝났습니다. 지난번 뉴스레터에서 제가 예언(?) 한 대로 우세-하락-위기-반전을 거쳐 승리했습니다. 돗자리 깔아도 되겠죠? 탄력받은 김에 내년 총선과 대선 결과도 한번 예측해볼까요?

내년 총선과 대선도 저희 진보개혁 세력이 이깁니다. 혹자는 시계추 이론을 얘기합니다. 선거 승패가 시계추처럼 왔다 갔다 한다는 얘기죠. 총선에서 이기면, 그 견제심리로 대선에서 진다는 식이죠. 지금까지의 선거에서는 이 시계추 이론이 상당히 설득력이 있었습니다. 그러나 내년 선거에서는 그렇지 않습니다. 서울시장 선거 승리의 여세가 총선에 이어지고, 그 힘으로 대선까지 쭈욱 한 걸음으로 내달릴 것입니다. 저는 이걸 '도미노 이론'이라 하겠습니다.

이번 서울시장 선거에서 박 후보가 30만 표를 이겼는데요, 강남 3구와 용산에서 진 10만 표를 감안하면, 나머지 40여 곳의 국회의원 선거구마다 평균 1만 표씩 이긴 셈입니다. 서울 선거에서, 그것도 투표율이 50%가 채 안 되는 재보궐 선거에서 1만 표의 차이가 났다는 것은 엄청난 차이라고 봐야겠지요. 아마 서울에 지역구를 둔 한나라당 의원들은 지금 제정신이 아닐 겁니다. 한나라당 내부의 선상반란은 필연이지요.

제가 뉴미디어본부장으로서 서울시장 선거를 도우면서 느낀 게 하나 있습니다. 선거운동 기간에 각 선거 캠프마다 열심히 선거운동을 하잖아요? 방송토론회, 유세, 광고, 이벤트, 정책간담회 등 정신이 없지요. 그 모든 게 표를 가진 유권자들에게 표를 달라고 하는 선거운동이지요.

그런데 표를 달라고 하면 시민들이 표를 줄까요? 선거운동 열심히 한다고 표를 줄까요? 제가 보기에 선거운동 열심히 한다고 시민들이 표를 주는 것은 아닌 듯합니다. 선거운동의 잘잘못보다는 후보가 표를 받을 만한 인생을 살았느냐가 훨씬 중요한 판단 기준입니다. 표를 달라고 하기 전

박원순 캠프 활동

에, 표를 받을 만한 인생을 살고 오라는 거지요.

선거의 흐름을 볼 때, 나경원 후보는 1억 피부 클리닉 건이 터지면서 졌습니다. 그 전까지 토론회다, 네가티브 공방이다 하면서 캠페인에서는 잘 싸워오다가, 이거 한 방에 무너졌습니다. 서민들 가슴에 대못질을 한 거지요. '너희는 우리와 달라도 너무 다른 귀족들이구나….' 나 후보가 지금껏 살아온 과정이 대한민국 특권층의 삶의 전형을 보여준 것이지요.

이런 점에서 박원순 후보의 인터뷰는 핵심을 짚었습니다. "나 후보는 자기만의 삶을 살아온 분이다. 온 세상 학생들이 분노로 거리로 나설 때

도서관에서 혼자 공부한 사람이다. 정치권에서도 공주처럼 모셔졌다. 그러나 저는 그런 것을 버리고 힘들고 고통스러운 이웃을 위해 살아왔다."

이 삶의 차이가 선거 승패의 차이를 가져온 것입니다.

오늘의 결론: 표를 달라고 하기 전에 표를 받을 만한 인생을 살아라!

(2011년 11월 2일)

출판기념회를 왜 하나

제가 12월 1일 목요일 오후 6시에 제 인생의 첫 번째 출판기념회를 엽니다. 무엇이 됐든지 간에 인생의 첫 경험은 소중하고 가슴이 설레는가 봅니다. 그 자리에 저를 기억하시는 여러분을 초대하니, 많이들 참석해주시길 바랍니다.

올해 초에 《꾸준함을 이길 그 어떤 재주도 없다》라는 책을 펴냈고, 정치 입문 이후의 메시지를 주로 담아서 '개념사장 문용식의 인생 3막'《함께 살자》라는 책을 새로이 냈습니다.

선거철만 되면 정치인들이 이곳저곳에서 출판기념회를 많이 하지요? 하루에 두 세 군데 출판기념회가 겹치는 날까지 있을 정도입니다. 저도 예전엔 선거 앞두고 왜 너도 나도 출판기념회를 하는지 잘 몰랐는데요. 막상 현실정치에 발을 들여놓고 보니까 그 이유를 확실히 알게 되었습니다.

출판기념회는 '책 판매'라는 형식을 빈 실질적인 후원회 행사입니다. 현행 선거법상 사람들을 모아놓고 후원회 행사를 여는 게 일절 금지되어 있습니다. 출판기념회만이 돈을 받을 수 있는 유일한 합법적인 방법의 행사입니다. 국회의원들은 국정감사를 앞두고 출판기념회를 여는 경우가 많다는군요. 그러면 피감 기관이 그만큼 신경을 더 쓴다나요. 믿거나 말거나입니다.

저 같은 정치신인에게 더 중요한 것은, 출판기념회를 통해 지역 주민들에게 데뷔 인사를 하는 것입니다. 제가 살아온 과정도 보여드리고, 저와 함께하는 분들도 소개시켜드리면서 저를 알리는 거지요. 많은 분들이 참석해서 세를 과시할 수 있으면 더 금상첨화고요. 참석했던 지역 주민들이 돌아가서 한마디씩 입소문을 내주면 얼마나 좋겠습니까? "사람 좋고 세도 대단하네. 이번 선거는 끝났구만."

제가 저를 아는 지인들로부터 후원금 받으려고 출판기념회를 하는 것은 아니니, 부디 많이들 참석해서 입소문이나 잘 나게 해주시길. ㅎㅎ

다만 책은 공짜로 못 드려요. 공짜로 주면 기부 행위가 돼서 선거법 위반! 참고로 이번 출판기념회를 준비하면서 알게 된 재밌는 얘기 몇가지…

출판기념회에서 김밥이나 다과 못 드립니다. 향응제공으로 선거법 위반! 커피믹스와 녹차만 가능합니다. 오렌지쥬스 제공하면 선거법 위반!

초청장을 무작정 뿌려도 선거법 위반이고, 초청장에 저자 사진이 박힌 표지를 실어도 선거법 위반! 유명 가수가 출연해서 노래해도 선거법 위반!

유명과 무명은 어떻게 구분하느냐? 선관위 맘대로! 그래서 안치환은 안 되고, 노찾사는 가능하다네요.

재밌죠? 어렵게 준비한 출판기념회니 많이들 와주세요!

(2011년 11월 17일)

트위터, 세상을 보는 창

정치 입문 이후의 주요 트윗을 모은 글이다.
시시각각 터져나오는 정치 현안에 대한 나의 입장이 담겨 있다.

@green_mun | 목소리가 없는 사람에게 목소리를 찾아주는 것이 정치다 ―오바마. 멋진 말이죠? 정치는 결국 사회적 약자와 가난한 사람을 대변하고 지켜주는 것이란 얘기.

@green_mun | 〈한겨레〉 주최 '안철수 현상과 한국 사회' 토론회에 패널로 참여했습니다. 안철수 바람이 정당정치에 대한 불신으로 귀결되면 안 된

다, 안 교수는 정당에 들어와 책임 있게 정치를 해야 된다고 주장했습니다. 여러분 의견은?

@green_mun | 정치를 영혼이 아니라 포장술로 하려 들기 때문에 생긴 병이죠! "@blu_pn: 카메라 앞에서 어린 장애인 친구 발가벗겨 놓고 씻는 저 정신적 장애는 어떻게 씻어낼까요? 씻어내기는 할 수 있을까요?"

@green_mun | 문익환 목사님의 사모님이시고, 통일운동의 대모이신 박용길 장로님께서 오늘 새벽 01:30분에 영면하셨습니다. 삼가 고인의 명복을 빕니다. 한 시대가 이렇게 저물어가는데, 아직 새 시대는 열리지 않고 있네요.

@green_mun | 검찰과 언론이 우리나라에서 가장 후진적이라는데, 정말 큰일! 두 군데 다 시시비비를 가리는 곳이잖아요. 검찰은 법적 진실을, 언론은 역사적 진실을. 법과 역사가 뒤틀려서야 어찌 나라가 제대로 서겠어요?

@green_mun | 전국이 정전대란에 휩싸였을 때, 지경부 최중경 장관은 한가하게 대통령 초청 만찬을 즐기고 있었군요. 주무부처 장관이라면 사태해결을 위해 최선을 다한다는 시늉이라도 내야 되는 것 아닌가요? 엘

리트 관료의 안하무인 처신이 씁쓸!

@green_mun | 대법원에서 최종 무죄판결을 받은 〈피디수첩〉에 대해 MBC 사측이 징계수순을 밟고 있다고. 신문에 실린 사과광고도 의아했는데. 마치 축구 한일전에서 3:1로 이기고 돌아온 대표팀을, 한 골 먹었다고 징계하는 꼴?

@green_mun | 비정규직 임금을 정규직의 80% 이상이 되도록 추진. 특히 대기업 정규직 노조 단체교섭 시 비정규직 처우개선안을 의무적으로 포함시키도록 할 계획. 사회적 연대를 위해 좋은 일! 한나라당이지만 박수!

@green_mun | 이소선 어머님은 우리에게 늘 '슬픔' 대신 삶을 긍정하고, 꿈을 쟁취하라고 하셨다. 어머님의 말씀 "살아라. 살아서 싸워라. 싸워서 바꿔라."
                                                                                 −김근태 추도사

@green_mun | 안상수 전 대표가 곽노현 교육감 사건을 계기로 후보단일화를 금지하자고 주장했군요. 거참! 같은 사건을 보고도 이렇게 해결책이 다르다니. 사전 단일화에 문제가 많으면 결선투표제를 도입하면 될 일인데.

@green_mun | 저도 추카! "@jb_1000: 백만민란 1주년입니다 진심으로 축하합니다! 저도 원조회원 중 하나이니 자축이 되겠네요. 지난 1년의 헌신적 노력이 오래지 않아 민주개혁진보 세력의 대통합으로 열매 맺을 것입니다!"

@green_mun | 잡스의 사퇴를 계기로 잡스와 이건희의 닮은 점을 언급한 기사를 보고 웃음 빵! 둘 다 유년기가 평탄하지 않았다네요? ㅋ 이 회장도 의붓자식이었나? 이 회장이 삼성을 창고에서 창업했나? 잡스가 아들에게 회사를 물려줬나?

@green_mun | 강남부자들 지역에서만 30%대 투표율이 나왔지요. 돈이 많이 들어간다는 이유로 무상급식을 반대한다는 뜻인데요. 스스로 세금을 더 낼 테니, 애들만큼은 눈치 안 보고 밥 먹게 하자고 해야 존경받을 텐데요.

@green_mun | MB가 법무부장관과 검찰총장에 권재진과 한상대를 끝내 임명하는군요. 위장전입, 병역기피, 부동산투기, 탈세 등 범법 의혹이 수두룩한 사람들이 법을 집행하는 법무부장관과 검찰총장이라. 막장인사의 끝.

@green_mun | 어려움 속에서 내가 가진 것을 꼿꼿이 세워 밀고 나가는 것도 용기지만, 때로 대의를 위해 우리가 가진 것을 꺾고, 굽히고, 물러서는 것도 더 큰 용기를 필요로 하는 일 /유시민/ 부디 이 마음이 야권 대통합에도 변치 말기를.

@green_mun | 65세 이상 노인들(500만)의 상대빈곤율이 45%. 이는 OECD 평균 13.3%의 세 배이자 최고 수준(상대빈곤율은 소득이 중위소득자의 50% 미만의 비율) 노인자살률이 1등인 이유는 바로 가난 때문!

@green_mun | 학생들이 반드시 누려야 하는 여유 두 가지–잠자는 여유와 운동하는 여유! 잠은 기억과 학습에 필수적이며, 청소년기의 운동은 두뇌를 더 효과적으로 만들어주는 소뇌의 성숙을 가져온다.

—조벽 교수의 《인재혁명》

@green_mun | 가난한 사람, 서민을 위한 정치를 해라. 잔머리가 아닌, 영혼으로 정치를 해라. 어떤 일이 있어도 민주주의의 원칙을 지켜라. 브라질 대통령 룰라의 말씀. 좋은 말인데, 현실에서는 매우 어려운 말이죠.

@green_mun | 오세훈 시장, 무상급식 주민투표를 정식 발의. 정치 처음할 땐 참신하게 봤는데, 인간이 이렇게까지 찌질해질 줄이야. 수해 복

구와 방지에 전념해도 부족할 판국에, 애들 밥그릇 뺏는 투표를 하자구? 에라, 화상아!

@green_mun | 이 땅의 진보 세력은 대중과 국민의 열망 속에 뿌리를 내려야 한다. 국민의 열망을 채워주지 못하는 진보는 관념의 포로일 뿐! 어떻게든 힘을 합쳐 특권보수 세력과 싸워 이기라는 열망을 최우선으로 받들어야 한다.

@green_mun | 민노당 이정희 대표가 민주당은 통합의 대상이 아니라 연대의 대상이라고 명확히 선을 그었다. 진보개혁 세력이 단일대오를 이루어 특권보수 세력과 싸워 이기라는 게 국민의 염원이라고 믿기에, 앞날이 걱정스럽다.

@green_mun | KBS 경영진의 도청사건에 대한 처신을 보면, 졸렬함의 종결자를 보는 듯. 도청 안 했다, 녹취록을 한나라당에 넘기지 않았다, 이 두 마디를 못하고, 대신 말을 이리 꼬고, 저리 비튼다. 국민들이 바본 줄 아나 보다.

@green_mun | 남영동 한진중공업 본사 앞에서 '주경야독 240시간 릴레이 시위'를 하고 왔습니다. 저는 한 시간 서 있었지만, 85호 크레인 위에는

200일을 갇혀 지내는 분도 계십니다. 그분이 하루빨리 걸어서 내려오
길. http://t.co/cP8Yh4J

소환장
김진숙이 이긴다!
희망이 이긴다!
조남호
국회청문회 소환!
목(목숨)퇴기업
한진중공업
국정감사!!
정리해고 비정규직 없는
세상을 위한
'3차 희망의 버스'
해고는 정리해고
살인! 철회하라

@green_mun | 저에 대한 과분한 기대를 느낍니다. 기대에 부응하겠습니다. 비겁하거나 무능하지 않겠습니다. 영혼을 팔지 않겠습니다. "@wkyunghyang: @green_mun 국민을 위한 좋은 정치인 되시길 바라며!"

@green_mun | 감솨! "@wkyunghyang: 〈주간경향〉 933호, 이번 주에는 아프리카TV 대표 문용식 민주당 유비쿼터스위원장을 만났습니다. "소셜미디어로 민주당을 젊고 역동적으로 바꾸겠다." http://t.co/Sdb-GYMO

@green_mun | @2MB18nomA 사건이 점점 커지는군요. 방통심의위의 계정차단 조치, 이의신청 기각, 선관위 고발, 압수수색영장 발부에 이어 드뎌 일산경찰서 소환통고까지. 인터넷에 재갈을 물리는군요. 강력 항의!

@green_mun | 재벌은 자기들이 잘나서 성공한 줄 아는데, 큰 착각. 노동자 파업 경찰이 막아주고, 고환율로 수출이득 챙겨주고, 비정규직제로 인건비 착취하고. 정부의 과보호와 국민의 피눈물 위에 쌓아올린 탑일 뿐! 국민이 무섭다는 걸 알아야!

@green_mun | 한진중공업 회장이 조남호지요? 수천억 흑자 내면서 종업원 정리해고하고, 배당금 수백억씩 챙기고, 청문회에 부르니까 기업자율을 침해한다며 거부하고. 간덩이가 부어도 단단히 부었지요. 똑똑히 기억해둡시다.

@green_mun | 절대로 막아야죠. 사람 목숨에 등급을 매길 수는 없잖아요? "@Tcfcwing: @green_mun 이번 정부가 의료보험 민영화를 다시 내걸었는데 어찌 되실 것 같으세요?"

@green_mun | 7월 9일 부산 한진중공업 노조를 응원하러 185대의 희망버스가 출발하지요. 왜 185대인가 했더니. 김진숙 지도위원의 크레인 농성이 그날로 185일째 된다는군요. 저도 신청!

@green_mun | 방통심의위에서 트윗계정 @2MB18nomA에 대한 차단조치가 확정되었지요. 아이디 차단도 코미디지만, 위원장의 언행이 더 기가 막히네요. "억울하면 소송해라"는 식이었다는데. 이런 작자는 억울한 꼴을 한번 당해봐야 할 듯!

@green_mun | '등록금은 반값하고, 정치인은 밥값하라'는 구호에 이어 드
디어 다음 구호가 나왔군요. 'MB는 죄값하고, 등록금은 반값하라.'

@green_mun | 좋은 말을 들었네요. '소의치병, 중의치인, 대의치국'이라.
작은 의사는 병을 고치고, 보통 의사는 사람을 고치고, 큰 의사는 나라
를 고친다. 대한민국은 나라를 고칠 큰 의사가 절실하죠.

정치혁명, 소셜네트워크 시대

2011년 6월 21일 민주당 전국 원외위원장 워크숍 행사의
특강 내용을 풀어 쓴 글이다.

반갑습니다. 유비쿼터스 위원장 문용식입니다. 제 소개 겸 해서 몇 가지 말씀을 드리겠습니다.

제가 지난 20년 동안 IT 벤처기업 나우콤에서 일을 했습니다. 20년간 기업을 해보니깐 그 사이에 세상이 많이 변했는데요, 처음에는 나우누리라고 PC통신으로 시작을 했습니다. PC통신 아시죠? 천리안, 하이텔, 유니텔, 나우누리. 이게 1990년대 초중반의 일입니다. 그러던 것이 10년도 채 되지 않아서 1990년대 후반부터 본격적인 인터넷 초고속망이 출현하며 트렌드가 바뀌었죠. 그래서 저희 회사가 망할 뻔했습니다. 그러다 2010년쯤 오니깐 다시 모바일 시대가 왔습니다.

불과 20년 사이에 PC통신에서 유선 초고속 인터넷으로, 또 모바일로, 이렇게 커다란 트렌드가 세 번 바뀌었습니다. 제가 이런 큰 변화를 경험하며 기업을 경영해왔는데, 그 경험을 한마디로 압축해본다면 '경쟁은 즐기되, 대체재를 조심하라'입니다. 이것이 제가 20년간 사업을 하면서 얻은 가장 커다란 교훈입니다.

사업엔 경쟁이 있을 수밖에 없지요. 그 경쟁은 불가피하기 때문에 그 경쟁의 룰에 따라서 열심히 하면 됩니다. 그런 경쟁은 피할 수도 없고 두려워해서도 안 되며 즐겨야만 합니다. 그런데 어느 날 그 경쟁을 무의미하게 만드는 새로운 트렌드가 저 멀리에서 생겨납니다. 그때는 기존 경쟁의 룰, 기존 경쟁의 역량을 모두 쓸모없게 만들어버리는 새로운 룰과 새로운 경쟁력이 생겨납니다. 이걸 조심해야 합니다. 그 트렌드에 올라타지 못하면 망하는 겁니다.

그래서 제가 사업에서 얻은 경험을 한마디로 '경쟁은 즐기되 대체재를 조심하라'라고 정의하는 것입니다. 이게 아마 정치에도 적용되지 않을까 생각합니다. 기존 정치에는 그에 맞는 룰이 있고 경쟁이 있을 텐데, 지금은 커다란 변화가 일어나고 있는 시대라고 생각합니다. 과거에 필요했던 역량이 무의미해지고 새로운 역량이 요구되는 그런 시대가 아닌가 합니다. 저는 그걸 미디어란 관점에서 설명을 드려보겠습니다.

1996년이면 지금으로부터 15년 전이죠? 그때 첨으로 웹(Web)이 나왔습니다. 제가 그때 경험을 돌이켜보면, 익스플로러가 나오기 전에 웹을 이용할 수 있는 브라우저인 넷스케이프가 있었습니다. 당시에 저희가 코엑스에서 넷스케이프를 담은 CD를 무료로 배포하는 행사를 했었습니다.

몇천 명이 줄을 서서 그걸 받아 갔습니다. 그렇게 해서 웹의 붐의 시작되었죠.

제가 그때 인터넷 교육을 다니면서 그런 얘기를 했던 것이 기억납니다. 15년 전 이야기입니다.

"여러분, 5년 후에도 세상에 살아 계실 거라면 인터넷을 하세요. 이메일을 쓰시고 검색을 하세요."

그게 1996년입니다. 세상이 그렇게 바뀌었습니다. 인터넷을 하지 않고는 살 수 없는 세상이 된 겁니다. 15년 후 2011년에는 웹과 인터넷이 진화를 해서 모바일 인터넷, 소셜미디어의 시대가 되었습니다. 또 한 번의 변화가 온 것입니다.

그래서 저는 마찬가지의 얘기를 이 자리에 계신 분들께 드리겠습니다.

"원외지역 위원장 여러분, 5년 후에도 정치를 하실 거라면 소셜미디어를 가장 퍼펙트하게 사용하십시오. 그것이 정치권에서 생존하고 경쟁력을 기르는 길입니다."

지금은 '설마 그럴까' 하고 의구심을 가지시는 분이 계실지도 모르겠습니다. 그러나 1996년의 상황을 보십시오. 제 말이 입증된 것 아닙니까? 지금 여러분은 또다시 새로운 거대한 변화의 물결 앞에 서 있는 겁니다. 2011년 현재 이미 소셜미디어가 그 중턱에 와 있습니다. 올해 말이면 총 인터넷 사용 인구의 절반 이상이 모바일 인터넷을 이용하게 될 것이라는 예측이 보고되었습니다.

지금은 소셜미디어 시대

이렇게 인터넷이 진화를 하는데, 과거와 달라진 가장 큰 차이는 무엇일까요? 여러분들이 정치를 하시는 데 있어서 자신의 주장을 국민들, 지지자들에게 알리는 것이 정치의 가장 큰 핵심 아닙니까? 자기를 알리고 지지자를 결집해내는 것이 핵심이죠.

과거에는 만 명, 백만 명, 수백만 명에게 나의 주장을 알려내는 방법으로 무엇이 있었습니까? 매스미디어의 시대에는 그 방법으로 무엇이 있었습니까? 신문과 방송이 그 통로를 꽉 쥐어틀고 있기 때문에 기자를 만나고 방송을 타야만 했습니다. 매스미디어에게 잘 보이지 않으면 자기 생각을 알릴 수 있는 방법이 없었습니다.

지금은 소셜미디어의 시대입니다. 신문과 방송을 통하지 않고도 내 생각을 백만 명에게 바로 그날 알릴 수 있고, 돈 들이지 않고 지지자들을 조직할 수 있는 엄청나게 효율적이고 파워풀한 무기가 우리에게 주어진 겁니다. 그래서 과거 매스미디어의 시대에서 정치는 PR, 즉 홍보전략이 중요했습니다. 그러나 소셜미디어 시대에서도 정치는 홍보? 아닙니다. 관계, 어떻게 소셜미디어 사용자들과 관계를 맺을 것인가? 바로 관계전략입니다. 이제 어떻게 그들과 관계를 맺을지 함께 살펴보겠습니다.

큰 흐름으로 역사를 살펴보면, 미디어가 바뀌면 세상이 바뀌었습니다. 지금까지의 역사가 그것을 증명합니다. 미디어 학자들은 지금까지 5대 커뮤니케이션 도구의 변화가 있었다고 이야기합니다. 책·인쇄술이 있었고, 전화와 전보·전신 등 통신수단의 발전이 있었고, 녹음·녹화·영화와 같은 것들이 있었고, 이런 것들을 전파로 송출하는 라디오와 TV가 있었습니다. 그리고 지금 20세기 말부터 벌어지고 있는 변화, 인터넷·웹·모바일이 있습니다. 다섯 번째의 변화를 우리가 겪고 있습니다.

이런 미디어가 바뀌면서 세상이 바뀌었습니다. 책과 인쇄술이 등장하면서 종교혁명이 일어났고, 신문이 등장하면서 여론 형성을 통해 대의제 민주주의가 등장했습니다. 라디오와 TV가 나오면서 대중문화 혁명이 벌어졌습니다. 지금은 인터넷·웹·모바일 시대입니다. 세상은 틀림없이 바뀌어갈 것이라는 걸 우리는 알 수 있습니다.

재미있는 얘기를 하나 하겠습니다. 새로운 미디어가 출현할 때마다 그 미디어를 가장 잘 활용한 사람이 정치에서 성공했다고 얘기합니다. 신문이 나왔을 때 이를 활용하여 조직화에 성공해서 권력을 잡은 사람이 1910년대의 레닌입니다. 〈이스크라〉를 가지고 볼셰비키가 멘셰비키를 누르고 권력을 잡았습니다. 그때는 신문이 최첨단 미디어였겠죠. 1930년대에는 라디오가 나왔습니다. 그때 탁월한 선동술로 라디오를 이용한 사람이 히틀러였습니다. 1960년대에는 TV 시대가 도래했습니다. TV를 이용해 권력을 잡은 사람이 케네디입니다. 닉슨과 TV토론에서 이겨 집권을 하게 된 것 아닙니까? 2000년대에 대한민국에서는 인터넷을 누가 가장 잘 활용했습니까? 노무현 대통령님입니다. 미국에서는 오바마 대통령이지요.

2012년 총선과 대선에서는 가장 새로운 미디어가 무엇입니까? 소셜미디어입니다. 바로 이 소셜미디어를 가장 잘 이해하고 활용하는 사람이 총선과 대선에서 승리할 것이라고 감히 말씀드리겠습니다.

웹2.0, 소셜미디어, 모바일 혁명이 시작되었다고 하는데, 제가 한 가지만 말씀드리겠습니다. 인터넷이 등장한 후 지난 10여 년간 세상이 얼마나 바뀌었습니까? 일하는 방법이 바뀌고, 선생님들 교육하는 방법이 바뀌고, 아이들 노는 방법이 바뀌고, 모든 것이 엄청난 변화를 겪었습니다. 이제는 모바일 시대가 되었습니다. 미국 모건스탠리에서는 모바일 인터넷이 산업과 사회에 접목되면 일반 인터넷이 사회에 끼쳤던 영향보다 열 배의 변화와 산업적 파급력을 미칠 것이라 예측했습니다. 라이브, 유비쿼터스, 지역 위치기반 등 모바일 인터넷의 특징이 그런 변화를 일으킬 것이라고 합니다.

소셜미디어와 대중 운동

최근 10년간 인터넷이 정치에 미친 변화를 살펴보겠습니다. 인터넷은 가장 효율적이고 파워풀한 조직화의 도구입니다. 그 이전의 어떤 커뮤니케이션 수단도 가지지 못했던, 인터넷만이 지닌 유일한 특징이 있습니다. 다수가 다수에게 얘기하는 방법, 커뮤니케이션 용어로 'Many to Many'라고 합니다. 이것은 인류 역사상 최초의 일입니다. 지금까지의 모든 미디어에서는 'Many to Many'가 불가능했습니다. 전화는 'One to One'입니다. 신문·방송 등은 'One to Many'입니다.

그래서 인터넷은 다수가 여론 형성에 참여합니다. 인터넷 이용자들이 정보와 여론의 단순한 소비자가 아니라 적극적으로 개입해서 창의적으로 소비를 하는 문화가 형성됩니다. 이런 특징 때문에 인터넷으로 모인 대중은 단지 그냥 모이기만 한 것이 아니라 행동을 하게 됩니다.

지난 2008년 촛불집회를 기억하실 겁니다. 젊은 20~30대 커뮤니티들이 시청 앞에 쏟아져 나왔습니다. 소위 '카페 3국'이라고 쌍코, 화장발, 소울드 레서 등의 커뮤니티들이 실천하는 커뮤니티로 진화를 했습니다. 2010년 6·2 지방선거에서는 이런 커뮤니티들이 자발적으로 선거참여운동을 하기에 이르렀습니다. 당시 유명한 구호가 있지요. "No vote, no kiss." 투표 안 하면 키스 해주지 말자! 이런 재기발랄한 구호를 앞세워 정치와 아무 상관이 없던 대중들이 적극적인 정치 참여를 했었습니다. 트위터나 페이스북과 같은 소셜네트워크 시대에는 '세금혁명당' '선거정의당' '교육개혁당' 등과 같이 본격적으로 사회적인 목소리를 내는 집단들이 만들어지기 시작했습니다.

예전 얘기를 해보겠습니다. 나우누리에는 수많은 동아리들이 있었습니다. 소위 '전'자, '민'자가 붙어 있던 비합법 단체들이 나우누리에 다 둥지를 틀었습니다. 그때는 전교조, 민노총, 한총련 등의 오프라인 조직이 소통을 원활하게 하기 위해 온라인에서 공간만 사용했던 수준이었습니다. 그러던 것이 지금은 오프라인에서는 전혀 관계가 없던 사람들이 온라인 상에서 정치적인 주장을 가지고 그때그때 이슈에 맞추어 조직을 만들고 즉각 실천을 하는 단계에 이르렀습니다. 세금혁명당이 대표적인 경우지요. 이렇듯 인터넷의 변화가 대중운동의 행태에 있어서도 많은 변화를 일으켰다고 할 수 있겠습니다.

이제 인터넷미디어의 생태계 이야기를 해보겠습니다. 물론 이런 생태계의 반대편에는 주로 보수적인 올드미디어 생태계가 있습니다. 조·중·동을 비롯한 보수 신문, 정권에 의해 완벽히 장악된 지상파 3사, 케이블방송과 종합편성채널(종편) 등이 있습니다. 이런 올드미디어 생태계를 제외하고 진보와 친화적인 뉴미디어, 인터넷미디어 생태계를 살펴보겠습니다.

3년 전 촛불집회 당시에 인터넷미디어의 생태계가 어떻게 굴러갔는지, 구체적인 예를 들어서 설명하겠습니다. 먼저 포털에서 의제 설정과 정보를 공유하는 기능을 합니다. 다음의 '아고라'가 대표적이지요. 아프리카TV를 위시한 인터넷방송은 상황을 실시간으로 전파합니다. 동영상은 감정선을 폭발시킵니다. 촛불집회 때 이런 감정선을 폭발시켰던 것이 바로 아프리카TV를 통해 방영된 전투경찰의 전투화에 짓밟히는 여대생이었던 것으로 기억합니다. 이렇게 대중들이 폭발을 했고 이런 힘이 블로그와 카페, 미니홈피 등을 타고 실핏줄과 같이 확산되고 전파되었습니다.

이렇게 포털과 방송, 블로그, 카페 등이 서로 도와주는 생태계를 형성하고 있는 것이 지난 2008년 촛불집회 때 우리가 생생하게 보았던 힘입니다. 조·중·동이 아무리 왜곡을 하고 도배를 해도 네티즌들이 스스로 교정을 하고 결집시켜 내었던 것입니다.

지난 3년간에는 어떤 변화가 있었을까요? 바로 트위터나 페이스북과 같은 소셜미디어가 새롭게 주어진 것입니다. 거기에다가 모바일 세상이 더해졌습니다. 이것이 우리가 활용해야 할 새로운 미디어 생태계입니다.

이런 것들을 잘 활용한 대중운동과 선거 사례를 살펴보겠습니다.

요즘 대중운동의 스타, 김제동 씨를 누른 스타가 김여진 씨입니다. 김여진 씨가 대학교 집회에 가면 환호성을 지르고 수많은 사람들이 모여듭니다. 이것이 불과 6개월 사이의 일입니다. 그 최초의 계기가 다들 아시다시피 연초 홍대 청소 노동자 파업입니다. 그때 무엇을 했을까요? 여기서 우리는 미디어 생태계의 작동 과정을 잘 살펴볼 수 있습니다.

다음 '아고라'에서 홍대 청소 노동자들을 도와주자는 청원이 있었고 김여진 씨가 이것을 옮겨 자신의 트위터에서 참여 독려를 합니다. 이 짧은 글이 트위터에 확산되기 시작했고, 김여진 씨는 홍대를 방문합니다. 밥·반찬·김치를 싸 들고 갔죠. 같이 밥을 먹습니다.

그런데 김여진 씨가 참 대단한 것이, 바로 홍대 총학생회장 이야기입니다. '외부 세력들은 물러가라'는 주장을 펼친 홍대 총학생회장입니다. 김여진 씨는 그런 홍대 총학생회장을 측은해하는 트윗을 올렸습니다. 그 20대를 끌어안은 것입니다. '20대, 너희들은 왜 그렇게 개념이 없어?' 이렇게 따지는 것이 아니라, '너의 그 아픔을 난 알고 있다'라며 끌어안아 주는 모습, 그것이 확산되며 직장인을 중심으로 '날라리 외부 세력'이 조직됩니다.

이들이 얼마나 재기발랄합니까? 자신의 주장을 담은 광고를 하는데, 총장님은 다른 신문을 보지 않을 것이라는 생각에 모금을 하여 조선일보에 광고를 냅니다. "총장님, 밥 한 끼 하시죠." 이렇게 대중운동을 성공시킵니다. 이런 일련의 과정에서 김여진 씨가 대한민국의 모든 연예인을 제치고 대학생 선호도 1위의 개념 연예인으로 등극합니다.

그 다음 사례를 볼까요?

지금 한진중공업 관련한 희망버스가 사회적으로 부글부글 끓는 용광로와 같은 이슈입니다. 그런 현장에 가서 같이 고생을 하고 어깨를 걸어주는 것이 우리 민주당이 할 일이라고 저는 생각합니다. 희망버스 역시 다음 카페 '비정규직 없는 세상 만들기'에서 처음 제안을 합니다. 그 제안이 트위터를 통해서 확산됩니다. 6월 11일 전국에서 약 700명의 1차 희망버스가 출발을 합니다. 이것이 여론을 타고 확산되어 7월 9일 전국에서 무려 185대의 2차 희망버스가 출발할 예정이라고 합니다. 이런 운동이 트위터를 통해서 자연 발생적으로 일어나고 있습니다. 저는 이 자리에 계신 원외지역 위원장들께서도 모두 희망버스를 신청하셔서 지역 위원회 분들과 함께 가시길 바랍니다. 여기에 젊음이 있고, 민주당이 살길이 있다고 생각합니다.

소셜미디어와 정치

SNS와 선거를 살펴보겠습니다. 4월 27일 분당을 재보선 사례인데요. 이 통계를 보면 정말 기가 막힙니다. 투표 독려 트윗의 양이 증가함에 따라 투표율이 증가합니다. 점심시간에는 트윗 양이 증가하는데 투표율이 따라서 증가하고, 퇴근시간 무렵 트윗 양이 증가하면서 투표율이 증가하는 것을 볼 수 있습니다.

4월 30일 〈중앙선데이〉 기사를 인용해보겠습니다. 캠프와 후보 간 트위터 파급력 그래프입니다. 제일 위쪽이 최문순 후보 개인과 그 캠프에서의 총 트윗과 그 리트윗으로 살펴보는 파급력의 크기입니다. 그 아래가 손학규 후보의 그래프이며, 그 옆으로 한나라당 강재섭 후보와 엄기영 후보의 그래프가 있습니다. 그래프 크기가 트윗과 리트윗의 양인데요. 여기서 이미 승부가 결정되었다고 볼 수 있습니다. 아무리 엄기영 후보가 인지도와 지지도가 높았다고 하더라도 트위터를 통해 지속적으로 홍보되고 노출되면서 이 기세에 꺾인 겁니다. 마지막 3~4일을 남겨두고 역전된 것이 결국 트위터의 힘이라고 할 수 있습니다. 최문순 후보의 그래프를 보십시오. 지속적으로 올라서 결국 압도를 합니다. 트윗 양에 비례하고 있습니다. 그래프는 효과를 눈으로 보실 수 있지만, 그 구체적인 방법이 궁금하실 겁니다.

최문순 후보는 후보등록 전인 2009년 6월부터 트위터를 꾸준히 했지요. 팔로어가 4만 명이나 됩니다. 엄기영 후보는 선거 나가려고 올해 1월부터 트위터를 시작합니다. 진정성의 차이도 있습니다. 뒤에서 얘기하겠지만 최문순 후보는 인간적인 대화를 합니다. 그런데 엄기영 후보는 선거운동 정보만 제공합니다. 소셜미디어에서는 홍보가 아닌 관계가 중요합니다. 사람과 사람 간의 관계, 이건 대화로 형성되는 것입니다. 인위성의 차이, 진정성의 차이가 소셜미디어에서의 승패를 가릅니다. 진정성 있는 대화와 소통을 해야 합니다.

트윗은 후보가 직접 하지 않더라도 주변에서 열심히 도와줍니다. 이렇게 좋은 선거 참모가 어디 있습니까? 엄기영 후보와 최문순 후보의 TV토론 사례입니다. 강원민방에서 하니깐 보고 싶어 하는 타 지역의 지지자들과 시간을 맞출 수 없는 사람들이 있었을 겁니다. 그런데 트위터에서 사용자들이 실시간으로 토론회 문자중계를 합니다. 지지자들이 자발적으로 중계를 하는 거죠. 캠프에서 하는 것이 아닙니다. 방송이 끝나고 나서는 강원민방이 했던 것을 편집해서 유튜브에 올리고 퍼다 나릅니다. 그냥 올리기만 하는 것이 아니라, 바로 이 문제의 장면, 엄기영 후보가 말을 얼버

무리는 장면을 편집해서 유튜브에 올립니다. 이것이 트위터에서 무려 5만 5000건 리트윗이 되었습니다. 이 정도면 국내 트위터 사용자 300만 명이 다 본 것이라 해도 무방합니다. 유튜브의 조회수는 33만 건에 이릅니다. 바로 트위터 사용자들이 최문순 후보의 적극적인 선거운동원이 된 것입니다. 이걸 엄기영 후보가 당할 도리가 없지 않겠습니까?

이번에는 온라인에서 여론이 어떻게 확산되는가를 말씀드려 보겠습니다. 어떻게 수백만 명에게 하루 사이에 주장을 전달할 수 있는가? 하룻밤 사이에 일어난 제 사례를 설명해드리겠습니다. 제가 4월 18일 오후에 시민단체의 선거일 유급휴가 제안을 받고, 1~2분 사이에 '그래 한번 해보자'라고 결정을 하고 무심코 트위터에 그 내용을 올렸습니다. 선거는 일주일 남았는데 선거법이 바뀔 수 없으니 기업이라도 먼저 시도를 하자는 결정이었습니다.

"시민단체 '직장인작은권리찾기'에서 재보궐 선거 유권자인 근로자에게 2시간 유급휴가를 보장하도록 선거법 개정운동을 벌입니다. 나우콤은 여기에 동참하는 뜻에서 해당 직원에게 2시간 유급휴가를 주기로 결정"

트위터의 140자 한계 때문에 말을 줄여 올려서 그렇습니다. 저는 아무 생각 없이 올렸는데, 그야말로 깜짝 놀랄 일이 벌어졌습니다. 그날 밤 12시까지 1240건이 리트윗되었습니다. 그랬더니 다음 날 신문과 방송이 '개념사장' '개념회사'라고 보도를 시작했습니다. 그 후 아사달, 데이터젠 등의 수많은 기업들이 동참을 하게 되었습니다. 이렇게 여론이 확산되면 블로그, 카페, 미니홈피에 이 내용이 전파됩니다. 이 자료를 만들려고 구글로 검색해보니 제 2시간 유급휴가 관련 기사가 무려 1만 건이 인터넷에 확산되었음을 알게 되었습니다. 이게 바로 우리에게 주어진 가장 효율적이고 파워풀한 선전과 조직의 무기입니다.

워낙 유명한 오바마의 페이스북 사례입니다. 오바마는 자신의 정책 발표의 플랫폼으로 페이스북을 사용하고 있습니다. 오바마의 페이지에만 가면 오바마의 모든 것을 확인할 수 있습니다. 오바마는 이 전략을 일관되게 구사합니다. 지난 4월 재선을 위한 정책까지도 페이스북에 독점 발표를 합니다. TV보다도 페이스북에 먼저 합니다. 이 페이지를 좋아하는 사람이 무려 2000만 명입니다. 2000만 명이 오바마의 페이지를 '즐겨찾기'해두고 수시로 방문해서 본다는 이야기입니다.

리더십의 원천, 공감!

여러분 많이 골치 아프시지요? 홈페이지도 해야지, 블로그도 만들어야지, 이제는 페이스북도 해야지…. 페이스북은 프로필도 있고, 페이지까지 있고, 트위터도 해야 하고. 이런 걱정이 있을 겁니다. 저도 이제 정치인이지 않습니까? 제 개인적으로는 어떻게 할 계획이냐면, 홈페이지를 만들지 않을 생각입니다. 페이스북의 페이지를 거점으로 해서 여기에 블로그와 트위터 등을 연동하려고 합니다. 많은 사항들을 검토한 끝에 저는 이렇게 하기로 결정했습니다. 참고하시기 바랍니다.

2012년 이야기를 해보겠습니다. 내년엔 미디어 환경이 좋지 않습니다. 조·중·동에 지상파 3사, 거기에 올 말이면 종편 4사까지 생겨납니다. 우리가 여기에 대항할 수 있는 가장 강력한 무기는 뉴미디어 생태계를 적극적으로 활용하는 것입니다. 유감스럽게도 포털 쪽의 영향력은 조금 약화되었습니다. 그러나 그보다 훨씬 강력한 글로벌 플랫폼이 우리에게 주어졌습니다. 여기에 열 배의 위력을 가진 모바일이 우리에게 다가왔습니다. 그래서 우리는 SNS를 적극적으로 활용해야 합니다.

어떻게 잘 활용하느냐가 중요합니다. 뉴미디어의 특징은 대중의 공감을 바탕으로 확산되는 매체입니다. 진보개혁 세력은 대중으로부터 공감을 불러일으키는 정책과 자세를 가지고 있기에, 소셜미디어는 진보 친화적인 매체라고 할 수 있겠습니다. 저는 진심으로 그렇게 생각합니다.

여러분이 SNS를 적극적으로 활용하려면 일방적으로 주장하지 마시고, 쌍방향으로 소통하십시오. 소통이 뭡니까? 상대방에게 얘기하고 내가 잘못되었으면 상대방의 이야기를 듣는 것 아닙니까? 내가 실수했다, 미안하다고 시인할 줄 알고, 공감을 불러일으키는 것이지요. 이럴 때 바로 그 사람이 정치계의 리더가 되는 세상이 왔습니다. 저는 21세기 소셜미디어 시대 지도자의 힘의 원천은 공감창출 능력이라고 생각합니다. 공감창출 능력이 리더십의 원천 중의 원천입니다.

관계를 맺어야 합니다. 여러분, SNS 핵심 오피니언 리더 그룹이 어딘지 아십니까? IT기업에 종사하는 30대 화이트칼라입니다. 그중에서도 S/W 개발자들입니다. 그들은 얼리어답터이기 때문에 SNS에 제일 먼저 둥지를 틀고 시작한 것입니다.

그들과 공감하기 위해서는 어떻게 해야 할까요? 그들은 IT정책에 매우 민감합니다. 실명제 문제, 표현의 자유, 검열과 심의, 게임 셧다운제 등이 있을 겁니다. 그래서 민주당의 IT 10대 정책을 만들어 그들에게 다가가야 합니다. 이것이 관계 맺는 첫 번째 전략입니다. 20~30대와 민주당이 관계있는 당이라는 것을 보여줘야 합니다. SNS를 기반으로 하여 네티즌들이 뽑은 비례대표를 선출하는 것은 어떻습니까? TED 방식을 활용한 전국 순회 정치강연회, 소셜미디어를 활용해서 홍보와 조직활동을 열심히 하는 분들께 공천심사에서 인센티브를 주는 것은 어떨까도 생각해봅니다.

제가 처음에 말씀드렸지요? 5년까지도 갈 필요 없습니다. 1년 후에 당선되고 싶으시지요? 소셜미디어에서 관계를 맺으십시오. 5년 후에는 더 큰 정치를 하고 싶으시지요? 지금부터 소셜미디어에 둥지를 틀고 그것을 가장 퍼펙트하게 활용하는 정치인이 되십시오.

감사합니다.

기업

사회 속의 바른 기업
나우콤을 세우다

좋은 사람들이 즐겁게 일하는 곳

바른 기업, 좋은 사람이 성공하는 세상을 꿈꾸며

《꾸준함을 이길 그 어떤 재주도 없다》 프롤로그의 일부이다.
20년 IT기업 경영의 깨달음이 잘 정리되어 있다.

1992년에 나우콤의 전신인 BNK를 설립했으니 2011년이면 20년째가 된다. 그 20년을, 전반 10년은 간부직원으로 일했고 후반 10년은 대표이사로 근무했다. 푸르디푸르렀던 서른세 살의 청년은 쉰두 살의 중년이 되었다. 나우누리로 시작했던 사업은 온라인게임과 아프리카TV로 이어졌다.

20년 세월 동안 나우콤은 대주주가 다섯 번 바뀌었다. 첫 대주주 회사부터 세 번째 대주주 회사까지는 연속으로 부도가 나서 망하거나 합병되었다. 모기업과 자회사가 통상 자금과 사업 관계로 얽혀 있는 한국의 기업 현실을 생각할 때 모기업이 망하는데 자회사가 살아남기란 상상하기 힘든 일이었다.

또 20년의 세월 동안 사업의 트렌드는 크게 세 번 바뀌었다. 나우콤은 인터넷이 등장하기 전 PC통신으로 시작해 유선 인터넷 시대, 모바일 시대까지 살아남은 거의 유일한 통신회사다. 인터넷을 기점으로 선사시대와 역사시대로 나뉠 만큼 기술 변화의 속도가 빠른 통신의 역사에 비추어보면, 나우콤은 선사시대부터 생존해온 회사인 셈이다.

회사가 한창 어려울 때는 3년 연속 누적적자가 100억 원에 달하고 부채비율이 800퍼센트를 넘었다. 그때는 시한폭탄이 타들어가듯이 하루하루 자금이 말라갔다. 망해가는 기업을 턴어라운드시키기 위해 회사에 조금이라도 도움이 될 만한 사람이라면 밤과 낮을 가리지 않고 찾아다니던 시절이었다. 신규사업을 벌이고, 회사의 업무와 조직을 떼어내서 분사를 시키고, 줄일 수 있는 비용은 다 줄이고, 마지막에 눈물의 구조조정까지….

우리말에 혼신의 힘을 쏟는다는 말이 있지 않은가. 당시 내가 그랬다. 온몸으로 일했고 인간이 할 수 있는 최선의 노력을 다했다. 해 뜨기 직전이 가장 어둡다고 했던가. 해 뜨기 직전의 가장 고통스러운 시기를 견디어내자, 나우콤은 거짓말처럼 턴어라운드에 성공했다.

위기에 강한 기업의 DNA는 어떻게 만들어지는가?

이 어려운 세월을 헤쳐 나오는 과정에 나우콤 조직 내에는 생존과 혁신이라는 DNA가 만들어졌다. 그래서 나우콤은 강하다. 나우콤은 IT업계에서 가장 성공한 기업도 아니고 가장 큰 기업도 아니며 또 가장 직원들에게 잘 해주는 회사도 아니다.

그러나 한 가지는 확언할 수 있다. 나우콤은 위기 상황에서 가장 강한 기업이다. 나우콤 안에는 위기에 강한 DNA가 흐르고 있는 것이다. 조직 내에 위기에 강한 문화를 만들어가는 과정을 독자들과 함께 나누고 싶었다.

20년간 기업을 경영하고 조직을 관리하면서 나름의 철학이랄까, 가치관 같은 게 생겼다. 지식문화산업 시대에는 기업의 부가가치가 창조노동에서 나오기 때문에 직원이 주주보다 중요하다는 믿음. 기업의 이익만을 너무 앞세워서도 안 되고 주주, 구성원, 사회의 이상이 합치되는 '사회 속의 바른 기업'을 만들어야 한다는 믿음. 기업이 장기적으로 성장하려면 눈앞에 보이는 실적보다 눈에 안 보이는 조직문화를 더 중시해야 한다는 믿음. 디지털 시대에는 조직 내의 리더십도 권위적 리더십에서 소통하는 리더십으로 바뀌어야 한다는 믿음. 이런 믿음을 독자들과 함께 나누고 싶었다.

20년간 살아남기 위해 수많은 사업을 벌여왔다. 그중에는 다행히 성공한 것도 있지만 실패한 게 더 많았다. 어찌 보면 시행착오의 연속이었다. 무수한 시행착오를 거듭하면서도 깨달음이 있었다.

사업 성공에는 트렌드, 타이밍, 조직력이란 세 가지 키워드가 있다는 것. 경쟁은 즐기되 대체재를 경계해야 한다는 것. 사업을 실행에 옮길 때는 '날'과 '결'을 함께 살펴야 한다는 것. 사업을 확장할 때는 '가위바위보 이론'이 타당하다는 것. 이런 깨달음을 독자들과 나누고 싶었다.

20년간 많은 사람들을 만났다. 기획자, 개발자, 디자이너, 마케터…. 대부분 젊고 똑똑하고 패기에 찬 훌륭한 인재들이었다. IT업계, 더 나아가서 지식문화 산업계의 종사자들은 한국 사회의 미래를 이끌어갈 주역들이라고 생각한다.

　대한민국의 미래는 이들의 어깨 위에 달려 있다. 지식문화 강국이 대한민국의 미래 비전이기 때문이다. 이들이 모두 다 성공한 인생, 행복한 인생을 살기를 바랐다.

　그러기 위해서는 최소한 10년 한 우물을 파야 한다는 것. 젊어서 고생은 사서 하라는 것. 몸값을 좇지 말고 이름값을 쌓으라는 것. 착하게 동료를 배려하는 사람이 결국은 성공하고 행복한 인생을 산다는 것. 당신이 몸담고 있는 회사는 지혜와 리더십을 가르쳐주는 인생의 학교라는 것. 이런 인생살이의 소박한 가르침을 독자들과 나누고 싶었다.

일은 생계의 수단이 아니라 자존심의 원천이다

《인문의 스펙을 타고 가라》(사회평론, 2010)에 실린 글이다.
기업 경영에서 인문적인 소양, 인간에 대한 믿음의 중요성을 강조한 인터뷰다.

세상이 퍽퍽하고, 취업이 힘들다 보니 먹고사는 문제로만 일을 바라보려는 경향이 짙다. 그런데 먹고사는 것이 해결되는 순간 새로운 문제에 봉착한다. 도대체 내가 왜 이 일을 하고 있는 것이지? 일은 생계의 수단이 아니라 사람이 존재할 수 있는 자존심의 원천이다. 나라는 인간이 세상에서 어떤 식으로 존재하고 있는지 확인시킬 수 있는 정체성의 근거이다.

Q _ 먼저 선배님의 소개를 부탁드리겠습니다.

A _ 간단하게 소개를 드리는 것이 좋겠군요. 저는 인터넷 서비스 전문회사인 나우콤에서 10년째 대표이사를 맡고 있는 문용식입니다. 혹시 '나우누리'라고 들어보셨나요? 인터넷이 일반화되기 전인 1990년대 PC통신이

라는 것이 있었습니다. 나우누리는 PC통신 서비스 브랜드였는데, 나우콤의 초기 주력사업이었죠. 인터넷 시대가 본격적으로 열린 2000년대로 들어와서는 피디박스와 클럽박스라는 웹스토리지 서비스, UCC 개인방송 플랫폼 서비스인 아프리카TV, 테일즈런너라는 온라인게임 서비스 등으로 사업의 변신과 확장을 시도해왔습니다.

참 공부하기 갑갑한 하수상한 시절

Q _ 70년대 학번이신데 요즘과 비교하면 그 당시의 대학생활은 많이 달랐을 것 같은데요, 학창시절은 어떻게 보내셨나요?

A _ 저는 역사가 좋아서 인문대를 지망했습니다. 면접을 보시던 교수님이 왜 인문대에 왔냐는 질문을 하시기에 역사가 좋아서 왔고 앞으로 언론인이 되고 싶다고 포부를 이야기한 것이 기억나네요.

어쨌건 제가 대학에 입학한 것이 70년대 후반이었으니 역사의 격변기였죠. 유신정권에서 10·26 사건이 나고, 곧 12·12 군사정변이 발생하고, 광주에서 항쟁이 있어났습니다. 그럴 때 대학생활을 하다 보니 공부할 분위기는… 교문이 열려 있는 날도 거의 없는 휴교 상태였고. 휴교가 풀려서 학교를 가도 전경들이 수백 명씩 학교에 배치되어 있었고 학교에서는 데모하느라 정신이 없었고요. 교문 앞에는 탱크가 진을 치고 있고, 전반적으로 공부할 분위기는 아니었어요.

그런 가운데 저는 학생운동을 열심히 하는 쪽이었습니다. 뒤늦게 보니까

경고, 유기정학, 무기정학에 제적까지 학교에서 받을 수 있는 징계란 징계는 모두 다 받았더라고요. 야구선수가 한 게임에서 단타, 2루타, 3루타, 홈런까지 치는 걸 싸이클링 히트라고 하죠? 제가 징계에 있어서 일종의 싸이클링 히트를 기록한 셈입니다. 그런데 학교 징계에 그치지 않고 감옥에도 갔었어요. 계산을 해보니까 20대의 10년 가운데 5년 1개월을, 그러니깐 20대의 절반을 그 안에 있었네요. 그것도 계속해서 독방생활이었고요. 그런데 공부는 오히려 그곳에서 더 많이 했습니다. 영어 공부도 많이 하고 책도 많이 읽고. 덕분에 학부 졸업은 십 몇 년 만에 하게 됐지만 말입니다. 지금 대학생들 생활과는 차이가 많죠? 아마 이런 얘기하면 해방 전 광복군 얘기인가 할 거예요.

제가 기억하는 인문대는 권위에 저항하고, 자유를 이야기하는 풍토가 강하게 흐르는 곳이었습니다. 그래서 동기들끼리, 선후배끼리 서클이나 동아리 활동을 많이 하고 토론과 논쟁도 격렬하게 했던 기억이 납니다. 싸우기도 하고요. 학문으로서의 사학은 전공으로 열심히 공부하지는 못했지만 역사를 보는 눈, 방법론, 태도 같은 측면에서 많이 배웠고요.

어쨌건 그때는 왜 그렇게 학교 다니는 것이 싫었는지 모르겠어요. 요즘은 제가 보기에는 대학이 참 좋더라고요. 제가 학교 다닐 당시의 암울했던 분위기는 다 사라지고, 밝고 건강하고 활기차서 좋아요. 아마 우리 때 제가 했던 고민이 지금 대학에서는 짐으로, 또 무게로 다가오지는 않아서 그렇겠죠?

국사학을 전공한 IT 벤처기업 창업자

Q _ 전공으로는 국사학을 하셨는데, 지금 하고 계신 일은 IT 기반 사업이십니다. 인문학 전공과는 다소간 거리가 있어 보이는 일이라는 이야기도 종종 들으시겠네요.

A _ 저를 잘 아는 사람이든 모르는 사람이든 제가 좀 엉뚱한 데가 있는 것 아니냐고 이야기하는 경우가 많습니다. 학생운동, 민주화운동을 하다가 감옥까지 갔던 저의 개인사를 잘 아는 사람들은 안 어울리는 일을 하고 있는 것 같다는 이야기를 많이 하는 편이고, 저를 잘 모르는 사람들도 국사학과 출신이라는 제 전공과 인터넷 사업이라는 제 직업이 잘 연결이 안 되는 모양입니다. 심지어 우리 아들도 그런 반응을 보이더라고요. 아버지는 컴퓨터 프로그래머도 아닌데 인터넷 회사에서 뭘 하느냐고.

제가 이 일을 시작한 지는, 1992년부터이니깐 18년이 됐네요. 18년 전에 제 손으로 회사의 법인등기를 했으니 출생신고도 제 손으로 한 셈이죠. 사실 그때 제가 정보통신 쪽 일을 하게 된 계기는 생각보다 단순했습니다. 이것 말고는 할 수 있는 일이 없어서 시작했거든요. 사람들이 저한테 어떤 엄청난 선견지명이 있어서 18년 전에 인터넷 사업을 시작한 거냐고 묻기도 하는데 절대 그런 것은 아닙니다. 정말 다른 일을 할 수 있는 게 아무것도 없었거든요.

앞서 말씀드린 것처럼 제가 20대 때 학생운동, 민주화운동을 너무 열심히 한 덕분에 국가보안법 위반 등으로 꽤 오랫동안 감옥에 있었습니다. 그런데 감옥에서 나와 보니 당연히 오라는 곳이 없겠죠? 공무원으로 정부에 들어갈 수도 없고. 그렇다고 대기업에서도 받아주지 않고. 돈이 많으면 장사라도 할 수 있을 텐데 돈이 많은 것도 아니었습니다.

그래서 시작하게 된 것이 이쪽 일이었습니다. 그런 조건에서 제가 할 수 있었던 것이라고는 머리, 아이디어로 할 수 있는 일이 유일한 상황이었으니까요. 정보통신, IT 계통의 벤처는 아이디어가 더 중요하니까 진입하는 데 다른 것들보다는 어려움이 덜했습니다. 선경지명이 있어서라기보다는 실상 호구지책이었습니다. 불가피한 최후의 선택이었죠.

Q _ 그럼 출소하신 다음에 바로 결정하신 것이군요?

A _ 아니요, 그런 것은 아닙니다. 출소해서는 인문대를 다시 다녔고, 뒤늦게 졸업하고 나니 공부가 조금 재미있어지더라고요. 그래서 대학원에 진학해 국제정치학 공부를 했습니다. 국제정치학을 공부하게 된 이유는 우리 역사를 공부하고 민주화운동을 하다가 뼈저리게 느낀 바가 있어서 결정하게 된 것인데요, 역사를 공부해보니 우리나라의 운명이라는 것이 우리 내부적인 문제로만 해결되는 것이 아니더라고요. 우리 역사가 국제적인 힘, 특히 미국의 힘에 의해 좌지우지되는 경향이 강하다는 점을 알고 나니 국제정치학을 모르면 안 되겠구나 하고 생각했죠. 어쨌건 그런 이유로 대학원에 진학해서 꽤 열심히 공부했습니다.

그렇게 석사과정을 마치고 논문을 쓰고 있을 즈음 진로에 대해 고민을 했습니다. 국제정치학이라는 학문이 미국이 주도하는 분야라 미국으로 유학을 가는 것에 대해 고민을 하고 있었죠. 그런데 아는 선배 한 분이 저한테 사업을 하나 제안하시더군요. 자신이 투자를 할 테니깐 같이 사업을 하자는 것이었는데 다시 새로운 선택지를 놓고 고민을 했습니다. 고민 끝에 유학 갈 형편도 어렵고, 그때는 이미 결혼을 해서 아이도 있었거든요, 하여튼 차선책으로 사업을 선택했습니다.

Q _ 나우콤은 PC통신 시절에는 나우누리로, 인터넷이 기반인 최근에는 새로운 서비스들로 장수하는 기업인데요.

A _ 90년대에 PC통신부터 본격적으로 사업을 했으니 오래되기는 했네요. 아마 지금 대학생들은 PC통신은 잘 모를 겁니다. 저도 그때를 생각하면 까마득한 옛날이야기처럼 느껴집니다. 90년대 말에 인터넷이 본격화되기 전인 PC통신 시대는 선사시대 이야기 같거든요. 정보통신 분야는 워낙 기술 발전과 변화가 빨라서, 역사에 비유하자면 인터넷이 등장할 때부터 본격적인 역사시대가 시작된 것이고, PC통신은 문자가 생겨나기도 전인 선사시대 이야기인 셈이죠. 왜 선사시대 때 공룡이 나오지 않습니까? 그런데 나우콤은 선사시대에 있던 기업이니까, 흡사 공룡이 멸종되지 않고 다시금 진화해서 지금 살아남아 있는 것과 비슷하다고 할 수도 있겠네요. 90년대 당시에 보면 PC통신 사업을 하던 회사들의 면면이 모두 유수의 재벌기업, 대기업들이었어요. 삼성의 '유니텔', SK의 '넷츠고', LG에는 '채널아이'라는 사업체가 있었습니다. 나중에 LG에 인수된 데이콤의 '천리안'이 있었고, 한국통신의 '하이텔'도 있었죠. 재벌기업, 통신 거대기업들이 모두 PC통신 사업에 투자하고 주력사업의 하나로 키우고 있었는데, 나우누리는 그런 뒷배경이 일절 없는 순수 벤처 중소기업이었죠. 그래도 나우누리가 그 당시 다른 대기업 계열사들과의 경쟁에서 별로 뒤지지 않았어요. 재미있는 것은 그 재벌기업들이 하던 PC통신 사업체들은 사라졌는데 나우콤이 살아남아 인터넷 서비스 중견기업까지 되었다는 점이죠.

하지만 늘 평탄한 길만 걸어온 것은 아닙니다. 위기도 있었고 망할 뻔도 했거든요. 시대의 흐름이 인터넷으로 바뀌고 있는데 PC통신 시절 가지고 있던 몇 푼어치 기득권이 아까워서 뛰어들지도 못하고 버리지도 못하고 엉거주춤한 채로 몇 년을 지나친 적이 있었습니다. 기득권을 놓기 힘들면 보수적이 되잖아요. 기술이 급변하는 시절에 몇 년을 허송세월하니 사업의 패러다임이 근본적으로 바뀌어버리는 것을 경험했습니다. 그래서 큰 위기에 빠졌죠. 한 해 적자가 수십억 원씩 발생하고 그런 적자가 3년 연속 쌓여 누적 적자가 100억 원이 넘기도 했어요. 그런데 재벌그룹이 뒤에 버티고 있지도 않는 말 그대로 벤처기업이 그런 위기에서 버티기는 힘들죠. 그래도 다시 한 번 잘해보자고, 가장 어려운 때에 제가 대표를 맡아서 변신을 시도했습니다. 변신이라는 키워드를 가지고 노력을 많이 했죠. 그래서 웹스토리지, UCC, 온라인게임 등으로 변신을 했는데 운 좋게 지금까지 오게 됐네요.

문제는 어떤 분야인지가 아니라 어떻게 극복할 것인가이다

Q _ 주변에서도 IT업종에 계신다는 이야기에 의아해하는 분들이 많다고 하셨는데요, 진로를 고민하는 인문대생들도 마찬가지로 이 분야에 대해서 고려를 하지 않고 있을 가능성이 높아 보이네요.

A _ 직업적인 이야기를 해볼까요? 나우콤은 IT 기반 벤처기업이고, 인터넷 서비스 회사입니다. 이런 나우콤 안에는 크게 3가지 직군이 있는데 하나는 엔지니어 계통입니다. 소프트웨어 프로그래머나 하드웨어 엔지니어

링 등의 업무를 담당하는 직군이죠. 이 직군에 있는 사람들이 최종적으로 생산을 하기 때문에 매우 중요하며 전산, 정보통신, 소프트웨어 프로그래밍, 수학 등을 전공한 분들이 많습니다. 다음으로 회사이고 조직이다 보니 지원업무를 담당하는 부서가 있어야 합니다. 인사, 회계, 세무, 총무, 경영지원, 영업지원 파트 등이 그 영역에 해당할 것이고 역시 여기도 전문적인 기능이 필요합니다.

그리고 마지막 직군은 광의의 기획자입니다. 서비스 기획, 제품 기획, 마케팅 기획, 인사 기획, 전략 기획 등을 담당하는 기획군입니다. 그런데 이런 기획자는 제가 보기에 인문학을 공부한 사람에게 아주 적절한 직군입니다. 이 직군에서 필요로 하는 덕목은 현실에 안주하지 않고, 끊임없이 보다 나은 미래, 대안을 고민하고, 계획을 만들어내는 것이기 때문이죠. 미래에 도달해야 할 곳이 저곳인데 현재는 언제나 이런저런 문제들과 직면하고 있습니다. 그렇다면 현실과 미래 사이에는 극복해야 할 갭이 있다는 것인데, 어떤 수단을 선택하고 조합해서 전략적으로 이 갭을 좁혀나갈 것인가를 생각해내는 것이 기획이죠. 그렇기 때문에 기획자는 사고가 유연해야 하고, 진취적이어야 하고, 종합적이어야 합니다. 단편적인 몇 가지 지식을 가지고 있다고 해서, 예를 들어 경영학의 조직론을 안다고 해서 조직에 닥친 문제를 해결하는 기획을 할 수는 없죠. 마찬가지로 회계 지식이 있다고 해서 재정 기획을 할 수는 없는 노릇이고 마케팅 수업을 들었다고 해서 마케팅 기획을 할 수는 없습니다.

그런 면에서 본다면 기획자에게는 인문학적 배경이 있는 것이 유리합니다. 그리고 그 배경이 가능하면 깊고 넓은 것이 좋아요. 물론 인문학 공부를 했다는 것 자체가 중요한 건 아니겠죠. 법학이나 경영학을 공부한 사람도 개인적인 노력을 통해 인문학적인 배경을 갖춘다면 충분히 기획을 할 수 있고, 인문대를 졸업했다고 해도 정작 다른 스펙을 쌓는 것에 몰두해 인문학적 소양 쌓기에 소홀했다면 기획을 할 수는 없는 겁니다. 그래도 인문학 전공자가 확률적으로 보면 괜찮겠죠?

나우콤의 경우 사장인 저도 인문학을 전공했고 인사팀장, 아프리카사업부장, 게임사업부장도 인문학 전공자이죠. IT기업이라고 해서 엔지니어만 있는 것은 절대 아닙니다.

그리고 인터넷 서비스라는 것도 사람이 쓰는 거잖아요? 그렇기 때문에 사람들은 무엇을 원할까, 사람들이 필요로 하는 것은 무엇이고, 그들은 어떤 방식으로 움직이며, 어디로 어떻게 움직이는가 하는 것을 파악하고 예측할 필요가 있어요. 그리고 그런 것들을 파악하고 예측하는 데도 인문학적 상상력이 중요합니다. 일단 사람들이 어떻게 살아왔는지, 왜 그렇게 살아왔는지, 앞으로 어떻게 살아갈 것인지에 대한 이해, 사람에 대한 이해가 있어야 하는데 그걸 배우는 것이 인문학이니까요. 이렇게 보면 인터넷 기업에 인문학이 접맥되면 시너지가 날 여지가 매우 높습니다.

이야기가 힘이 되는 세상, 인문학이 첨단이 되는 세상

Q _ 말씀해주신 맥락에서 본다면 우리 사회는 인문학을 인문학답게 공부한 사람을 많이 필요로 하겠군요.

A_ 정말 중요한 이야기인데 현재 한국을 지탱시켜 나가고 있는 것들은 제조업, 그중에서도 수출 중심 대기업입니다. 반도체와 핸드폰을 만드는 삼성전자는 제조업 분야에서 강한 면모를 보이는 기업이죠. 현대자동차 같은 기업도 대표적인 제조기업입니다. 그동안 우리 사회가 산업화 과정을 거치면서 이런 제조업을 중심으로 수출을 하는 기업들이 한국 경제를 견인해왔다고 볼 수 있겠는데요, 앞으로 한국이 다음 단계로 도약하기 위해서는 제조업에만 매달려서는 곤란합니다. 더 이상 충분한 부가가치를 창출할 수 없거든요. 한국은 앞으로, 아니 이미 디지털 사회로 진입해 있고 디지털 문명이 우리에게 와 있습니다. 이런 상황에서 한국은 지식정보산업, 지식문화 강국이 될 때만이 새로운 부가가치를 창출할 수 있습니다. 그런데 새롭게 변화된 디지털 문명에서 중요하게 부상하는 산업 분야 가운데 문화산업이 있습니다. 그럼 문화산업의 원천은 무엇일까요? 문화산업의 모든 배경이자 핵심 중의 핵심은 스토리입니다. 이야기를 만들어내고, 풀어내고, 구성하는 스토리텔링이 없으면 문화산업에선 할 수 있는 것이 없습니다. 그런데 스토리는 어디서 나오는 것일까요? 당연히 인간에서 나오겠죠. 인간이 빠진 스토리는 없습니다. 인간이 빠진 스토리가 없다는 것은 역사가 빠진, 철학이 없는 스토리가 있을 수 없다는 이야기이기도 하고요. 그렇기 때문에 인문학적인 배경과 상상력 없이는 창조적인 스토리를 만들어낼 수 없고, 그런 것들이 뒷받침되지 못하면 문화산업은 발전할 수 없습니다.

인문학이 위축된다? 오히려 21세기 디지털 문명 시대에는 인문학 전공자들이 더 꽃을 피울 수 있는 시대가 될 것이라고 생각합니다. 공학, 경영학

같은 전공은 엄밀히 말해 특정 직업에 필요한 기능을 먼저 배우는 직업훈
련적인 성격이 강합니다. 그런데 이런 형태의 학문에서 배우는 지식들 가
운데 많은 것이 이미 죽어 있다고 볼 수 있습니다. 그런 형태의 지식들 가
운데는 이제 인터넷만 찾아봐도 나오는 것들이 많습니다. 그러니 굳이 학
교에서 배울 필요가 없다는 얘기죠. 정작 중요한 것은 이런 죽은 지식들
을 종합해서 새로운 것을 창조할 수 있는 능력입니다. 이런저런 이유로 당
장 직업에 써먹을 수 있는 직업 맞춤형 교육은 발전하기가 굉장히 힘들 겁
니다. 변화의 속도를 따라갈 수도 없거니와, 정작 사회가 요구하는 것은
얼마나 많은 지식을 가지고 있느냐가 아니라 앞서 이야기했던 것처럼 그
것들을 뛰어넘는 새로운 것을 어떻게 만들어낼 것이냐 하는 문제거든요.

모든 판단은 역사적이고 철학적이다

**Q _ 지금 하고 계신 일은 기업의 대표, 즉 사장님이십니다. 회사를 만들고 키워
서 여기까지 오시는 데 인문대를 졸업하고 인문학을 공부한 것에 도움을 받으신
적이 있으신가요?**

A _ 제가 하는 일은 경영이죠. 비즈니스를 풀어나가고, 회사를 관리하고
경영합니다. 그래서 제가 하는 일 가운데 가장 많고 중요한 일이 판단과
선택입니다. 늘 판단을 하고 선택을 하게 되는데 제 판단과 선택이 잘못되
면 회사가 잘못될 수 있겠죠. 그래서 판단과 선택을 신중하고 올바르게 하
려고 노력합니다. 그런데 판단과 선택에 있어서 가장 중요한 것 역시 인간

에 대한 이해입니다. 회사도 하나의 공동체인데, 공동체는 기본적으로 사람들이 어울려 만들어가는 것이죠. 그래서 사람에 대한 이해, 그 사람들이 만들고 있는 공동체에 대한 이해가 바탕이 되지 않는 판단과 선택은 잘못될 가능성이 매우 높아요. 그런데 인문학이라는 것의 가장 기본은 사람에 대한 이해잖아요? 인문학을 공부한다는 것은 사람에 대한 이해를 높이는 공부를 하는 것이죠. 철학, 역사, 문학을 통해서 인간과 우리 사회에 대한 이해의 폭을 넓혀주는 것이 인문학이고, 그런 인문학이 기본 바탕에 깔려 있으면 사장으로서 내려야 하는 판단과 선택에 많은 도움을 받습니다.

Q _ 구체적인 사례가 있을까요?

A _ 글쎄요. 그런 사례들이 무수히 많지만 사업상 디테일한 부분의 이야기들이라 딱 실감 나게 다가올지 모르겠네요. 한 가지만 말씀드릴게요. 아까 회사가 어려움에 처해 있었다고 말씀을 드렸는데요, 그때 우리 회사의 대주주가 삼보컴퓨터와 두루넷이라는 회사였습니다. 두루넷이 하나로통신에 합병되어 지금은 모르시는 분들도 많을 텐데요, 매우 큰 회사였습니다. 인터넷 시대가 열린 초기에 초고속통신망을 개척한 선도적 기업으로 한국 최초로 나스닥에 직상장된 기업이기도 했죠.

그 두루넷이 우리 회사를 합병하려는 전략을 세우고 있었어요. 코리아닷컴이라는 포털 사이트를 띄우려는 계획이 있었는데 나우콤의 자원이 필요하다는 이유였죠. 나우콤 입장에서도 경영난으로 어려움을 겪고 있으니 두루넷으로 합병되면 나우콤이라는 회사는 없어지는 것이지만 수치상, 재정상으로 보면 적절한 선택일 수도 있었죠.

그런데 제가 그때 반대를 했습니다. 수치상, 재정상으로 보면 일면 합리적인 선택일 수도 있지만 사람과 조직, 공동체를 놓고 보았을 때 올바른 선택이 아니었거든요. 그래서 대표는 아니었지만 임원의 한 명으로서 두루넷 최고의사결정권자를 설득했습니다. 합병을 하면 안 되는 점, 손실이 발생하는 것들, 나우콤의 독자생존이 가능한 점, 독립경영이 필요한 이유 등을 긴 시간에 걸쳐 설득했는데 그게 유효했는지 합병에 대한 내부 결정이 취소되었습니다. 결과적으로 놓고 보면 두루넷은 사라지고 코리아닷컴 역시 썩 좋은 성과를 내지 못하고 있지만 나우콤은 지금까지 인터넷 서비스 중견기업으로 성장해오고 있죠.

중요한 이야기는 이제 시작되는데요, 제가 어떻게 그런 선택을 할 수 있었느냐 하는 점입니다. 사실 이런 선택과 판단, 행동은 매우 민감한 사안입니다. 회사가 처한 경영난을 어떻게 타개할 것인가 하는 문제와 앞으로 회사의 운명이 어떻게 될 것인가를 결정하는 사안이죠. 앞서 말한 대로 수치상으로 봤으면 합병하는 것이 그 당시로는 더 합리적인 판단이었을 수도 있으니까요.

하지만 중요한 것은 그런 수치가 아니라 사람이라는 점이죠. 나와 함께 10년 가까이 동고동락하면서 일을 했던 동료, 후배, 구성원들을 우선 보았습니다. 그런데 그들의 능력을 하나하나 보건대 어떤 어려움이 있더라도 남들 하는 만큼, 혹은 그 이상으로 잘할 수 있겠다는 믿음과 자신감이 생겼습니다. 일종의 구성원들에 대한 믿음, 신뢰, 그리고 순간적인 어려움을 이겨낼 수 있다는 뚝심 같은 것이겠죠. 그런데 이런 판단은 수치적으로 뽑아낼 수 있는 종류의 것이 아닙니다. 조직, 사회의 구성원을 얼마만큼 정확하

게 이해하고 있는지, 그리고 그 가능성을 어떻게 내다보고 있는지는 전적
으로 기본 소양에 기초한 판단에 의한 것이니까요. 구성원들이 어떤 생각
을 하고 있고, 이들이 어떤 역사를 만들어왔고, 그로 인해 어떤 문화를 형
성하고 있는지에 대한 판단인데, 이게 문학, 역사, 철학인 인문학이잖아요.

내가 안전하다고 느낄 정도라면 그것은 이미 안전한 것이 아니다

**Q _ 많은 인문대생들이 진로에 대해 고민을 하는데요, 아직까지 일반적인 길, 보
편적인 진로라고 하기에는 낯선 IT 분야이고 게다가 직무 역시 벤처를 창업한 사
장님이라 쉽게 상상하기는 어려워 보입니다. 그 길을 먼저 간 선배의 입장에서
후배들에게 해주고 싶은 말씀이 있으시다면?**

A _ 인문학은 학문 자체가 법학이나 경영학하고는 다릅니다. 이런 학문들
은 기능적인 것들이죠. 즉 직업 영역에서 업무를 잘 수행하기 위한 능력을
가르치는, 기능적인 학문이라는 이야기죠. 하지만 인문학은 학문의 기본적
인 것들을 가르치기 때문에 기능보다는 교양에 치우쳐 보이는 면이 큽니다.
그런데 재미있는 것은 방금 말한 경영학, 법학을 전공했다고 하더라도 그것
들이 직장에서 도움이 되는 경우가 거의 없다는 점이죠. 대학에서 관련된
전공을 2~3년 배웠다고 해서 그게 실무에 바로 투입되면 사용 가능할 정도
가 되느냐? 대부분 수박 겉핥기로 배우기 때문에 기업에 들어오면 다시 배
우는 경우가 허다합니다. OJT(On Job Training)라고 하는데, 사수로부터 다시
훈련을 받아서 차근차근 기초부터 다져서 차츰 일을 해나갑니다.

Q _ 자신감을 가질 필요가 있다는 말씀이신가요?

A _ 자신감도 자신감이지만 멀리 보고 크게 볼 필요가 있다는 이야기입니다. 대학에 들어오면 사회 진출에 대해 어쨌건 빠르게 고민하는 것이 지금의 상황이기는 합니다. 그럴 때 저처럼 창업을 해도 좋고, 취업을 해도 좋고, 취업을 하더라도 공무원을 해도 좋고, 대기업에 가도 좋고, 벤처에 가도 좋고, 또 학문의 길을 갈 수도 있고, 프리랜서가 될 수도 있습니다. 그런데 이렇게 정말 많은 길들 가운데 그 어떤 길이 옳은 길이라고 말할 수는 없습니다. 각각의 길이 그 나름으로 하나의 인생이니까요.

어떤 사람들은 인생을 바둑에 비유하기도 하죠. 바둑은 흑과 백을 한 수 한 수 두어나가 판을 만듭니다. 그리고 중요한 선택의 순간에서 어떤 수를 둘 것인가 결정해야 하는 상황이 발생합니다. 지금 그런 갈림길이 나타났고 어떤 한 수를 두어야 한다고 치죠. 그렇게 하면 그 수로 인해서 다른 수를 두었을 때와는 다른 무궁무진한 변화가 일어나서 한판의 바둑이 만들어집니다. 그런데 그 수를 안 두고 다른 수를 두었다고 한다면 그 수로 인해서 또 다른 형태의 변화무쌍한 한판의 바둑이 만들어지겠죠. 하지만 그것도 하나의 아름다운 한판의 바둑입니다.

마찬가지로 진로를 고민하는 인문대 후배들이 어떤 길을 선택하건, 학문의 길이건 공직자의 길이건, 또 취업을 하건 프리랜서를 하건, 그것도 한판의 바둑이고 한판의 인생이며 모두 의미가 있다는 점을 기억하면 좋을 것 같아요. 거기에는 뭐가 더 좋고 더 나쁘고 한 것이 없습니다. 어떤 판이 좋으냐가 아니라 매 수를 둘 때마다 어떻게 할 것이냐가 문제인 것이죠. 한 수를 두었다면 그 다음에 또 어떤 자세와 노력으로 다음 수를 두고 한판의 바둑을 만들 것인가, 하나의 인생을 만들어나갈 것인가가 더 중요한 문제라는 겁니다.

Q _ **맞는 말씀인 것 같기는 한데 현실적으로 보면 쉬운 이야기는 아니네요.**

A _ 지금의 세상에서 이런 이야기를 학생들이 어떻게 들을지는 어려운 문제이기는 합니다. 물론 이런 상황이 학생들 간에 생긴 건 아니죠. 사회가 너무 꽉 짜여 숨 쉴 틈이 없습니다. '88만원 세대'라는 말이 있듯이 아무리 공부를 열심히 하고 취업준비를 한다고 해도 실상 취직하기는 힘들죠. 취직하지 못하면 백수, 간신히 아르바이트 자리를 구한다고 해도 매달 생활비 벌기 바쁘고, 현실이 이렇다 보니 좌절하기도 하고요. 세상이 그러하니 눈앞의 안전한 길을 택하려는 것을 뭐라고 할 수도 없습니다. 안전한 길이 뭐겠어요? 제도가 밥통을 보장해주는 이른바 철밥통인 공무원이겠죠. 공무원보다 조금 불안하지만 그래도 다른 것들에 비해서는 조금 나은 것이 공기업이고 대기업이니 당연히 공무원이나 공기업, 대기업으로 쏠리는 것도 이해할 수 있고요.

하지만 이런 길을 택하는 것이 과연 안전할 것인가에 대해서는 좀 더 고민해볼 필요가 있습니다. 눈앞의 안전한 길 같지만 길게 봐서 안전할 것인가, 인생에 보람을 줄 것인가, 성취감을 줄 것인가는 다른 문제니까요.

Q _ **그렇다면 선택과 판단을 할 때 가장 큰 기준이 될 수 있는 것으로는 무엇이 있을까요?**

A _ 무언인가를 선택을 할 때는 조금 더 길게 볼 필요가 있습니다. 일반적

으로 트렌드를 읽는다고 하죠? 앞으로 세상이 어떻게 바뀔 것이다, 한국은 어떻게 변하고 어떤 기술이 중심이 되고 사람들은 어떤 문화에 열광할 것인지, 전체적인 트렌드가 어떻게 흘러갈 것인지에 대한 안목이 있어야 합니다. 그리고 그런 트렌드를 읽어내야 올바른 선택을 할 수 있죠.

트렌드를 읽는 안목은 책 속에만 있지는 않아요. 책 속에는 지식은 많을 수 있지만 지혜는 드물 수 있습니다. 그런데 트렌드를 보는 안목은 상당 부분 지혜가 있을 때 생기는 것이죠. 책도 많이 봐야 되겠지만 주변 사람들, 먼저 사회에서 일하고 있는 선배, 스승들의 이야기를 많이 듣는 것도 중요해요. 그런 것들을 통해 트렌드를 파악하고 그 트렌드에 올라타는 선택을 해야겠죠. 만약 트렌드를 거스르는 판단을 하게 되면 정말 인생 망하는 길입니다. 사업도 마찬가지겠지만 인생에 있어서도 앞으로 10년, 20년을 좌우할 메가트렌드를 보고 그 트렌드에 올라타는 방향으로 선택을 해야겠죠. 지금 보기에는, 남들 보기에는 하찮아 보이는 것일 수도 있겠지만, 나중에 어떤 거대한 흐름이 될지 알 수 없습니다. 처음에 작은 나비 날갯짓일 수 있지만 10년, 20년 지나면 해일이 될 수도 있는 것이 트렌드잖아요. 트렌드를 보고 인생설계를 하라고 강조하고 싶습니다.

일은 자존심의 원천, 일터는 인생의 학교

Q _ 전체적으로 사회가 안정을 향해서 과도하게 흘러가고 있는 측면이 있어, 일이나 직업을 선택할 때도 그쪽으로만 쏠려가는 측면이 있습니다. 생계라는 측면

**에서 보면 안정이 중요한 것도 같은데 꼭 그런 것 같지만은 않기도 하고요. 도대
체 일, 직업이라는 것은 무엇일까요?**

A_ 앞서 말했듯이 요즘 젊은 친구들이 안정을 1순위로 하고 있는 것이 전
적으로 젊은 친구들의 잘못만은 아닙니다. 분명 사회적인, 구조적인 차원
의 문제가 있겠죠. 하지만 그럼에도 불구하고 좀 씁쓸한 것도 사실입니
다. 아무리 세상이 그렇다고 하더라도 젊은 친구들이 뭐가 그리 겁이 난
다고 벌써부터 안정을 향해서 달려가고 있는가, 젊을 때 패기를 가지고 도
전하는 것인데 이제 도전하는 젊은이를 찾기는 힘들어지는 것인가, 젊은
이들이 이렇게 안정만 추구하게 되면 우리 사회는 어떻게 될까, 정말 이
러다 쇠퇴하는 것만 남게 되는 노회한 한국이 되는 것은 아닌가. 걱정과
우려가 되죠.

일이라는 것이 생활에 있어 생계의 원천인 것은 맞습니다. 그렇기 때문에
생계를 안정화시키는 것 역시 일이라는 지점에서 중요한 기준의 하나이
고, 특히 지금과 같이 불안정한 세상에서 안정을 1순위로 삼는 것을 이해
못하는 것은 아닙니다. 하지만 생계는 목표가 아니라 결과적으로 주어지
고 해결되는 것이에요. 일은 기본적으로 사람에게 있어 자존심의 원천입
니다. 또한 일은 인간으로서의 자부심을 형성시키는 근원이기도 하죠. 그
렇기 때문에 일은 각자의 자부심을 충족할 수 있는, 자존심을 세울 수 있
는, 자기정체성을 세울 수 있는 것이어야 합니다. 그게 일인 거죠.

한편 직장이라는 것도 월급만 받는 곳만은 아니죠. 일이라는 것은 학교에
서 배운 것만 가지고는 절대로 할 수 없습니다. 그래서 다시 차근차근 배
워나가고, 그렇게 배워나가는 것을 통해 평생 프로로서, 사회의 일원으로

서 살아가는 것이죠. 그런 면에서 본다면 직장은 또 하나의 학교이자 인생의 학교인 셈입니다. 선택에 있어 1순위 기준이 돈을 많이 주는 곳이 되어서는 곤란하다는 뜻이죠. 뭔가를 배워나갈 수 있는 곳이라면 그 배움을 가지고 평생을 먹고살 수 있지만, 돈만이라면 사실 돈 떨어지면 끝이죠. 그리고 돈만 좇는다면 인생이 허무해지기도 하겠지만 잘 좇아지지도 않아요. 마찬가지로 안정을 좇는다고 해도 안정이 주어지지 않습니다. 좇으면 좇을수록 멀어지죠. 하지만 일에서 자부심을 취하고, 직장에서 배움을 취하면 안정은 결과적으로 주어지거든요. 배움이 있는 직장을 잡아야 합니다. 그리고 그 일을 통해서 자부심을 세울 수 있는 일을 선택하는 게 중요할 것 같습니다.

Q _ 마지막으로 앞으로 하고 계신 일들을 어떻게 키워나갈 생각이신지, 그리고 지금 인문대를 다니고 있는 학생들에게 해주고 싶은 말씀이 있으시다면 한마디 부탁드리겠습니다.

A _ 아프리카TV는 아시는 분들은 아시겠지만 a free casting을 줄여서 만든 말이죠. 말 그대로 모든 개인이 자유롭게 방송을 할 수 있다는 뜻으로, 인터넷 기반 UCC 라이브 방송 플랫폼 서비스입니다. 시작한 지 5년이 되어가는데 다행히 많은 분들이 이용하시는 것 같아요. 이것을 바탕으로 모든 인터넷 라이브 방송을 아프리카 플랫폼을 통해서 서비스하는, 다시 말해 라이브 미디어의 허브로 만들려는 계획이 있죠.
웹스토리지 서비스인 피디박스, 클럽박스, 세컨드라이브라는 새로운 개인저장형 네트워크 드라이브로 업그레이드할 준비를 하고 있어요. 전 세계에서 최초로 유저에게 1테라바이트의 저장공간을 제공하는데 이것을 통해 콘텐츠를 유통, 보관, 관리, 감상하는 플랫폼으로 키울 생각입니다. 다행히 젊은 네티즌 고객들의 반응이 좋아서 잘될 것 같네요.

지금 인문대를 다니는 대학생들에게 해주고 싶은 말이 있다면, 이런 것을 권유하고 싶은데…. 뭔가 한 가지에는 미쳐보라는 것이죠. 공부, 문학, 연애, 종교, 사회운동, 스포츠, 그 무엇이 되었든 간에 한 가지에 인생을 걸고 미쳐서 열병을 앓아봐야 해요. 20대, 대학생, 그때 아니면 느끼지 못하는 감성이라는 것이 있습니다. 그 느낌이 아주 중요하다는 생각이 드네요. 특히 문학이 주는 감성에는 꼭 한 번 빠져봤으면 좋겠네요. 20대 초반에 읽는 소설과 사회생활하면서 읽는 소설은 그 느낌이 너무 다르지만, 20대에 느끼는 그 감성이 참 소중하거든요. 20대에는 순수와 이상에 모든 것을 걸어보는 인생의 열병을 앓을 특권이 있어요. 부디 그 특권을 누리길 바랍니다.

20년 기업경영의 몇 가지 교훈들

《꾸준함을 이길 그 어떤 재주도 없다》는 직장인과 대학생들에게 사랑을 많이 받았다.
블로그, 카페 등에 인상적인 구절들이 많이 발췌되어 읽혀졌다.

글을 시작하며

탐욕을 부리지 않더라도 돈을 벌 수 있고 정도를 지켜도 경쟁에서 승리할 수 있다. 조직문화가 건강하고 깨끗해야 기업이 위기를 이겨내고 오래갈 수 있다. 권위와 통제를 벗어던지고 오히려 자율과 소통의 문화 속에서 기업이 더 잘 관리될 수 있다. 눈앞에 보이는 고액 연봉만을 좇아 이 직장 저 직장 옮겨 다니지 않고 오히려 한 조직 내에서 꾸준히 이름값을 쌓는 게 더 성공할 수 있다. 기업경영 하는 분들과 사회의 후배들에게 나의 경험과 믿음이 조그마한 도움이라도 되지 않을까 생각해서 펜을 들었다.

아프리카TV에 관한 이야기

'나우'는 '좀 더 낫게'라는 뜻이고 '누리'는 세상이란 뜻이니 두 단어를 합친 나우누리는 '좀 더 나은 세상'이라는 뜻이 된다. 좀 더 나은 통신 세상, 나우누리! 현실의 세상은 분열, 갈등, 차별, 대립, 전쟁 등으로 모순투성이지만 PC통신으로 만들어내는 사이버 세상에서나마 좀 더 나은 세상을 만들어가자는 소박한 꿈을 품고 있는 브랜드 네이밍이라 하겠다.

아프리카 사이트의 도메인은 영어로 'africa'가 아니라 'afreeca'다. a free casting(무료로 자유롭게 방송한다)의 약어인 셈이니 자유로운 무료 방송을 지향하는 아프리카 사이트의 본질에 맞는 영어 뜻을 지녔다. 또 아프리카를 제3대륙이나 제3세계라고 표현하듯이 인터넷 방송을 미디어 세상의 제3세계라고 말할 수 있다. 공중파 방송이 제1세계라면 케이블과 위성방송과 IP티브이는 제2세계이고 인터넷 개인방송은 제3세계가 되는 셈이다. 그래서 아프리카TV는 성장 가능성이 무한대고 수많은 콘텐츠가 아프리카 정글처럼 생생하게 살아 숨 쉬는 공간이기도 하다. 브랜드 네이밍으로서는 베스트 오브 더 베스트다. 이럴 때 느낌이 좋다. 아프리카라는 이름에 감사한다.

사업이나 서비스가 폭발적으로 성장하는 데는 다 배경이 있다. 보통 차원이 다른 몇 개의 트렌드가 맞아떨어지는 지점에 자리 잡은 서비스는 커다란 인기를 끈다고 한다. 아프리카TV의 뒤에도 몇 개의 트렌드가 교차

하고 있음을 알 수 있다. 아프리카TV의 성장 뒤에는 일차적으로 인터넷이 대용량 동영상 중심으로 바뀌어가는 트렌드가 자리 잡고 있다. 유튜브 등의 UCC 사이트가 대표적이다. 또 블로그와 미니홈피 등 개인 미디어에 대한 욕구가 확산해가는 경향도 있다. 개인 미디어의 표현수단이 글과 사진을 넘어 실시간 동영상으로까지 발전해간 것이다. 마지막으로 젊은 세대들의 과감한 자기표현 트렌드를 들 수 있다. 2002년 월드컵에서 보았듯이 젊은 세대는 방송 카메라를 피하지 않고 오히려 즐긴다. 동영상 트렌드, 퍼스널 미디어 트렌드, 자신을 보여주려는 욕구가 겹쳐서 아프리카TV가 붐을 이루게 되었다.

촛불집회 국면을 보면 인터넷 미디어 간에 역할 분담이 잘되어 있음을 알 수 있다. 다음 '아고라'에서는 의제를 설정했고 의견을 논의하면서 공론화가 활발히 이루어졌다. 아프리카TV에서는 현장 상황의 실시간 공유가 이뤄졌다. 이를 통해 현장 대응이 신속해졌다. 시위대 상황이 악화되면 곧바로 시민 참여가 촉발되었다. 집회가 거대화되는 도화선이 된 '여대생 구타 동영상'은 동영상이 주는 폭발력을 잘 보여준 대표적 사례였다. 수많은 블로그와 카페는 촛불집회의 경험과 의견을 실핏줄처럼 구석구석에 전달해주었다. 화장발, 쌍코, 소울드레서 등 평소 사회적 문제에 적극적이지 않던 여성 카페 회원들까지 집회에 참여해 실핏줄 역할을 해주었다. 누구도 예상하지 못했던 '뉴미디어 생태계'가 촛불집회 때 만들어졌다.

사회생활을 시작하는 후배들에게

궁금한 것이 있으면 무조건 찾아가는 게 나의 사회생활 첫 번째 원칙이다. 이 세상에는 내가 경험하지 못한 걸 먼저 경험하고 해답을 찾아놓은 사람이 어딘가에 반드시 있다. 그 사람을 찾아서 배워오면 된다. 설사 전화로는 시큰둥해도 찾아오는 것을 거절하는 사람은 거의 없다. 받아들이는 입장에서도 배우고 싶다고 찾아온 사람을 어떻게 하겠는가. 나는 이렇게 현장형으로 일했고 그 경험을 바탕으로 나중에 '업무 배분의 333원칙'이라는 것을 만들었다. 자신의 에너지와 시간을 고유 업무에 3, 조직관리에 3, 나머지 3은 외부인을 만나는 데 쓰라는 이야기다.

나는 '하지 말라는 것 아니면 한다'는 생각으로 살아왔고 회사생활도 그렇게 했다. 역할이 주어지면 알아서 일을 만들어간다. 시키지 않은 일까지 정말 열심히 했다. 하지 말라는 규정이 없으면 알아서 만들어 하는 것이다. 무엇이든 누가 말하기 전에 알아서 만들어 하다 보면 그렇게 얻어낸 결과와 경험이 고스란히 자신의 재산이 된다. 그렇게 해야 개인과 회사의 미래가 열린다. 외부에서 동기부여가 주어지기를 기다리기보다 자기 자신의 내부에서 스스로 동기부여를 하는 게 중요하다.

내가 생각하는 인재상에 반하는 인물은 다음과 같은 두 가지에 해당하는 사람이다.

항상 옳은 이야기만 하는 이른바 '슬로건주의자'들이다. 그런 부류의 직원들은 실행 엔진이 없는 경우가 대부분이다. 말만 번지르르할 뿐 디테일을 챙길 줄 모른다. 그러나 회사 업무의 승부는 디테일에서 갈린다는 점에서 결국 회사에 피해를 입힐 뿐이다.

또 하나는 '시니컬리스트'들이다. 일을 시키면 하기 힘든 이유만 열 가지 이상 댄다. 문제점을 찾아내는 데는 귀신이나 문제를 찾아 개선하려는 긍정적인 노력은 결코 기울이지 않는다.

몇 가지 삶의 지혜

누구나 시행착오는 불가피하다. 일을 하다가 실패를 할 수도 있다. 그러나 실패와 시행착오를 하더라도 갈지자로 좌충우돌해서는 안 된다. 어려움이 있더라도 일관성 있게 밀어붙이는 힘이 중요하다. '꾸준함을 이길 그 어떤 재주도 없다.' 나의 좌우명이다. 무슨 일을 하든지 중간에 포기하는 일 없이 될 때까지 끝까지 해라. 나는 이런 생각으로 살아왔고 작은 결과를 맺어왔다. 세상에 꾸준함을 이길 수 있는 것은 없다.

우리는 늘 무언가 부족한 상태에서 판단과 선택을 강요받는다. 그럴 때 필요한 것이 철학, 가치관, 세계관, 인생관이다. 내가 인생에서 가장 소중하게 생각하는 가치가 무언가? 나는 인생을 왜 사는가? 그에 대한 답이 가치관이고 인생관이다. 이 세상에서 정의는 무엇이고 불의는 무엇인가? 불의는 어떻게 해결할 수 있는가? 그게 세계관이다. 이것 역시 본인 스스로에게 계속 질문을 던져보아야 한다. 세상을 살면서 부딪히게 되는 수많은 문제를 해결할 때 결국 마지막 판단과 선택은 우리가 세상을 바라보는 근본 원리와 기본 생각에 따라 결정해야 하기 때문이다.

이솝우화에 나오는 얘기다.

옛날 그리스의 어느 육상선수가 자신이 소아시아 로도스 섬에 갔을 때 멀리뛰기 세계신기록을 세웠노라고 자랑을 늘어놓았다. 못 믿겠으면 로도스 사람들에게 물어보라면서. 그 말을 들은 친구가 한마디했다. "여보게, 자네 말이 정말이라면 증인 따윈 필요 없네. 여기가 로도스 섬이라고 생각하고 한번 뛰어보게나." 육상선수가 슬그머니 꼬리를 내렸음은 물론이다. 이 우화에서 "여기가 로도스다, 여기서 뛰어라"라는 유명한 격언이 나왔다고 한다. 미래에 무슨 여건이 주어진다면 그때 무엇을 하겠다가 아니라 지금 자신이 서 있는 자리, 여기에서 시작해라. 자신이 서 있는 여기, 여기서 뛰어라. 여기가 문제를 해결할 장소, 바로 '그곳'이다.

"여기가 로도스다, 여기서 뛰어라!"

인생은 얼마나 빨리 달리느냐 하는 속도가 아니라 얼마나 옳은 방향으로 달리느냐 하는 방향이 중요하다. 비행기는 이륙할 때 3~4킬로미터 활주로를 달리면서 연료의 절반을 소비한다. 온 힘을 불태우는 것이다. 활주로를 박차고 오르면 그 후로는 공기 흐름을 타고 쉽게 이동한다. 인생도 이와 비슷하다. 20대에서 30대까지는 하늘을 날 때가 아니고 활주로를 달리는 시기다. 그래서 힘들고 앞이 안 보인다. 근데 그때부터 날려고 하면 안 된다. 잘 뜨지도 않거니와 주저앉으면 다시 활주로를 달릴 에너지가 부족하다. 그 시기는 경험을 쌓는 시기다. 고생하는 시기이고 가난할 수밖에 없는 시기다. 아무리 노력해도 돈이 모이지 않는 시기다. 이건 어쩔 수 없다. 월급이 아무리 올라도 쓸 일이 더 많이 생기는 시기라 어쩔 수 없이 가난하다. 그 시기에 '나는 왜 이럴까?' 생각하면 안 되며 '비행기가 뜰 때까지 달려야 한다'고 마음먹는 것이 중요하다.

맑은 날만 계속되면 삶은 사막이 된다. 인생의 온갖 문제들을 견디기 위해서는 온실 속의 온화함이 아니라 들판의 잡초 같은 생명력이 필요하다. 그래야 이 엄청난 고비를 넘길 수 있다. 잡초 같은 생명력은 그냥 만들어지지 않는다. 고생을 경험한 힘에서 나온다. 고생하지 않는 인생은 단련

되지 않은 인생이다. 그런 인생은 작은 바람에도 흔들릴 수밖에 없다. 그러니 한 살이라도 어릴 때 어려움을 헤쳐나가 봐야 젊음의 고생이 지혜로 남게 된다.

기업을 경영하시는 분들에게

조직이 건강해지려면 최근 3년간 외부에서 경력을 쌓고 들어온 직원 비율이 30퍼센트가 되어야 한다. 반면 그 조직에 3년 이상 근무했거나 신입으로 들어와서 3년이 안 된 직원의 비율이 70퍼센트가 넘어서는 안 된다. 어느 경영학 책의 조직론에서 읽은 얘기다. 외부의 경험과 문화가 지속적으로 유입되어야 '이종교배'를 통해 조직문화가 건강해질 수 있다는 이야기다. 외부의 비율이 30퍼센트가 안 될 때는 조직이 지나친 순혈주의에 빠져 유약해질 수 있고, 외부 비율이 30퍼센트가 넘어서면 지나친 피갈이로 조직의 안정성이 깨질 수 있다.

나우콤은 창립할 때부터 바른 기업이 되고자 노력했다. 정직하게 사업해서 정직하게 돈을 벌자. 정직하게 번 돈으로 고용창출하고 세금납부하자. 그게 기업 존재 이유의 기본 중의 기본이라고 생각했다. 기업은 오너의 것이 아니다. 주주와 임직원의 이해가 고루 맞아야 한다. 또 자기 기업의 이익만을 너무 앞세워도 안 된다. 기업이 활동하는 사회와 상호작용해야 한다. 기업, 구성원, 사회의 이상이 합치되도록 노력을 해야 한다.

쌍방향통신에서 꿈꾸는 참여사회

"어떻게 트렌드를 미리 읽고 준비했느냐?" 주변에서 많이 물어본다. 결코 미리 연구해서 준비한 게 아니다. 그렇게 한다고 잘되지도 않는다. "어떻게 고객을 만족시키는 가치를 만들어낼 수 있을까?" 오히려 매 순간 고객을 위해 최선을 다하다 보니 우연히 트렌드에 맞는 핵심역량을 갖추게 되었다고 하는 게 솔직한 답이다. 현실에 최선을 다하면 대가가 주어진다. 땀은 거짓말을 하지 않는다.

나는 CEO의 'C'가 커뮤니케이션의 'C'라고 생각한다. CEO는 일관된 메시지를 다양한 표현으로 여러 번 전달하는 게 필요하다. 때로는 엄하게, 때로는 부드럽게, 때로는 우습게라도 그렇게 커뮤니케이션을 하지 않으면 사장이 어떤 생각으로 회사를 이끌고 있는지 직원들은 알지 못한다. 막연히 감만 잡게 되는 것이다. 그래서 CEO의 마음을 다 전달하진 못하더라도 중요한 메시지는 반복적으로 이야기할 필요가 있다.

리더는 말 그대로 리드하는 사람이다. 길을 이끄는 사람이다. 간혹 리더와 관리자의 차이를 일컫는 말이 있다. 리더는 '옳은 일'을 하는 사람이고 관리자는 주어진 일을 '올바르게' 실행하는 사람이라고 한다. 리더는 옳은 일을 선택하는 사람이고 조직의 근본적인 지점에 영향을 미친다는 의미일 것이다. 리더를 리더답게 만드는 리더십의 본질은 무엇인가? 나는 개인적으로 리더십의 요체는 '의제 설정(agenda setting)'과 '신뢰 구축'이라고 생각한다. 리더십의 본질에 대한 이 정의는 경영학 교과서 어디에도 나오지 않는 말이다. 살면서 리더십을 고민하다 보니까 자연스럽게 머릿속에 정리된 표현일 뿐이다.

　사업 성공의 세 가지 키워드는 트렌드, 타이밍, 조직력이다. 트렌드는 지혜의 문제, 타이밍은 결단의 문제, 조직력은 신뢰의 문제라 할 것이다. 나는 사업 성패를 이야기할 때 '날'과 '결'의 비유를 곧잘 한다. 사업은 '날을 날카롭게 벼려서 결에 따라 내리칠 때' 성공한다. 날은 핵심역량으로서 경쟁의 무기에 해당된다. 결은 타깃 고객을 찾아내는 시장분석이다. 날이 무디거나 결을 잘못 찾으면 그 사업은 백전백패다. 순간 반짝할 수는 있을망정 결코 오래가지는 못한다.

인터넷 마녀사냥이 시작되다

촛불집회가 절정에 달했던 2008년 6월, 또 다시 구속되었다. 명목은 저작권법 위반이었으나, 실은 촛불집회를 아프리카TV로 생중계한 괘씸죄가 적용되었다는 말이 많았다. 이 글은 당시 〈한겨레신문〉에 실린 옥중 인터뷰 기사다.

무리한 법 적용, 정치적 의도로 구속

"현 정부의 인터넷 서비스 사업에 대한 몰이해와 촛불집회를 생중계한 '아프리카'에 대한 괘씸죄가 합쳐져 구속된 것입니다."

서울구치소에 구속수감 중인 문용식(49) 나우콤 대표이사는 지난 19일 교도관이 지켜보는 면회소 유리창 너머로 구속의 부당성을 강변했다. 문 대표는 지난 16일 나우콤이 운영하는 웹스토리지 서비스인 클럽박스·피디박스가 저작권법을 위반한 혐의로 다른 업체 대표 4명과 함께 검찰에 구속됐다.

그는 "새로운 기술의 합법성을 두고 논란이 있는 저작권 다툼인데, 무리한 법리를 적용해 나를 구속한 것은 정치적 의도가 개입되었기 때문"이

'아프리카 TV' 문용식 대표 옥중 인터뷰

"날 구속한 건 인터넷 마녀사냥의 신호탄"

부의 인터넷 서비스 사업에 대한
· 촛불집회를 생중계한 '아프리
한 괘씸죄가 합쳐져 구속된 것입

치소에 수감된 문용식(49·**사진**)
표이사는 지난 19일 교도관이
면회소 유리창 너머로 구속의 부
변했다. 문 대표는 지난 16일 나
영하는 웹스토리지 서비스인 클
디박스가 저작권법을 위반한 혐
업체 대표 4명과 함께 검찰에 구

새로운 기술의 합법성을 두고 논
저작권 다툼인데, 무리한 법리
나를 구속한 것은 정치적 의도
었기 때문"이라고 말했다. "웹스

털 문화 향유권 보장을"

업으로 말미암아 저작권자 권리
수 있지만 이는 민사상 과실로
문제이고, 서비스 업체 대표를 구
나라 안팎에서 유례가 없는 일"
이다. 인터넷 저작권 위반 사례인
과 벅스뮤직 때도 모두 불구속
행돼, 벌금형이 선고됐다.
검사가 나우콤이 가장 (합법과 불
계선상에 있는 업체라고 인정한
는 그는 "검찰에서 수사받을 때와
확 바뀌어 갑자기 구속영장이 청
괘씸죄로 판단하는 이유"라고

쪽은 다른 업체들과 달리 불법자
으로 올리는 '헤비 업로더'에 대
시스템이 전혀 없었고 잠재 고객을
위한 광고집행 실적도 전무하다
'괘씸죄'의 배경은 "온라인에서
오프 경계가 없는 촛불집회 현장
시청앞에 모인 10만명안 촛불집회
아니라, 아프리카를 통해 시청한
하루 최대 127만명인데 이들이 모
다. (정부 쪽이) 얼마나 뚜렷했겠
달 3일부터 아프리카에서 중계된
채널은 2만개에 이르고, 현재까
시청자는 800만명이 넘는다고 나
밝혔다.

문용식 나우콤 대표가 구속되기 전 집무실에서 밝게 웃고 있다. 옥중 인터뷰 당시 사진 촬영은 금지된 까닭에 나우콤 쪽에서 제공받았다.

웹스토리지 저작권 위반 빌미로 '촛불중계' 괘씸죄 물어
여기서 무너지면 포털·네티즌 표현의 자유도 무너질 것

자신의 구속이 현 정부의 인터넷 마녀
사냥이 시작되는 신호탄이라고 단언한 그
는 "여기서 무너지면 포털이나 네티즌의
자유로운 의사표현이 줄줄이 무너질 것"
이라며 "나우콤 서비스가 불법이면 구글
의 유튜브가 어떻게 합법 서비스냐"고 되
물었다.

인터넷에서의 저작권 문제를 해결하기
위해서는 아날로그 시대에 적용되던 법을
디지털시대에 맞게 고쳐, '디지털 문화 향
유권'을 저작권과 함께 보장해야 한다고 그
는 주장했다.

"현행 저작권법은 블로그에 글을 퍼가
거나 배경음악을 올려도 처벌하는, 모든 누
리꾼을 범죄자로 만들 수 있는 악법이다.
누리꾼에게 디지털 문화 향유권을 줘야 하
고, 저작권 관련 사업을 하는 전자제품 업
체, 네트워크 업체, 포털, 콘텐츠 업체들이
적절한 세금이나 기금을 내야 한다. 아무
리 기술적으로 막으려 해도 디지털 환경에
서 저작권 피해를 100% 막을 수 없기 때문
에 세금·기금을 내어 저작권 관리업체나
신탁기금에 맡기고 합법적 서비스가 가능
하게 해야 한다. 이것만이 21세기에 맞는
저작권 보호법이다."

두번째 인터뷰는 20일 이정희 민주노동
당 의원, 광우병 국민대책회의 관계자와 함
께 특별면회를 통해서 이뤄졌다. 특별면회
는 유리벽으로 차단된 10분짜리 일반면회
와 달리, 얼굴을 대면하고 좀더 자유로운
공간에서 만날 수 있었다. 전날 면회에서
"비가 와 잠자리가 춥다. 담요를 넣어 달라"
던 문 대표의 혈색이 한결 좋아졌다.

이 의원이 "이명박 대통령이 어제 촛불
집회에 대해 아주 감상적 표현을 했더군
요"라며 전날 이 대통령의 특별기자회견을
언급하자, 그의 얼굴에 순간 미소가 스쳤
다. "(청와대 뒷산에 올라 촛불을 봤다는)
노무현 대통령의 표현이 있던데, 이건 이 대
통령의 저작권법 위반 아닌가요?" 유머를
잃지 않은 문 대표의 여유에 구치소 안에
선 한바탕 웃음이 터졌다.

-피시통신 나우누리 시절에도 해프닝이
있지 않았나?

"1996년 경찰이 한총련 회원전용 방
(CUG)을 압수수색하겠다며 안내해 달라
고 해서, '한총련 방'이 사무실 안의 물리
적 공간이 아니라 사이버상의 가상공간
이라는 것을 이해시키느라 애를 먹었다.
예나 지금이나 공안 쪽이 인터넷과 통신
등 새 기술 환경에 뒤떨어져 있음을 확인

하고 있다."

-아프리카가 시위 중계 도구로 쓰일 것
이란 예상을 했나?

"누구에게나 열려 있는 서비스이기에 어
느 정도 예상은 했지만, 이렇게 빨리 대중
화되리라고는 생각지 못했다."

(나우콤에서 아프리카 서비스를 기획한
팀은 와이브로와 인터넷 생중계의 결합 가
능성을 예상했지만, 대형사고 중계나 야구
장에서의 개인방송 등의 용도로 쓰일 것으
로 내다봤다.)

-촛불집회에 참석해 봤나?
"아프리카 대표이기 때문에 오해를 받을
수 있어 안 나갔다."

-웹하드 서비스는 불법음란물 유통의
주요 통로인데?

"아프리카 대중화 기대 이상"

"음란물은 어디에나 있는 것이다. 우리
는 음란물 유통을 막기 위해 기술적 노력
을 기울였다."

-사업을 시작하면서 네트워크 서비스가
사회적 행동 수단이 되리라고 예상했나?

"당연하다. 피시통신과 인터넷이 미디어
이기 때문에 여러 사회적 갈등을 담는 걸
피할 수 없을 것이라 생각했다. 뉴미디어는
아무래도 젊은이들이 더 잘 사용한다."

"산업혁명이 민주주의를 불러오고 텔
레비전이 대중문화 시대를 열었듯, 사회의
근본적 변화는 기술이 가져다 준다"고 그
는 믿는다. 정부의 인터넷 정책에 대해 그
는 "보수권력은 정말 안 되겠다. 시대를 이
끌어가기는커녕 뒤쫓아가지도 못하고 있
다"며 "인터넷의 기본철학, 문화, 감성을 호
흡도 못하고 있다"고 평가했다.

23년 전 세상을 떠들썩하게 한 시국사
범이던 그에게 저작권법을 어기고 경제사
범이 된 감회를 물었다. 뜻밖의 대답이 돌
아왔다.

"사안의 본질은 비슷하다. 국가보안법
위반 시국사범이었을 때나, 인터넷시대 새
로운 기술적 패러다임을 주장하는 지금이
나 낡은 시대의 규제와 법의 지배와 싸우
고 있다. 이를 뚫고 나가야 한국의 미래가
있다고 본다. 그런 점에서 전투적 모드가
23년 전이랑 똑같다."

구본권 기자 starry9@hani.co.kr

운동권서 온라인 '좀더 나은 세상'

1979년 서울대 국사학과
해 80년대 학생운동권의
로 활동했다. 학생운동으
례 구속되며 20대의 5년1
옥에서 보냈다. 85년에는
추진위원회의 이른바 '것
으로 구속돼, 3년 넘게 수
했다.

당시 구속 때 부인 황경
바라지를 위해 서류상 혼
먼저 하고, 88년 출소 뒤
올렸다. 황씨는 남편을 "
돌이"라고 말한다. 아이
번도 개인과외를 시켜보기
옷은 항상 상설 할인매장
입는다. 황씨는 "남편은
로 바빠서 가정적인 사람
만, 살아보니 어제보다 오
사람"이라고 말한다. 문 대
민주항쟁 계승사업회 이
있으며, 김근태 전 의원의
인 한반도재단 사무총장
바라지를 하는 등 민주화
에 적극적이다. 몇 해 전에
르게 1천만원 대출을 받
한 사실도 있었다고 한다.

문씨는 92년부터 정보
에 뛰어들어 나우콤의
우누리를 90년대 3대 피
로 키워냈다. 문씨는 인
에서 어려움에 처한 나우
표를 2001년부터 맡으며,
자를 보이던 기업을 흑자
내고 코스닥 등록에도
등 사업가로서 능력도
우누리는 '좀더 나은 세상'
미로 문 대표가 이름을
우콤은 2004년 회사에서
을 없애고 모두 정규직으
었다. 문 대표는 170여 사
모 생일 때마다 고맙다는
지를 보낸다. 거의 날마다
이 일을 그는 2003년부터
속하고 있다.

문 대표와 옥중 인터
19일과 20일 두 차례 서
면회를 통해 이뤄졌다.
뿐인 면회시간을 기자
가족과 친지들에게 감사

라고 말했다. "웹스토리지 사업으로 인해 저작권자 권리가 침해될 수 있
지만 이는 민사상 과실로 보상의 문제이고, 서비스 업체 대표를 구속한 것
은 나라 안팎에서 유례가 없는 일"이라는 것이다. 인터넷 저작권 위반 사
례인 소리바다1과 벅스뮤직 때도 모두 불구속 수사로 진행돼, 벌금형이
선고됐다.

소리바다1과 벅스뮤직 때도 모두 불구속 수사

"담당 검사가 나우콤이 가장 (합법과 불법의) 경계선상에 있는 업체라고 인정한 바 있다"는 그는 "검찰에서 수사 받을 때와 분위기가 확 바뀌어 갑자기 구속영장이 청구된 것이 괘씸죄로 판단하는 이유"라고 말했다.

　나우콤 쪽은 다른 업체들과 달리 불법자료를 대량으로 올리는 '헤비 업로더'에 대한 보상 시스템이 전혀 없었고 잠재고객을 유인하기 위한 광고 집행 실적도 전무하다고 밝혔다. '괘씸죄'의 배경은 "온라인에서 또 하나의 촛불시위 광장이 된 아프리카 때문"이라고 문 대표는 잘라 말했다. "아프리카는 온오프 경계가 없는 촛불집회 현장이었다. 시청 앞에 모인 10만 명만 촛불집회 참석자가 아니라, 아프리카를 통해 시청한 사람이 하루 최대 127만 명인데 이들이 모두 동참자다. (정부 쪽이) 얼마나 뜨악했겠나." 지난달 3일부터 아프리카에서 중계된 촛불집회 채널은 2만 개에 이르고, 현재까지 누적 시청자는 800만 명이 넘는다고 나우콤 쪽은 밝혔다.

디지털 문화 향유권, 저작권과 함께 보장해야

자신의 구속이 현 정부의 인터넷 마녀사냥이 시작되는 신호탄이라고 단언한 그는 "여기서 무너지면 포털이나 네티즌의 자유로운 의사표현이 줄줄이 무너질 것"이라며 "나우콤의 서비스가 불법이면 구글의 유튜브가 어떻게 합법 서비스냐"고 되물었다.

인터넷에서의 저작권 문제를 해결하기 위해서는 아날로그 시대에 적용되던 법을 디지털 시대에 맞게 고쳐, '디지털 문화 향유권'을 저작권과 함께 보장해야 한다고 그는 주장했다.

"현행 저작권법은 블로그에 글을 퍼가거나 배경음악을 올려도 처벌하는, 모든 누리꾼을 범죄자로 만들 수 있는 악법이다. 누리꾼에게 디지털 문화 향유권을 줘야 하고, 저작권 관련 사업을 하는 전자제품 업체, 네트워크 업체, 포털, 콘텐츠 업체들이 적절한 세금이나 기금을 내야 한다. 아무리 기술적으로 막으려 해도 디지털 환경에서 저작권 피해를 100% 막을 수 없기 때문에 세금·기금을 내어 저작권 관리업체나 신탁기금에 맡기고 합법적 서비스가 가능하게 해야 한다. 이것만이 21세기에 맞는 저작권보호법이다."

아프리카 대표로 오해 받을까봐 촛불집회 안 나가

두 번째 인터뷰는 20일 이정희 민주노동당 의원, 광우병 국민대책회의 관계자와 함께 특별면회를 통해서 이뤄졌다. 특별면회는 유리벽으로 차단된 10분짜리 일반면회와 달리, 얼굴을 대면하고 좀 더 자유로운 공간에서 만날 수 있었다. 전날 면회에서 "비가 와 잠자리가 춥다며 담요를 넣어달라"던 문 대표의 혈색이 한결 좋아졌다.

이 의원이 "이명박 대통령이 어제 촛불집회에 대해 아주 감상적 표현을 했더군요"라며 전날 이 대통령의 특별기자회견을 언급하자, 그의 얼굴에

순간 미소가 스쳤다. "(청와대 뒷산에 올라 촛불을 봤다는) 노무현 대통령의 표현이 있던데, 이건 이 대통령의 저작권법 위반 아닌가요?" 유머를 잃지 않은 문 대표의 여유에 구치소 안에선 한바탕 웃음이 터졌다.

Q _ 피시통신 나우누리 시절에도 해프닝이 있지 않았나?

A _ 1996년 경찰이 한총련 회원전용 방(CUG)을 압수수색하겠다며 안내해 달라고 해서, '한총련 방'이 사무실 안의 물리적 공간이 아니라 사이버 상의 가상공간이라는 것을 이해시키느라 애를 먹었다. 예나 지금이나 공안 쪽이 인터넷과 통신 등 새 기술환경에 뒤떨어져 있음을 확인하고 있다.

Q _ 아프리카가 시위 중계도구로 쓰일 것이란 예상을 했나?

A _ 누구에게나 열려 있는 서비스이기 때문에 어느 정도 예상은 했지만, 이렇게 빨리 대중화되리라고는 생각하지 못했다.

(나우콤에서 아프리카 서비스를 기획한 팀은 와이브로와 인터넷 생중계의 결합 가능성을 예상했지만, 대형사고 중계나 야구장에서의 개인방송 등의 용도로 쓰일 것으로 내다 봤다.)

Q _ 촛불집회에 참석해봤나?

A _ 아프리카 대표이기 때문에 오해를 받을 수 있어 안 나갔다.

Q _ 웹하드 서비스는 불법 음란물 유통의 주요 통로인데?

A _ 음란물은 어디에나 있는 것이다. 우리는 음란물 유통을 막기 위해 기

술적 노력을 기울였다.

Q _ 사업을 시작하면서 네트워크 서비스가 사회적 행동 수단이 되리라고 예상했나?

A _ 당연하다. 피시통신과 인터넷이 미디어이기 때문에 여러 사회적 갈등을 담는 걸 피할 수 없을 것이라 생각했다. 뉴미디어는 아무래도 젊은이들이 더 잘 사용한다.

보수권력, 인터넷의 기본철학, 문화, 감성 호흡도 못해

'산업혁명이 민주주의를 불러오고 텔레비전이 대중문화 시대를 열었듯, 사회의 근본적 변화는 기술이 가져다준다'고 그는 믿는다. 정부의 인터넷 정책에 대해 그는 "보수권력은 정말 안 되겠다. 시대를 이끌어가기는커녕 뒤쫓아가지도 못하고 있다"며 "인터넷의 기본철학, 문화, 감성을 호흡도 못하고 있다"고 평가했다.

23년 전 세상을 떠들썩하게 한 시국사범이던 그에게 저작권법을 어기고 경제사범이 된 감회를 물었다. 뜻밖의 대답이 돌아왔다.

"사안의 본질은 비슷하다. 국가보안법 위반 시국사범이었을 때나, 인터넷 시대 새로운 기술적 패러다임을 주장하는 지금이나 낡은 시대의 규제와 법의 지배와 싸우고 있다. 이를 뚫고 나가야 한국의 미래가 있다고 본다. 그런 점에서 전투적 모드가 23년 전이랑 똑같다."

하덕아.
날씨가 무척 덥지?

학교도 곧 방학하겠네?
방학하면 이번 여름에는
수영장에서 수영을 배워.
아주 재미 있을 거야.
엄마랑 같이 물놀이 하면서
놀고, 물싸움도 하고,
아빠하고도 신나는 물놀이
해보자.
아빠는 더워서 팬티만 입고
편지 쓴다. 방위에는 선풍기가
돌고 있어

20년 만에 다시 수감된 서울구치소에서 당시 초등학교 1학년이었던 막내 아들에게 보낸 편지다.

124

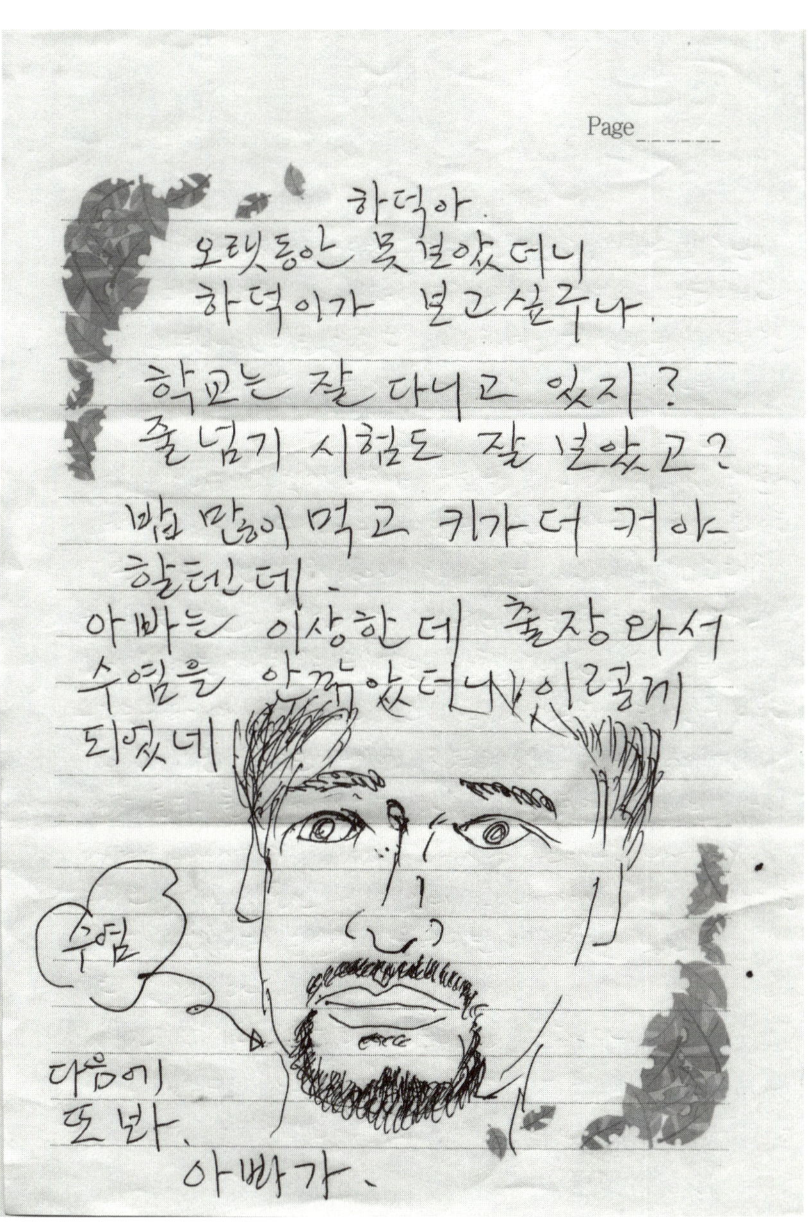

하덕아.
오랫동안 못 봤더니
하덕이가 보고싶구나.

학교는 잘 다니고 있지?
줄넘기 시험도 잘 봤고?

밥 많이 먹고 키가 더 커야
할텐데.
아빠는 이상한데 출장와서
수염을 안깎았더니 이렇게
되었네

다음에
또 봐.

아빠가.

아프리카 시청 700만 명,
국민에게 탄복했어요

촛불시위가 한창이던 2008년 6월 10일 〈뉴스메이커〉(현 주간경향)와 인터뷰를 한
내용이다. 인터뷰 직후 20년 만에 다시 구속되어 서울 구치소에 수감되었다.

한 달 이상 계속된 촛불시위로 가장 뜬 곳은 다음 '아고라' 토론장과 인터
넷 동영상 생방송 사이트 '아프리카(www.afreeca.com)'다. 촛불시위 현장에
는 언제나 소형 웹카메라와 마이크를 갖춘 노트북 컴퓨터로 현장을 누리
꾼들에게 실시간으로 전달하는 아프리카 BJ(Broadcasting Jockey)들이 있었
다. 현장에 나가지 못한 누리꾼들은 모니터 앞에 앉아 이들이 보여주는 생
방송을 통해 시위를 응원했다. 촛불시위가 시작된 이래 지난 6월 10일까
지 아프리카 촛불시위의 누적 방송 수는 무려 7222개이고 누적 시청자 수
는 775만 명을 기록했다.

'아프리카' 서비스의 운영업체인 나우콤의 문용식 대표(49, 공동대표 김대
연)는 1980년대 학생운동권의 핵심 인물. 서울대 79학번으로 1985년 민

주화추진위원회의 '깃발' 사건 등으로 20대의 절반을 감옥에서 보낸 사람이다. 그런 그가 21년 만에 거리에서 폭발한 국민들의 함성을 또 다른 방식으로 담아내고 있다. 역사의 아이러니인가. 아니면 역사는 순환하는 것인가.

문용식 대표를 만난 곳은 서울 방배동에 위치한 나우콤 사무실이다. 서글서글한 인상을 가진 그는 얼굴 가득 주름을 만들며 환하게 웃는 모습이 편안한 이웃집 아저씨 같다. 하지만 질문을 받으면 창밖을 내다보며 상념에 젖어 있다가 조근조근 이야기를 풀어내는 게 여간 신중한 게 아니다. 자신의 몸을 태워 불을 밝히는 촛불을 닮았다고나 할까.

아프리카는 인터넷 동영상 생방송 사이트로, 촛불시위 이후 방문자가 급증했다. 평범한 시민이 카메라로 집회 현장을 중계하고 이 화면을 시청한 누리꾼들이 댓글 등으로 여론을 형성하면서 촛불시위의 위력은 날로 커졌다. 6·10 민주항쟁 21주년을 기념해 대규모 촛불시위가 열린 6월 10일 하루 동안 아프리카에는 1357개의 촛불시위 장면이 생중계됐다. 약 70만 명이 이를 시청했다고 한다. 물론 아프리카의 방송물은 많은 돈을 들여 세련되게 만드는 지상파 방송 프로그램과 다르다. 가공되어 있지 않다. 생생하게 살아 있다. 아프리카 야생동물의 습성을 닮아 있다. 그런 의미를 담아 방송 이름도 '아프리카'라고 붙였다고 한다. 문 대표는 "아프리카가 촛불시위에서 이렇게까지 크게 활용될 것이라고는 예상치 못했다"고 말했다.

"5월 중순께 아프리카에서 촛불시위가 생중계되고 있다는 보고를 받았어요. 날이 갈수록 중계를 하는 시민이 크게 늘고 있다는 이야기도 들었죠. 아프리카라는 매체 속성상 언제든지 이렇게 될 수 있는 가능성은 있

었지만 대중화까지는 좀 더 오랜 시간이 흘러야 한다고 판단했기 때문에 놀랐어요. 얼리어답터(신제품을 남들보다 빨리 구입해 사용해보는 사람)와 대중화의 사이에는 캐즘(chasm)이라는 협곡이 존재하게 마련인데, 촛불시위가 그 시기를 일순에 앞당긴 거예요."

아프리카에서 시사적인 이슈를 방송한 것은 이번이 처음은 아니다. 지난 4월 총선 때 문화평론가 진중권 씨가 아프리카를 이용해 선거방송을 했다. 무소속으로 출마한 유시민 후보 또한 아프리카에서 온라인 토론회를 방송했다. 참여정부에선 국정 브리핑을 아프리카로 생중계하기도 했다. 하지만 이때만 해도 '아프리카'를 아는 사람은 많지 않았다.

문 대표는 이번 촛불시위를 보며 "대한민국 국민에게 탄복했다"고 말했다. "전 세계 어디에서도 찾아볼 수 없는 위대한 국민의 힘을 보여준 사건이라고 생각해요. 촛불시위를 보면서 이런 느낌이 들었어요. 6·25 전쟁이 1953년에 종전했잖아요. 그로부터 7년 후인 1960년 4·19 혁명이 일어났죠. 4·19 혁명은 당시 고등학생들이 중심이 된 시위로, 국민의 힘으로 정권을 물러나게 한 엄청난 사건이었어요. 이번 촛불시위는 4·19 혁명 이후 48년 만에 고등학생들이 들고 일어난 거예요. 대통령 취임 석 달 만에 어린 학생들이 주도해서 이렇게 위대한 국민의 힘을 보여줬다는 점에서 정말 대단하다고 생각해요."

문 대표는 "이번 촛불시위는 향후 정치의 큰 틀을 바꿀 획기적 사건으로 기록될 것"이라고 단언했다. 과거 국민들이 거리로 쏟아져 나와 시위를 한 것은 민주화, 반미, 반독재 등 공동의 뜻을 위한 것이었다면 이번 촛불집회는 다르다. 개인의 삶과 직결되는 여러 가지 사안이 국민들로 하여금 한목소리를 내게 한 이유이기 때문이다. 따라서 정치권도 이제 국민 개개인의 목소리에 귀를 기울여야 할 것이라는 게 문 대표의 생각이다.

그가 촛불시위에 대해 가슴 벅차 하는 것은 아프리카의 인지도가 높아졌기 때문만은 아니다. 그는 1980년대 민주화와 반미, 반독재를 부르짖던 운동권의 본류였다. 서울대 국사학과 79학번인 그는 20대 청춘기에 세 번에 걸쳐 5년 1개월을 감옥에서 보냈다. 1985년 초대형 시국사건인 민주화추진위원회(이하 민추위) '깃발' 사건 때 민추위 위원장이던 그는 5공 정권에 끌려가 갖은 고초를 당했다. 서울 남영동 치안본부 대공분실에서 극심한 물고문을 받았다. 그가 출소한 것은 '88서울올림픽'이 끝난 1988년 10월이다. 때문에 역사적인 1987년 6·10 민주항쟁을 감옥에서 맞아야 했다(공교롭게도 문 대표를 인터뷰한 날은 촛불시위가 정점에 오른 6월 10일이었다).

"당시 홍성교도소에 있었어요. 제 왼쪽 방에 장기표 선생이 계셨고, 오른쪽 방에는 한나라당 정무부시장 하다가 이번 총선에서 당선한 정태근

오른쪽 위부터 시계방향 순_ 1979년 서울대 국사학과 1학년 때 모습(왼쪽이 문 대표). 수감된 애인의 뒷바라지를 위해 1985년 혼인신고를 한 아내와 출소한 해인 1988년 결혼식을 올렸다. 1992년 문 대표가 자신이 1985년 민추위 '깃발' 사건으로 수감된 당시 서울구치소 12사를 돌아보며.

새 란·79. 3

한나라당 의원이 있었죠. 밖에서 어떤 일이 벌어지고 있는지 잘 알고 있던 우리는 6월 10일 오전 10시에 맞춰서 각자의 방에 갇힌 채 한목소리로 구호를 외치며 시위를 했어요."

전남 담양의 한 마을(광주광역시로 편입됐음)에서 태어난 문용식 대표는 양복점을 하는 부모의 2남 2녀 중 셋째였다. 전북 지역의 명문인 전주고에 입학하면서 고향과 가족을 떠나 하숙생활을 시작했다. 그러나 입시경쟁에만 내모는 학교 분위기에 제대로 적응하지 못했다는 게 그의 술회다.

"초등학교는 교대부속, 중학교는 미션스쿨인 사레지오를 나왔는데 두 곳 모두 아주 자유롭고 가족적인 분위기였어요. 전주고는 새벽부터 밤늦게까지 입시 준비만 시켰어요. 그게 싫었어요. 1·2학년 때는 수업을 빼먹고 산으로 들로 혼자 헤매고 다닌 일도 많았죠. 결국 대입 시험에서 떨어져 재수했잖아요(웃음)."

학자나 기자가 되고 싶었던 문 대표는 1979년 서울대 국사학과에 들어갔다. 하지만 그를 기다리고 있는 것은 청춘과 낭만 그리고 꿈이 어우러진 대학생활이 아니었다. 박정희 시해사건 → 12·12 쿠데타 → 서울의 봄 → 5·18 광주민주항쟁으로 숨 가쁘게 이어진 격동의 시간이었다. 그는 1학년 때부터 유신정권에 반대하는 이념 서클에 가입해 나름대로 반독재 운동에 나설 수 있는 정신무장이 된 상태였다. 그는 "불천지 원수와는 같은 하늘을 이고 살 수 없다. 전두환을 물러나게 하고 민주화하는 것만이 나라가 살고 내가 사는 길이라는 생각으로 목숨을 내놓고 (학생)운동을 했다"고 회고했다.

"제게는 천성적으로 근본주의 사상이 배어 있는 것 같아요. 미봉책을 쓰거나 지엽적인 것을 건드려서는 문제를 해결할 수 없다는 생각이 지배하고 있었죠. 고등학생일 때도 그랬어요. 산으로 들로 헤매다 불쑥 아무 성당에 들어가 신부님들과 토론을 벌였거든요. 신부님에게 '하나님이 실재하다면 세상이 왜 이러냐'와 같은 질문을 던졌어요."

민주화를 부르짖다 국가보안법 위반으로 검거돼 감옥에 갇힌 그는 작게는 0.7평(2.3㎡), 크면 1.2평(3.96㎡)밖에 안 되는 독방에서 5년 1개월을 보냈다. 이 기간 영등포·서울구치소, 안양·수원·대전·홍성교도소 등 여러 구치소와 교도소를 전전했다. 6개월~1년 만에 재소자를 이감하는 것은 행여 다른 재소자들과 관계를 형성하고 교도관들과 친해지는 것을 방지하기 위해서라고 한다. 그는 "다른 사람과 말을 할 수 없는 독방생활은 인간의 지능을 퇴화시킨다"면서 "다행히 나는 규칙적인 기 수련운동과 영어 공부를 하며 감옥생활을 지루하지 않게 보낼 수 있었다"고 회고했다.

"독방생활을 바쁘게 보냈어요. 아침 5시에 일어나 직사각형으로 생긴 방의 긴 쪽(짧은 쪽으로 뻗으면 팔이 닿기 때문)으로 팔을 뻗어 기체조를 하며 하루를 열었어요. 한겨울에도 30분만 하면 땀이 쏟아지는 좋은 운동이에요. 그런 다음 영어 공부를 했어요. 당시 교도소에서는 신문이나 시사잡지는 구독하지 못하게 했어요. 〈타임〉이나 〈뉴스위크〉도 구독할 수 없었죠. 유일하게 제가 신청해 구독할 수 있었던 잡지가 1843년 창간한 영국의 〈이코노미스트〉였어요. 제호를 보면 경제잡지 같으니까 뭘 몰랐던 교도관들이 정기구독을 허락해준 거예요. 하지만 〈이코노미스트〉는 절반은 국제정치, 절반은 국제경제를 다룬 권위 있는 잡지잖아요. 게다가 고급영어를 사용하고 있고요. 처음엔 어려워서 전혀 독해를 못 하겠더라고요. 하지만 3년간

사전 찾아가며 열심히 읽다 보니까 영어에 문리가 트이더라고요. 덕분에 웬만한 영어책은 누워서도 술술 읽을 수 있게 됐어요."

교도소에 수감돼 있던 1985년 10월, 그는 법적으로 유부남이 됐다. 가족이 아니면 편지나 면회가 불가능하자, 당시 연인 사이였던 지금의 아내 황경희(47) 씨가 혼인신고를 한 것이다. 풀빛출판사에 다니던 한 씨는 혼인신고 후 문 대표의 어머니를 모시고 시누이 학비까지 대며 남편의 옥바라지를 했다. 두 사람은 문 대표가 출소한 1988년 12월에야 지인들의 축복 속에서 결혼식을 올렸다.

그가 컴퓨터를 처음 접한 것도 이즈음이다. 출소 직후 서울대 1년 선배가 그를 세운상가로 데리고 가 100만 원을 들여 컴퓨터를 한 대 사준 것이다. 앞으로 어떤 일을 하건 컴퓨터를 알아야 한다는 이유에서다.

하지만 그때만 해도 문 대표는 자신이 컴퓨터와 관련한 일을 하게 될 것이라고는 생각하지 못했다고 한다. 그는 정치외교학을 공부하기 위해 1990년 대학원에 진학했다. 그는 "대한민국의 현실이 미국의 국제정치에 얽매여 있는 상황에서 이것을 풀지 않으면 우리끼리는 어떤 문제도 풀지 못할 것이라는 판단에서 공부를 해보자 마음먹었다"고 설명했다. 학자가 되고 싶어 한때 유학을 고민하기도 했다. 그러나 국제정치 이론을 공부하는 것은 쉽지만, 자신이 사상을 만들기는 역부족이라고 여겨 그 뜻을 접었다.

1992년 고려시멘트 박성현 대표에게 투자를 받아 나우콤의 전신인 한국출판정보통신을 설립했다. 1994년 시작한 PC통신 '나우누리'는 '좀 더 나은 세상'이라는 뜻의 순우리말로, 문 대표가 직접 지었다. 회사가 성장하면서 그도 서비스마케팅팀장, 총괄이사 등을 거치며 함께 컸다.

하지만 2000년대 인터넷 시대가 열리면서 PC통신은 사양길에 접어들었다. 주변에서는 나우콤도 곧 망할 것이라는 예견이 지배적이었다. 하지만 그는 '위기'를 '기회'로 만들었다.

"2001년 IT버블이 꺼지면서 벤처기업들이 전부 고사 위기에 빠지니까 정부에서 프라이머리 CBO(채권담보부증권)라는 자금지원제도를 만들었어요. 이를 통해 95억 원을 지원받아 위기를 모면할 수 있었죠. 물론 3년 후 이자까지 더해 110억 원을 갚았고요. 동시에 전 사업 리모델링을 도모했어요. 구조조정과 함께 기존사업을 축소하고 사업 다각화 차원에서 신규사업을 벌였는데, 그게 또 잘 맞아떨어졌어요."

실제 나우콤은 2002년 4분기부터 흑자를 기록하면서 해마다 성장을 거듭했다. 지난해에는 500억 원의 매출(순익 90억 원)을 기록했고, 올해는 700억 원의 매출을 달성할 것으로 예상된다.

문 대표가 이처럼 기업을 성장시킬 수 있었던 데는 인텔사의 전 회장인 앤디 그로브가 쓴《편집광만이 살아남는다》라는 책이 큰 영향을 미쳤다고 한다.

"앤디 그로브는 세계의 기업인 중 제가 가장 존경하는 분이에요. 반도체로 회사가 정점에서 잘나가고 있었지만 기업환경과 트렌드가 바뀌자 과감하게 기존사업을 축소하고 마이크로프로세서로 주력사업을 전환했잖아요. 그렇게 하기는 정말 어렵거든요. 결국 그분의 혜안과 결단력이 맞아떨어지면서 인텔이 오늘날 전 세계 마이크로프로세서 시장을 장악한 거예요. 전 2001년 대표로 취임해 구조조정하고 향후 방향을 설정할 때 나름의 이론을 정립했는데, 그 이론이 바로 그분의 책의 영향으로 완성된 거였어요.”

문 대표는 “나우콤은 내 인생의 학교”라고 표현했다. 16년간 몸담으면서 비즈니스와 인간관계를 두루 배웠기 때문이란다. 무엇보다 직원들에게 배운 게 많다고 한다. 수년째 전 직원의 부모님 생신 때 자필 감사편지를 쓰는 것도 그런 이유에서다. 그는 2003년 5월부터 2007년까지 김근태 전 의원의 후원 조직인 한반도재단 사무총장을 맡았다. 김 전 의원이 대선 불출마 선언을 하기 전까지 김 전 의원 캠프의 좌장 역할을 하며 필요한 재원을 후원한 것이다. 문 대표와 당시 민청련 의장이던 김 전 의원은 1985년 ‘깃발’ 사건에 연루돼 남영동에서 함께 고문을 당한 인연이 있다.

그런 그는 직접 정치에 뛰어들 뜻은 없는 걸까. 돌아온 말은 “있다”다. “나우콤이 반석 위에 오르고 직원들이 저를 박수치며 보낼 수 있는 날이 오면 후계자에게 기업을 맡기고 전 공공의 이익을 위해 정치를 할 거예요. 어쩌면 시민단체 활동이 될지도 모르고요. 만약 제가 정치를 한다면 촛불 시위에서 확인했듯이 능동적이고 지혜로운 시민 대중을 반 발짝 앞에서 이끌면서 그들의 뜻을 대변할 정치 세력을 만들 생각이에요. 단순히 국회의원 한 번 하자는 게 아니거든요. 지금은 그런 정치 세력이 없는 게 안타까울 뿐입니다.”

그게 대기업이 할 짓이니?

정용진 신세계 부회장과의 트위터 설전을 소개한 〈경향신문〉 2010년 10월 30일자 기사다. 대기업의 사회적 책임 문제를 제기하면서 매스컴의 뜨거운 조명을 받았다.

정용진 신세계 부회장과 문용식 나우콤 대표가 온라인상 트위터로 논쟁을 벌이고 있어 화제를 낳고 있다.

발단은 문용식 대표가 지난 28일 오후 정 부회장을 겨눠 "슈퍼 개점해서 구멍가게 울리는 짓이나 하지 말기를. 그게 대기업이 할 짓이니?"라는 글을 남기면서부터다. 사회적 논란을 낳고 있는 대기업의 기업형 슈퍼마켓(SSM) 진출 문제를 '반말'로 지적한 것이다.

이날 밤 정용진 부회장은 "나우콤 문용식 대표님이 저에게 보내신 트윗입니다. 마지막 반말하신 건 오타겠죠?"라고 역시 트위터에 글을 썼고, 문 대표는 이에 "오타는 아니구여. 중소기업 입장에서 순간 화가 나서 한 말이지여. 피자 팔아 동네 피자가게 망하게 하는 것이 대기업이 할 일이냐

신문 2010년 10월 30일 토요일 제20307호

코스피 1882.95 (-24.92) 코스닥 526.45 (-0.90)

이마트 피자 싸고 트위터 설전

문용식 〈나우콤 대표〉

정용진 〈신세계 대표〉

마트의 피자 사업이 동네 피자가 [ ]건이 되고 있다는 지적(경향신문 7면 보도)을 둘러싸고 정용진 부[회장과] 나우콤 대표가 트위터를 통해 [설전]을 벌였다.

[ ]게 되고 있는 대형마트의 기업형 SSM으로 설전이 시작됐지만 문[제는] 결국 이마트 피자로 옮겨졌다. 지난 28일 오후 트위터를 통해 정[씨는] "슈퍼 개점해서 구멍가게 올리는 [짓을]… 그게 대기업이 할 일이니"[라는 글]을 보내면서 논쟁이 시작됐다. 초[반에는 정] 대신 신세계 유통산업연구소[가 나] 섰다. 공식 계정을 통해 문 대표에게 [이마] 트 에브리데이 17개는 대부분 사[업을 전] 점했거나 기존 상권이 없는 신개

밭 지역에 극히 제한적으로 출점한 것"이라며 "신세계가 슈퍼를 열면서 동네상권을 울린다고 쓴 것은 사실과 다르다"고 해명했다. 문 대표는 물러서지 않고 "신세계는 대기업의 SSM 개설이 사회적 문제가 있다는 데 동의하는 건가"라며 "이마트 피자로 동네 피자점 문닫게 하는 것과 SSM 개설로 구멍가게 문닫

는 것이 무슨 차이가 있는 건지"라고 반문해 논란이 확산됐다. 최근 이마트가 매장에서 판매하는 피자가 좋은 품질과 싼 가격으로 고객들의 인기를 끌고 있지만 소규모 피자가게의 생존을 위협한다는 비판을 직접 거론한 것이다. 29일 오전부터 정 부회장이 전면에 직접 나서면서 파장이 커졌다.

정 부회장은 문 대표의 글을 6만6000명이 넘는 자신의 팔로워들에게 보여주면서 "이 분 아직까지 피자 얘기하시네. 유통업 존재 자체를 부정하시네요"라고 응수했다. 정 부회장은 그동안 이마트 피자를 비판하는 트위터 이용자들에게 "대형마트에서 어묵이나 떡볶이. 순대도 파는데 왜 피자만 문제 삼느냐. 핵심은

소비자가 좋은 상품을 싸게 사는 것"이라며 반박해왔다.

정 부회장과 문 대표의 설전은 서로의 [말]와 태도를 둘러싸고 계속됐다. 정 부회장은 "아무리 '왼쪽'에 서 계셔도 분노는 좀 줄이[도]록 하세요. 사회가 멍듭니다"라고 문 대표 어조를 문제삼았다. 그러자 문 대표는 "사[회] 가 멍드는 건 소시민의 분노 때문이 아니라 [재]벌 대기업을 비롯한 기득권층의 탐욕과 부[패] 때문"이라고 맞받았다.

정 부회장은 또 자신의 지인에게 "이 분 감[옥]까지 갔다오신 분 아니니"라며 문 대표[가] 2008년 구속됐던 일을 언급하기도 했다. 이[에] 문 대표는 "정 부회장이 감옥 갔다온 이력[까]지 충실히 소개해준 덕분인지 팔로워가 2[00]명이나 늘어 있네여"라는 글을 썼다.

송진식 기자 truss@kyunghyang.c[om]

구여? 주변상권은 다 붕괴시키면서 회사직원 복지만 챙기면 되는 거냐구여?"라고 응수했다.

정용진 부회장이 다시 "이분 분노가 참 많으시네요. 반말도 의도적으로 하셨다네요. 네이버에 이분 검색해보니 그럴 만도 하세요"라면서 불편한 감정을 드러냈다. 서울대 국사학과 79학번인 문용식 대표가 1980년대 학생운동에 투신하다 시국사건에 연루돼 5년 넘게 수감된 전력을 꼬집은 것이다.

문용식 대표는 이에 "신세계 정용진 부회장이 내 관련 글을 자기 6만여 팔로어들에게 전부 RT(리트윗)하고, 네이버 검색해서 과거 감옥 갔다 온 이력까지 충실히 소개해준 덕분인지, 잠자고 나보니 팔로어가 200명이나 늘어 있네여. 정 부회장 고마워!"라고 응답했다.

누리꾼들은 흥미롭다는 반응이다. 이른바 '운동권 학생'과 '재벌집 3세'

라는 선명한 구도에 양 당사자가 반말과 감정을 섞어가며 '까칠하게' 말다툼을 벌이는 모습이 지켜보는 입장에서 재미있다는 것.

트위터리안들 역시 수많은 관전평을 쏟아내고 있는데, 현재까지는 문용식 대표의 손을 보다 많이 들어주는 양상이다. 아이디 'yulgoon'은 "신세계 부회장 정용진. 참 ××× 없다. 확실히 대형마트는 소비자나 그 안에서 일하는 노동자나 물건을 공급하는 업자 모두 고분고분한 노예로 만드는구나"라고 했고, 아이디 'hanapure'는 "요즘 트윗을 통해 재벌 2세의 수준을 보게 되어 무척 재미있다. 정용진. 유아적 생각으로 살고 있네"라는 글을 남겼다.

아이디 'mscoach_editor'는 "다른 건 다 접어두고 문 대표의 반말에 문제없다고 볼 수 없습니다"라고 지적하면서 동시에 "논점과 직접 관계없는 '왼쪽의 분노'나 '구속 전력' 발언은 분명 '대인'답지 않은 언사"라고 정용진 부회장에게 쓴소리를 남겼다.

정용진 부회장은 앞서 지난달에도 트위터를 통해 누리꾼과 설전을 벌인 바 있다. 당시 신세계 계열 이마트에서 1만 원대 즉석 대형피자를 출시하자 동네 상권을 위협한다는 지적이 잇따랐고, 아이디 'listentothecity'가 "신세계는 소상점들 죽이는 소형상점 공략을 포기해주시기 바랍니다. 자영업자들 피 말리는 치졸한 짓입니다"라는 글을 남기자 정 부회장이 "소비자의 선택이다. 본인은 소비를 실질적으로 하나, 이념적으로 하나"라고 응수하면서 '윤리적 소비 vs 이념적 소비' 논쟁이 일었다.

상식적으로 얘기하는 사람이 '좌빨'이라면
난 '좌빨'하겠다

<경향신문> '김제동의 똑똑똑' 2011년 2월 7일자 인터뷰 기사다.

몇 달 전 '한밤 트위터 설전' 때문에 주목받은 사람이 있다. 나우콤 문용식 대표(52)다. 그는 정용진 신세계 부회장과 서로의 트위터를 오가며 '키보드 배틀'을 펼쳤다. 문 대표는 정 부회장의 트위터에 "슈퍼 개점해서 구멍가게 울리는 짓이나 하지 말기를. 그게 대기업이 할 일이니?"라는 댓글을 달았고, 정 부회장은 "나우콤 문용식 대표님이 저에게 보내신 트윗입니다. 마지막 반말하신 건 오타겠죠?"라고 불편한 심경을 드러내면서 둘 사이에 치열한 설전이 오갔다. 덕분(?)에 두 사람은 검색어 상위에 랭크됐고, 상대적으로 덜 유명했던 문 대표가 주목을 받았다.

나도 '트위터 설전'이 아니었더라면 문용식이라는 인물에 대해 주목하지 않

"상식적으로 얘기하는 사람이 '좌빨'이라면 난 '좌빨'하겠다"

저작권법은 바뀌어야 한다
저작자 보호만 집중 말고
소비자도 부제한 향유제

—김태동

정용진 부회장과의 '트위터 설전'
달 가리킨 손가락 보는 격
대기업 탐욕 지적했을 뿐

—김태동

"지금 대한민국 카드는 불안이에요. 상위 1%가 OECD 평균 소득보다 더 높은 소득을 받고 나눠지는 모두 불안이 사회가 오래갈 수 있을까요?" "결국 이야기는 한 근데를 가네요. 같이 잘살아야 한다는 거죠." 서울 만난 김태동과 문용식 씨의 제50회 IT문화에 대해 열린 토론을 벌였다.

박종은 기자 photo@

았을 것이다. 개인적으로 나우콤이라는 IT기업을 이끌고 있는 기업인이, 같은 기업인과 설전을 벌인 이유가 궁금했다. 대학 시절 '시국사범'으로 6년 가까운 세월 동안 감옥에 있었고, 최근에도 아프리카TV 운영자로서 '저작권 방조혐의'로 구속된 이력도 눈길을 끌었다.

Q _ 오기 직전에 뉴스 보니까 벌금형으로 감형됐다는 기사가 나왔어요.

A _ 1심에선 집행유예가 나왔고, 항소심에서 벌금형으로 감형됐는데… 상고했어요. 발단은 저작권 문제였죠. 불법복제된 영화파일 유통을 방조한 혐의로 기소됐지만 '촛불' 때문에 괘씸죄가 됐죠. 나우콤이 운영하는 아프리카TV가 촛불집회 영상을 생중계했거든요. 대검에서 구속수사를 지시했고, 당시 난리가 났어요. 저작권 방조로 구속한 사례는 없었거든요.

Q _ 그런데 저작권을 보호해야 하는 점에 대해서는 동의하시는 거잖아요.

A _ 동의하죠. 보호해야 하고요. 그런데 지금 법은 저작자 보호에만 집중돼 있고 공정한 이용에는 너무나 무관심해요. 현행 저작권법은 근본적으로 개정돼야 하거든요. 이 법은 창작물이 희소하던 아날로그 시대에 만들어졌어요. 지금은 디지털 시대죠. 책은 종이에 인쇄된 형태로, 음악은 음반을 통해서만 듣던 시대를 지나서 아이폰에 책, 영화, 음악이 다 들어가는 시대란 거죠. 그렇다면 디지털 시대에 맞는 저작권 보호체계가 만들어져야 합니다. 소비자는 무제한으로 향유할 수 있도록 하되 그만큼 창작자가 보상받을 수 있도록 하자는 거죠.

Q _ **어떻게 보상하느냐가 문제일 텐데요.**

A _ 디지털 문화를 향유할수록 이익을 받는 업체들이 있어요. 디지털 기기를 파는 업체들과 통신망, 즉 인프라를 통해 돈을 버는 회사들이죠. 또 인터넷 포털 사이트나 콘텐츠를 유통시켜 주는 사이트들도 있어요. 결국 그런 업체들이 버는 돈의 일정 부분을 디지털 문화 향유세 형식으로 내도록 해서 재원을 마련해야 합니다. 디지털은 모든 사용기록이 로그로 남기 때문에 창작자에게 그만큼 보상해주면 되는 거죠. 소비자에게 직접 일일이 돈을 받으려 하지 말자는 거죠.

Q _ **직접세 형식으로 된 것을 간접세 형식으로 전환하자는 거네요.**

A _ 그렇죠. 노래방에서 많이 불리는 노래에 따라 저작료를 내잖아요. 노래방 기계도 이런 식의 보상체계를 만드는데 디지털에서 못할 게 뭐가 있나요. 이것부터 바로잡아야 디지털 시대 일류국가가 될 수 있어요. 4대강 삽질로는 안 돼요. 앞으로 대한민국은 지식문화 강국으로 가야 하거든요.

Q _ **해외 사례는 어떤가요?**

A _ 모든 나라에서 골머리를 앓고 있어요. 그런데 어느 누구도 시도를 못하고 있죠. 지금 이대로는 모든 국민을 범법자로 만드는 꼴이거든요.

Q _ **그러니까 창작자와 소비자 모두 이익을 누리는 과정에서 피해 보는 사람이 없는 시스템을 구축해야 한다, 대안적 보상체계를 만들자는 이야기인 거네요. 아까 트위터 이야기도 잠시 하셨는데 문 대표님과 정 부회장 간의 트위터 논쟁, 안 여쭤볼 수 없네요.**

A _ 처음엔 다른 사람이 리트윗을 해주면서 보게 됐어요. 정 부회장이 자사의 복리후생에 대해 자랑하는 내용이던데 보면서 좀 화가 나더라고요. 피자 팔아서 동네 피자가게 다 죽이면서 자기 회사 복리후생 늘었다는 이야기를 하는 게 말이 안 된다고 생각했어요. 그래서 제가 먼저 시비를 걸었죠. 처음엔 대응하지 않을 줄 알았는데 맞받아 오기에 논쟁이 붙었던 거

죠. 지금도 전 그 생각에 변함이 없어요. 이마트에서 1000명이 일한다고
했을 때 900명은 하청업체의 비정규직이에요. 하루 14~15시간 뼈 빠지
게 일해도 한 달 월급 150만 원 남짓인 그들의 희생과 착취가 있었기 때문
에 소수의 사람이 분에 넘치는 보상을 받는 거죠.

Q _ 그런데 논쟁의 요지는 다른 쪽으로 튀었죠.

A _ 달 보라고 가리킨 손가락 보고 뭐라고 한 격이죠. 그래요. 제가 반말
했어요. 그런데 그것 가지고 좌빨이라며 이념적으로 시비를 걸데요. 대기
업 보고 바르게 하라고 했는데 그걸 왜 좌빨 취급하죠? 거기에도 많이 화
가 났어요. 그랬더니 왜 분노가 많냐고, 분노로 사회가 멍든다고 해요. 사
실은 대기업의 탐욕이 사회를 멍들게 하는 것 아닌가요?

"그러니까 창작자·소비자 모두 이익을 누리는 과정에서 피해 보는 사람

이 없도록 대안적 보상체계를 만들자는 말씀이시죠."   –김제동

**Q _ 그런데 대표님 역시 기업을 하시는 입장이잖아요. 일견 이해되는 부분도 있
지 않나요? 기업운영 철학의 차이로 볼 수도 있는 거고요.**

A _ 이건 기업경영 철학의 차이가 아니고 기업이 본연적으로 지켜야 할
원칙이에요. 기업의 가장 중요한 사회적 역할이 고용창출, 세금납부예요.
그런데 대기업은 그 두 가지를 제대로 안 합니다. 돈만 벌면 되니까 정규
직을 갈수록 줄여요. 또 탈세해서 조사만 하면 비자금이 수조 원씩 나와
요. 그래놓고 사회봉사 한다며 생색내요. 기부 안 해도 좋으니까 세금이

나 제대로 내라고 하고 싶어요.

Q _ 전 이런 갈등을 볼 때마다 답답해요. 대기업도, 중소기업도 다 잘되는 것이 많은 사람들의 꿈일 텐데, 왜 안 되는 걸까요?

A _ 우리나라는 다른 나라와 달리 대기업의 힘이 무지막지하게 커요. 30대 대기업의 상장주식 시가총액이 전체 상장주식 시가총액의 50%를 넘어요. 전자부터 식품, 건설, 유통, 금융까지 문어발식이고…. 미국의 구글이나 애플이 건설, 식품을 하나요? 대기업이 통 크게 해야지 구멍가게와 경쟁하는 건 너무 쪼잔한 것 아닌가요? 또 대기업이 자기들이 잘나서 그렇게 된 것도 아니잖아요. 군사정권이 얼마나 대기업을 보호해줬나요. 노동조합 못 만들게 하고, 저임금으로 착취할 수 있도록 해주고…. 그런 국민들의 희생 위에서 성장한 것이 대기업이거든요. 제가 보기에 대한민국에서 공무원, 공기업, 수출대기업은 이미 특권층이에요. 상위 10%를 차지하죠. 중소기업 경영자들은 대기업의 마른 수건 짜내기 전략에 미래가 불안해요. 그러니 연구개발은 어림도 없죠. 경영자들이 이럴진대 종사자는 말할 것도 없죠. 영세상인은 망해가고 청년백수가 양산되죠. 정말 불안한 사회가 된 거예요. 상위 10%만 OECD 동종업종보다 높은 소득을 받고 나머지는 모두 불안하고 어렵죠. 이런 사회가 오래갈 수 있을까요? 더 큰 불행이 오기 전에 가진 것을 내놓고 나누어야 해요.

예전에 뵈었던 안철수 선생도 정직한 기업이 잘되고 성공하는 것이 대한민국이 성공할 수 있는 길이라고 했다.

Q _ 힘 있는 사람들에게 꼬치꼬치 따지시는 게 정말 '좌빨'이시네요. 하하.

A _ 이 사회는 상식적이고 합리적인 이야기를 하면 좌빨이라고 하네요.
그렇다면 전 자랑스럽게 좌빨이라고 하겠습니다.

Q _ 감옥에 갔다 오셨잖아요. 그게 부끄러운 건가요? 비교하는 건 좀 그렇지만
일제 치하에 감옥 갔다 온 독립유공자에게 "너 감옥 갔다 왔잖아"라고 말하는 것
은 논지가 잘못된 것이라는 생각이 들거든요.

A _ 역사에 대한 무지를 드러낸 것이라고 봐요. 지금은 재벌이 정치권 눈
치 안 봐요. 예전 중앙정보부에 가서 기업인들이 콧수염 뽑히던 그런 세
상은 아니잖아요. 이렇게 변한 건 수십 년간 수많은 사람의 희생과 고초
가 있었기 때문이에요. 그렇게 감옥 다녀온 사람이 있기 때문에 자기가 두
다리 뻗고 살고 있다는 고마움과 예의가 있어야 하는 것 아닌가요.

> *"이런 갈등 볼 때마다 답답하다. 대기업·중소기업 모두 다 잘되는 게 많*
> *은 사람들이 바라는 걸 텐데 왜 안 되는 걸까?"*   −김제동

Q _ 20대 절반을 감옥에서 보내셨던데 그때 혹시 연애하고 계셨나요?

A _ 저 때문에 집사람이 고생했죠. 옥바라지를 해야 하는데 직계 존비속이
아니면 면회도 안 되고 편지도 못 써요. 그래서 제 옥바라지를 하려고 혼인신
고를 했어요. 서류상으로 아내가 돼서 옥바라지를 할 수 있게 된 거죠. 서울
에 홀로 계신 어머니 집에서 직장생활하면서 시누이 학교까지 가르쳤어요.

Q_ 평생 아내를 업고 다니라는 소리 많이 들으셨겠네요. 저한테는 왜 그런 분이 안 나타나는 걸까요? 여차하면 제가 옥바라지할 수 있는데….

A_ 하하. 옥바라지 그거 아무나 못하는 겁니다. 제동 씨가 옥바라지하면 전 매스컴이 떠들썩하겠네요. 순애보의 주인공으로….

Q_ 하하. 그냥 해본 소리죠. 저 그렇게 순정 있는 놈 못 됩니다. 지금 인터넷이나 트위터 등 소셜네트워크를 놓고 부작용을 내세우며 전체 시스템을 압박하려는 움직임이 많잖아요. 그런데 압박하려는 당사자들도 소셜네트워크를 사용하면서 왜 그런 거죠?

A_ 무서운 거죠. 그러니까 통제하려고 하는 거고. 대중을 조직할 수 있는

가장 효율적이고 강력한 무기거든요. 촛불집회도 그런 것이 발판이 됐죠. 예전의 대중은 지도자가 조직했지만 지금은 대중 전체의 공감을 바탕으로 해요. 일방향이던 미디어가 쌍방향으로 바뀌었잖아요. 그렇기 때문에 국민들의 정신도 균형을 잡아가는 거죠. 아무리 신문과 방송이 보수화되어도 소셜네트워크가 있기 때문에 예전처럼 쏠리지 않거든요. 과거에 권력을 누렸던 올드미디어가 전전긍긍하고 있어요. 예전에 보수 매체들이 뭐라고 주장하면 하룻밤 사이에 여론이 바뀌었지만 지금은 백날 해도 안 바뀌어요. 그러니 시비를 걸고 꼬투리를 잡으려 하죠. 권력 상실에 대한 불안감으로.

Q _ 이건 딴 얘기인데, 선견지명이 참 대단하신 것 같아요. 아무런 기반도 없던 80년대에 IT 쪽으로 눈 돌리기는 어려웠을 것 같은데요.

A _ 엄밀히 말하면 호구지책이었어요. 감옥 갔다 와서 나이도 많은데 대기업이 뽑아주겠어요, 국가고시가 되겠어요? 그렇다고 돈이 있는 것도 아니고. 할 수 있는 게 아무것도 없더라고요. 아이디어로, 소액의 자본으로 할 수 있는 것이 이것밖에 없었죠.

황무지에 청춘을 던진 벤처 인생. 20년 넘게 밭을 갈아온 그 꾸준함이 IT 강국의 뿌리를 다졌으리라. 그렇다면 남은 삶을 나와 함께 개척해보겠다고 마음먹은 여성분 없으신지. 난 집도 있고 차도 있고, 완전히 '벤처'는 아닌데….

탐욕은 줄이세요, 약자들이 멍듭니다

〈한겨레신문〉의 고정 코너인 '한홍구, 서해성의 직설' 2010년 11월 5일자
전면 인터뷰다. 트위터 논쟁의 배경과 주장이 잘 정리되어 있다.

피자를 공격하는 바퀴벌레,

라는 표현이 적절할지 모르겠다. 문제는 그 피자가 어떤 피자인가, 그 바퀴벌레가 어떤 바퀴벌레인가다.

오늘의 초대손님 문용식(51) 나우콤 대표는 자신이 경영하는 인터넷 기업을 바퀴벌레에 비유했다. 밟아도 밟아도 안 죽고 끝까지 살아남은 사이버계의 바퀴벌레라는 이야기다. 인터넷 선사시대라고 할 만한 1992년에 '나우누리'라는 피시통신 브랜드로 시작한 나우콤은 초고속 인터넷 시대에도 살아남았다. 2008년 촛불시위 정국에선 이명박정부의 '도움'으로 인터넷 방송 서비스인 '아프리카'를 널리 알리기도 했다. 심지어는 덕산그룹, 한창그룹, 삼보두루넷으로 이어지는 3개의 모회사가 쓰러질 때마다

"탐욕은 줄이세요, 약자들이 멍듭니다"

정용진 신세계 부회장과 트위트 논쟁 벌인 문용식 나우콤 대표의 트위트 밖 직격탄

1 '피자전투'는 계속된다

...의 슬픔

하는 바퀴벌레, 적절할지 모르겠다. 문제는 그 피자가 어떤 피[자며 그] 벌레가 어떤 바퀴벌레인가다.

[주인]공 문용식(51) 나우콤 대표는 자신이 경영하[는 회사]를 바퀴벌레에 비유했다. 밟아도 밟아도 안 죽[고 살아]남은 사이버계의 바퀴벌레라는 이야기다. 인터[넷이라] 할 만한 1992년에 '나우누리'라는 피시통신[을 시작]한 나우콤은 초고속 인터넷 시대에도 살아남[았다. 촛]불시위 정국에선 이명박 정부의 '도움'으로 [유명해]스인 '아프리카'를 널리 알리기도 했다. 심지어 [나래]창그룹, 삼보두루넷으로 이어지는 3개의 모회[사가 망]하다 꿋꿋이 버텼다. 현재 300여명의 직원을 [고용하]는 800억원 규모의 중소기업이다. 문용식 대[표는 "기업은 사]람의 공동체"라는 말을 강조했다. "공동체를 [운영할 땐 가치]관이 중요하다"고 했다. 나우콤에서 비정규직[을 모두 없앴다]는 사실은 그 가치관의 작은 조각을 드러낸다. [얼마 전 문 대]표와 신세계 정용진 부회장 간의 트위트 논쟁[이 화제가 됐다.] 문 대표는 이마트에서 파는 피자를 '탐욕'으[로, '영세상]인들이 흘릴 눈물'로 보았다. 이 논쟁에 많[은 사람들이 관]세했고 "누구의 논리에 공감이 가느냐"는 트[위트 논쟁이] 진행중이다. 정 부회장은 트위트에서 문 대[표를 공격]이도록 하세요. 사회가 멍듭니다"라고 썼다. [문]에서 문 대표가 날린 직설을 정 부회장의 화법[으로 응수하면] 다음과 같다. "탐욕은 줄이도록 하세요. 약자[들이 멍듭니다.] 피자전투는 이제부터 시작이다.

진행·정리 고경태 기자 k21@hani.co.kr

한홍구(이하 한) 오늘은 모처럼 사성장군을 모셨습니다(웃음)

서해성(이하 서) '검색해보니 이분 그럴 만도 하네요'라고 정용진 부회장이 전과를 암시하듯 비아냥거렸죠? 약점인 양 깐 셈인데, 자칫 잡범으로 오해받을 수도 있으니 설명을.

문용식(이하 문) 1980년대에 3번 구속됐어요. 전두환이 광주학살 뒤 체육관에서 대통령 취임하기 전에 정치인·언론·학생 다 잡아넣었으니 아무 문제 없을 줄 알았겠지. 취임 보름 지난 81년 3월19일 대학가 첫 시위로 '축하 이벤트'를 벌였죠. 그때 1년. 학교 잘린 뒤 광주에 내려가 고등학교 강사를 했는데 전남대 시위에 얽혀 또 1년. 84년 1월 복학해서 노학연대 주장하는 민추위 결성하고 <깃발>을 발행하다가 3년여. 세번째 징역 사는 중에 6·29 항복이 나와도 안 내보내주데. 88올림픽을 성공적으로 치른 덕에 10월에 나왔어요.(웃음)

한 올림픽이 6월항쟁보다 세구나.(웃음)

문 20대에 독방에서만 5년1개월을 살았죠.

한 데모꾼 중에서도 징역복이 터진 경운데.

"20대에 5년…그래 나 징역복 터진 사람이다"

문 징역 힘들게 사는 사람도 많은데 난 감옥에 가면 묘하게도 마음이 편해져…책도 보고 영어공부도 하면서 신나게 징역을 살았죠.

서 마지막 징역이 중요한데 지금 현실문제랑 연결되나요.

문 징역복 끝났다 생각했는데 웬걸 2008년 6월에 서울구치소를 또 갔어요. 20년 만이었죠.(웃음) 웹스토리지사업을 하니까 저작권자들이 자주 항의를 하고. 영화인협회에서 업체 몇을 검찰에 고소해서 4월에 조사를 받았어요. 저작물 보호조치를 한 부분이 있어서 담당검사가 불구속 기소될 거란 언질을 줬죠. 한데 하필 5월에 촛불시위가 터지자 시위 현장을 '아프리카'가 생중계하고 하루 평균 70만명이 접속하면서 대검에서 구속수사 지침이 내려왔다고 하더라고요. 한달 반 살고 왔죠. 한나라당이 '잃어버린 10년'이라는데 실제로는 너무 좋아진 거라. 교도소 화장실, 수도꼭지, 전풍기 같은 건 물론이고 신문 방송 맘대로 보지, 글도 쓸 수 있지. 옛날엔 신문 한 쪼가리하고 볼펜 한 자루만 주면 평생 징역 살겠다'고 했거든.(웃음)

한 '직설'이 지식인 100명만 감옥 갈 각오로 싸우면 어떤 정권도 두려울 게 없다고 주장하는데 문 대표는 딱 오성장군 예약해놨네요.(웃음)

서 감옥 좋아진 건 민주정부 10년의 결과물이죠. 보편적 인권의 확대. 잃어버린 건 보수들이 올 때 독재죠. 자기 맘대로 해먹을 수 있는.

문 징역 덕에 아프리카는 '캐즘(chasm)'의 벽을 뛰어넘어버렸어요. 얼리어답터가 쓰다가 보편적 서비스로 성장하기까지 간극을 '캐즘'이라고 하는데.

서 이피엘(EPL·잉글랜드프리미어리그) 경기 중계한 덕도 크죠? 박지성 선수한테 감사패라도.

문 이명박 대통령한테도 드려야지. 구속시켜주셔서 고맙다고.(웃음)

서 아프리카, 다음 아고라, 그리고 미네르바. 당시 인터넷 표현 문제 [...]

이야기죠. 음식에는 이데올로기가 맛의 상당부분을 차지하죠. 피자만 해도 이탈리아계 이민자들이 숫제 거리에서 팔아대면서 퍼진 거잖아요. 감자, 옥수수 내력을 알면 절대 그 소리 못 하죠. 프랑스혁명은 곧 빵을 달라죠. 대중은 칼로리만 채워 넣는 게 아니라 거기 깃든 다양한 문화와 가치를 소비하는 거거든. 근래 커피니 하는 게 비물질적 기호 사냥 요소가 강하죠. 공정무역, 착한 소비는 다 뭔가요. 그마저 대형유통자본이 '이념'을 먹는데. 이마트의 싼 피자에는 노조무력화 경영이라는 '거룩한 철학'과 저임금 비정규직 노동자의 눈물이 스며 있어요.

문 신세계 같은 대기업이라면 서민과 더불어 사는 상생과 사회적 책임을 고민하면서 경영을 해야죠. 윤리경영이란 게 뇌물 안 받고 그런 [...]

서 신세계가 원래 이상의 <날개>에 나오는 '미쓰코시 백화점'이죠. 식민지 한국의 허영과 사치, 소비유통을 상징하는 르네상스식 건물. 윤리가 없으면 자본은 깡패나 마찬가지죠. 빅3 백화점 매출에서 신세계가 22%(2008)로 롯데에 이어 2등이죠. 이마트는 전체 할인점 매출 35% [...]

없어요. 노조도 못 만들게 하면서 무슨 글로벌을 말해요.

서 자본의 야만성인데, 야만의 정당화에 빠다 칠을 한 '비즈니스 후렌들리'죠. 강자가 다 처먹는 게 법과 세상이라 까놓고 말해버리면 차라리 낫죠.

한 흔히 '사자와 토끼를 한 우리에 넣어놓고'라고 하는데 래 블레이크가 비유할 때는 '사자와 소'였죠. 동물원에서 사자 야성을 잃지 말라고 산 채로 던져주는 '음식'이 토끼지.(웃음) 부회장 입장에선 '낚였다'고 볼 수 있겠어요. 반말에 흥분하...

문 욱해갖고 내 과거를 들이대는데 참담한 분노를 느꼈어요. 자기가 대기업 하면서 큰소리칠 수 있는 오늘의 역사를 누가 만들었느냐는 거죠. 독재 시절 감옥 가고 고문당하면서 세상을 바꾼 사람들이 없으면 불가능했죠.

한 민주화해서 죽 쒀서 개 준 거죠. 그런데 '분노'가 많은 게 사실 아닌가요?(웃음)

문 출산율 최저, 자살률 최고…죽음의 구렁텅이로 빠지는 이 모순덩어리 생명을 죽이는 사회에 살면서 어떻게 분노하지 않을 수 있어요.

한 80년대에 '슬픔도 분노도 없이 살아가는 자는 조국을 사랑하지 않는 자'라는 말이 있었죠. 문 대표는 피시통신 시절부터 통신업 일을 하다 사양길로 접어드는가 싶더니 부활했는데.

문 나우누리는 선사시대 브랜드인데 여전히 살아 있죠. 통신환경의 비약적 발전이 있었고, 지금은 초고속 인터넷에서 무선 인터넷으로 확장되어가는 또 한번의 전환기로 메가트렌드가 시작되고 있죠. 세상에 미치는 영향이 유선이 10이면 모바일은 곱하기 10이죠.

서 인터넷에서 정작 표현의 자유는 거꾸로 가고 있죠.

문 댓글을 쓰려면 10만명 이상 사이트에선 반드시 실명인증을 해야 해요. 정보통신망법상의 불법정보유통 금지조항을 자의적으로 해석해 게시물 삭제처리를 제멋대로 하고, 수사기관이 개인통신기록을 거의 무제한 열람하죠. 검찰, 경찰, 국정원, 국세청, 금감원, 공정위, 문광부 저작권 특별수사팀까지. 동차가 막 발명됐던 빅토리아시대 우스꽝스런 법(Red Flag Act)이 있는데, '자동차 1대엔 반드시 운전수 3명이 있어야 한다. 1명은 붉은 발을 들고 55m 앞을 달리면서 자동차가 온다는 걸 알려야 한다. 최고 속도는 6.4km.'

한 저작권에 대해서도 할 말이 많을 텐데.

문 인터넷이 삶의 3대 축이라 할 학습, 노동, 오락을 다 바꾸고 있어요. 지금 저작권법은 콘텐츠가 굉장히 귀할 때 만들어진 거예요. 에코로그적 관점에서 콘텐츠 유통체계와 질서를 보호해주는 게 저작권 본뼈대죠. 디지털시대엔 어떻게 그 문화향유를 장려할 거냐는 마인드가 있어야죠.

서 디지털시대엔 저작권 문제에 새롭게 접근해야 해요. 사실 콘텐츠 대부분을 제국주의가 생산하고 있어요. 여러모로 카피레프트운동은 필요합니다. 지식정보사회에선 지식독점이 계급독점, 국가단위독점으로 이어지는 거죠. 지식독점 해체 없이 선량한 사회는 어렵죠.

문용식 나우콤 대표는 "'함께 살자'가 우리 시대의 화두"라고 말했다. 정규직과 비정규직, 대기업과 영세상인이 함께 살려면 기득권자들의 사회적 책임이 중요하다고 했다. 이종찬 선임기자 rhee@hani.co.kr

---

꿋꿋이 버텼다. 현재 300여 명의 직원을 고용하는 연매출 800억 원 규모의 중소기업이다. 문용식 대표는 "기업은 사람의 공동체"라는 말을 강조했다. "공동체를 운영할 땐 가치관이 중요하다"고 했다. 나우콤에서 비정규직을 모두 없앴다는 사실은 그 가치관의 작은 조각을 드러낸다.

얼마 전 문 대표와 신세계 정용진 부회장 간의 트위트 논쟁이 화제가 됐다. 문 대표는 이마트에서 파는 피자를 '탐욕'으로 보았다. '영세상인들이 흘릴 눈물'로 보았다. 이 논쟁에 많은 사람들이 가세했고 "누구의 논리에 공감이 가느냐"는 트위트 투표까지 진행 중이다. 정 부회장은 트위트에서 문 대표에게 "분노는 줄이도록 하세요. 사회가 멍듭니다"라고 썼다. 오늘 트위트 밖에서 문 대표가 날린 직설을 정 부회장의 화법으로 요약하면 다음과 같다. "탐욕은 줄이도록 하세요. 약자가 멍듭니다." '피자전투'는 이제부터 시작이다.

진행·정리 고경태 기자 k21@hani.co.kr

한홍구(이하 한) _ 오늘은 모처럼 사성장군을 모셨습니다(웃음).

서해성(이하 서) _ "검색해보니 이분 그럴 만도 하네요"라고 정용진 부회장이 전과를 암시하듯 비아냥거렸죠? 약점인 양 깐 셈인데, 자칫 잡범으로 오해받을 수도 있으니 설명을.

문용식(이하 문) _ 1980년대에 3번 구속됐어요. 전두환이 광주학살 뒤 체육관에서 대통령 취임하기 전에 정치인·언론·학생 다 잡아넣었으니 아무 문제 없을 줄 알았겠지. 취임 보름 지난 81년 3월 19일 대학가 첫 시위로 '축하 이벤트'를 벌였죠. 그때 1년. 학교 잘린 뒤 광주에 내려가 고등학교 강사를 했는데 전남대 시위에 얽혀 또 1년. 84년 1월 복학해서 노학연대 주장하는 민추위 결성하고 '깃발'을 발행하다가 3년여. 세 번째 징역 사는 중에 6·29 항복이 나와도 안 내보내주데. 88올림픽을 성공적으로 치른 덕에 10월에 나왔어요(웃음).

한 _ 올림픽이 6월 항쟁보다 세구나(웃음).

문 _ 20대에 독방에서만 5년 1개월을 살았죠.

한 _ 데모꾼 중에서도 징역복이 터진 경운데.

20대에 5년…그래 나 징역복 터진 사람이다

문 _ 징역 힘들게 사는 사람도 많은데 난 감옥에 가면 묘하게도 마음이 편해져… 책도 보고 영어 공부도 하면서 신나게 징역을 살았죠.

서 _ 마지막 징역이 중요한데 지금 현실 문제랑 연결되니까.

문 _ 징역복 끝났다 생각했는데 웬걸, 2008년 6월에 서울구치소를 또 갔어요. 20년 만이었죠(웃음). 웹스토리지 사업을 하니까 저작권자들이 자주 항의를 하죠. 영화인협회에서 업체 몇을 검찰에 고소해서 4월에 조사를 받았어요. 저작물 보호조치를 한 부분이 있어서 담당 검사가 불구속 기소될 거란 언질을 줬죠. 한데 하필 5월에 촛불시위가 터지자 시위 현장을 '아프리카'가 생중계하고 하루 평균 70만 명이 접속하면서 대검에서 구속수사 지침이 내려왔다고 하더라고요. 한 달 반 살고 왔죠. 한나라당이 '잃어버린 10년'이라는데 실제로는 너무 좋아진 거라. 교도소 화장실, 수도꼭지, 선풍기 같은 건 물론이고 신문·방송 맘대로 보지, 글도 쓸 수 있지. 옛날엔 "신문 한 쪼가리하고 볼펜 한 자루만 주면 평생 징역 살겠다"고 했거든(웃음).

한 _ '직설'이 지식인 100명만 감옥 갈 각오로 싸우면 어떤 정권도 두려울 게 없다고 주장하는데 문 대표는 딱 오성장군 예약해놨네요(웃음).

서 _ 감옥 좋아진 건 민주정부 10년의 결과물이죠. 보편적 인권의 확대. 잃어버린 건 보수들이 볼 때 독재죠. 자기 맘대로 해먹을 수 있는.

문 _ 징역 덕에 아프리카는 '캐즘(chasm)'의 벽을 뛰어넘어 버렸어요. 얼리어답터가 쓰다가 보편적 서비스로 성장하기까지 간극을 '캐즘'이라고 하는데.

서 _ 이피엘(EPL, 잉글랜드프리미어리그) 경기 중계한 덕도 크죠? 박지성 선수한테 감사패라도.

문 _ 이명박 대통령한테도 드려야지. 구속시켜 주셔서 고맙다고(웃음).

서 _ 아프리카, 다음 아고라, 그리고 미네르바. 당시 인터넷 표현 문제에서 크게 이슈가 됐던 것들인데, 당사자로서 돌이켜보면.

문 _ 엠비정권이 인터넷에 무지하달까, 무서워한달까. 대한민국 역동성이 인터넷에서 나오는데 활용은커녕 적극 배척만 하니. 며칠 전 안상수 대표가 인터넷에서 한나라당 여론이 2 대 8로 불리하다, 앞으로 1만 디지털 지도자를 양성해서 승리로 이끌겠다고 했죠.

서 _ 직업 알바를 육성하겠다?

문 _ 여론이 안 좋으면 정책을 바꿔 설득할 생각을 해야지 알바를 키워서 조작하려고 드는 이런 사람이 집권당 대표라니.

서 _ 트위터는 언제부터.

문 _ 올여름인데, 대표의 중요한 일이 조직관리라서. 젊은 직원들에게 트위터가 트렌드잖아요.

서 _ 어쩌다 정 부회장하고 트위트질을 하게 됐는지. 트친은 아닐 테고.

문 _ 누가 리트위트한 걸 우연히 봤어요. 경제신문에 신세계 복리후생에 관한 기사 났다고 자랑했다더라고. 그래서 "주변상권은 다 붕괴시키면서 회사직원 복지만 챙기면 되는 거냐구여?"라고 가볍게 잽을 날렸죠.

한 _ 정 부회장이 조국 교수와 '피자논쟁'을 할 땐 가만히 있다가 왜 뒤늦게 '욱'했어요?

문 _ 에스에스엠(SSM, 기업형 슈퍼마켓)이 민감한 때에 자기들 복리후생 자랑만 하고 있으니까.

서 _ 이마트에서 피자 파는 게 뭐가 잘못이죠?

문 _ 한국 최고 유통기업이면 글로벌하게 경쟁해 비전과 전략을 찾아야지 피자 팔아 얼마나 벌겠다고…. 유럽의 마트에선 술도 못 팔게 해요. 영세 상인 보호하려고.

대기업 오너는 '소통하는 척'만 하는가

서 _ 월마트 논쟁이라고, 대형유통회사가 들어왔을 때 인근 중간규모 슈 퍼마켓과 구멍가게가 소멸하는 게 과연 미국 경제에 도움이 되느냐. 독일 은 소규모 상가의 10% 매출 하락이 예상되면 입점이 안 돼요. 프랑스는 91평 이상의 점포가 도심에 들어올 땐 허가가 너무 까다로워 파리 중심부 엔 대형마트가 없어요. 하지 말라는 거지.

한 _ 그게 '베니스의 상인법'이지. 미국은 생필품 파는 월마트하고 식료품 파는 세이프웨이에서 파는 물건 종류가 달라요. 한국은 그게 한 건물 안 에 있어. 근데 이게 하나 들어서면 구멍가게 몇 개가 문을 닫느냐는 거죠. 요즘은 일부러 동네 구멍가게에서 물건을 사요.

서 _ 정 부회장이 소비를 이념적으로 하느냐고 했는데 모르고 하는 이야 기죠. 음식에는 이데올로기가 맛의 상당 부분을 차지하죠. 피자만 해도 이탈리아계 이민자들이 숫제 거리에서 팔아대면서 퍼진 거잖아요. 감자, 옥수수 내력을 알면 절대 그 소리 못 하죠. 프랑스혁명은 곧 빵을 달라죠.

대중은 칼로리만 채워 넣는 게 아니라 거기 깃든 다양한 문화와 가치도 소비하는 거거든. 근래 커피니 하는 게 비물질적 기호사냥 요소가 강하죠. 공정무역, 착한 소비는 다 뭔가요. 그마저 대형 유통자본이 '이념'을 먹는데. 이마트의 싼 피자에는 노조무력화 경영이라는 '거룩한 철학'과 저임금 비정규직 노동자의 눈물이 스며 있어요.

문 _ 신세계 같은 대기업이라면 서민과 더불어 사는 상생과 사회적 책임을 고민해가면서 경영을 해야죠. 윤리경영이란 게 뇌물 안 받고 그런 소극적인 의미가 아니에요.

서 _ 신세계가 원래 이상의 《날개》에 나오는 '미쓰코시 백화점'이죠. 식민지 한국의 허영과 사치, 소비유통을 상징하는 르네상스식 건물. 윤리가 없으면 자본은 깡패나 마찬가지죠. 빅3 백화점 매출에서 신세계가 22%(2008)로 롯데에 이어 2등이죠. 이마트는 전체 할인점 매출 35%로 1등, 연매출 10조(2009)가 넘죠. 대형유통회사들이 고용한 노동자 중 70%가 여성인데, 그중 80%가 비정규직이에요. 그런데 후생복지 운운하면…. '알바'라고 부르는 나쁜 일자리(여성노동의 주변화, 성불평등 등)가 유통·서비스를 중심으로 일반화하고 있어서 큰일이죠.

한 _ 비정규직 80%는 '우리 직원들' 문제가 아니다라는 거지. 여기서 '우리'란 용역이나 파견직 빼고 정규직만을 지칭한 거죠.

서 _ 피자논쟁을 대하면서 노동법 기조를 바꿔야 한다는 생각이 강하게 들었어요. 기존 노동법이 공장제 체계 산물이라면, 이미 유통과 서비스 분야가 너무 커졌잖아. 이제 이쪽으로 이동해야 해. 노동법의 질적 전환이 필요하다는 거죠.

한 _ 정말 중요한 지적인데, 전태일 40주기를 맞아 또 노동자(금속노조 구미 지부장 김준일)가 분신을 했잖아요. 전태일이 "근로기준법을 지켜라"라고 한 게 그때 근로기준법이 좋았거든. 지킬 생각 없이 만들었으니까(웃음). 지금 이마트의 비정규직 여성 노동자라면 뭘 지키라고 하면서 싸워야 할까. 그 사람들을 보호해줄 법적 체계가 없어요.

서 _ 한 교수가 평소에 하는 말처럼 "헌법을 지켜라"라고 해야죠. 현행 헌법 119조 '시장지배력 남용하는 일 막기 위해서 규제와 조정을 할 수 있다.'

한 _ 그래서 개헌한대잖아. 대통령 중임제가 핵심이지만 속마음은 119조를 없애는 걸 거야.

문 _ 이번에 본의 아니게 설전하면서 대기업 오너의 소통이란 게 뭔지 알았죠. "어, 나 트위트도 해." 내가 지적한 문제는 피하고 '반말했다'만 물고 늘어져(웃음). 듣기 싫은 말 하면 트위트에서 언팔하고 블록하고. 쓴 이야기를 들을 귀가 있어야 소통이죠.

서 _ 소통 제스처, 소통 쇼죠. 지배 세력의 케케묵은 상투적 대중지배전술.

문 _ 정 부회장 말에서 뺄 수 없는 게 "아무리 왼쪽에 서 계셔도 분노는 줄이도록 하세요. 사회가 멍듭니다"라는 거였어요. 대기업 패악이 얼마나 많아요. 배임, 횡령, 비자금, 탈세, 불법상속…. 가진 자들의 탐욕과 부패가 대한민국을 멍들게 하는데, 그걸 항의하고 개선하라는 요구가 멍이라니 적반하장이죠.

초강력 모바일 시대, 저작권의 갈 길은

서 _ 부패를 검경, 세무, 관료, 국회의원 등 정치인이라는 재벌 장학생 나으리들이 법과 제도와 애정으로 보필해주시니 대개 무죄이자 죄를 지어도 곧 특사죠.

문 _ 가진 자들이 도덕성과 책임성을 높이지 않고서 선진국이 될 수 없어요. 노조도 못 만들게 하면서 무슨 글로벌을 말해요.

서 _ 자본의 야만성인데, 야만의 정당화에 빠다 칠을 한 게 '비즈니스 후렌들리'죠. 강자가 다 처먹는 게 법과 세상이라고 까놓고 말해버리면 차라리 낫죠.

한 _ 흔히 "사자와 토끼를 한 우리에 넣어놓고"라고 하는데 원래 블레이크가 비유할 때는 '사자와 소'였죠. 동물원에서 사자에게 야성을 잃지 말라고 산 채로 던져주는 '음식'이 토끼지(웃음). 정 부회장 입장에선 '낡였다'고 볼 수 있겠어요. 반말에 흥분해서.

문 _ 욱해갖고 내 과거를 들이대는데 참담한 분노를 느꼈어요. 자기가 대기업 하면서 큰소리칠 수 있는 오늘의 역사를 누가 만들었느냐는 거죠. 독재 시절 감옥 가고 고문당하면서 세상을 바꾼 사람들이 없으면 불가능했죠.

한 _ 민주화해서 죽 쒀서 개 준 거죠. 그런데 '분노'가 많은 건 사실 아닌가요?(웃음)

문 _ 출산율 최저, 자살률 최고… 죽음의 구렁텅이로 빠져드는 이 모순덩어리 생명을 죽이는 사회에 살면서 어떻게 분노하지 않을 수 있어요.

한 _ 80년대에 "슬픔도 분노도 없이 살아가는 자는 조국을 사랑하지 않는

자"라는 말이 있었죠. 문 대표는 피시통신 시절부터 통신업 일을 하다 사양길로 접어드는가 싶더니 부활했는데.

문 _ 나우누리는 선사시대 브랜드인데 여전히 살아 있죠. 통신환경의 비약적 발전이 있었고, 지금은 초고속 인터넷에서 무선 인터넷으로 확장되어가는 또 한 번의 전환기로 메가트렌드가 시작되고 있죠. 세상에 미치는 영향이 유선이 10이라면 모바일은 곱하기 10이죠.

서 _ 인터넷에서 정작 표현의 자유는 거꾸로 가고 있죠.

문 _ 댓글을 쓰려면 10만 명 이상 사이트에선 반드시 실명인증을 해야 해요. 정보통신망법상의 불법정보유통 금지조항을 자의적으로 해석해 게시물 삭제처리를 제멋대로 하고. 수사기관이 개인 통신기록을 거의 무제한 열람하죠. 검찰, 경찰, 군, 국정원, 국세청, 금감원, 공정위, 문광부 저작권 특별수사팀까지. 자동차가 막 발명됐던 빅토리아 시대 우스꽝스런 법(Red Flag Act)이 있는데, '자동차 1대엔 반드시 운전수 3명이 있어야 한다. 1명은 붉은 깃발을 들고 55m 앞을 달리면서 자동차가 온다는 걸 알려야 한다. 최고 속도는 6.4km.'

한 _ 저작권에 대해서도 할 말이 많을 텐데.

문 _ 인터넷이 삶의 3대 축이라 할 학습, 노동, 오락을 다 바꾸고 있어요. 지금 저작권법은 콘텐츠가 굉장히 귀할 때 만들어진 거예요. 아날로그적 관점에서 콘텐츠 유통체계와 질서를 보호해주는 게 저작권 기본 뼈대죠. 디지털 시대엔 어떻게 그 문화 향유를 장려할 거냐는 마인드가 있어야죠.

서 _ 디지털 시대엔 저작권 문제에 새롭게 접근해야 해요. 사실 콘텐츠 대부분을 제국주의가 생산하고 있어요. 여러모로 카피레프트운동은 필요합니다. 지식정보사회에선 지식독점이 계급독점, 국가단위 독점으로 이어지는 거죠. 지식독점 해체 없이 선량한 사회는 어렵죠. 그걸 유지하는 게 베른협약(1886)에 기초한 저작권법인데, 저작물의 비영리적 접근과 사용은 전면 허용해야 합니다. 고작 개인 블로그에 사진 올리는 게 무슨 상업행위라고 통제합니까.

한 _ 학생 때부터 알아온 사이지만 촌놈 문용식이 인터넷 시대 선두주자가 되었어요. 당면 투쟁을 회피하지 않는 정신과 새로운 변화에 자신을 내

던지는 자세가 배어 있다 보니 의도하지 않게 논란의 중심이 되었네요.

서 _ 이번 트위트 논쟁은 단지 문-정 사이 댓거리가 아니에요. 이참에 에스에스엠 규제법을 사회 이슈로 재점화해 묵히고 있는 법안을 통과시켜야 해요. 자본의 최소 윤리성, 서민 보호를 명확히 해야죠. 문 대표는 싸움을 거두지 말고(웃음). 서민 운운하는 정당들은 존재 이유를 증명해야 하고.

트위트만 하지 말고 사이버 피자 팔아보라

한 _ 비정규직과 여성노동, 그 첨단에 대형유통자본이 서 있죠. 이랜드와 뉴코아 백화점 등 최근 벌어진 주요 비정규직 투쟁의 상당수가 유통이거든. 이건 진보진영의 재구축과 민주진영 재집권전략에서 핵심입니다. 이거 빼놓고 정치공학이나 민주진영 이합집산 골백번을 해봐야 소용없어요.

서 _ 이걸 한마디로 묶어 '피자전투'라고 이름 붙이고 싶습니다. 비정규직, 소상인 등 핵심 문제가 유통·서비스업에 있는 만큼 피자전투에서 기필코 승리해야 합니다. 문 대표는 트위트를 접지 말고 계속하라!(웃음) 정 부회장은 물론 독자들에게 트위트를 날린다면.

문 _ 기업도 사람이다.

서 _ 좀 더 길게, 140자로.

문 _ "기업은 사람 공동체다. 이 시대 화두는 '함께 살자.' 정규직과 비정규직, 대기업과 영세상인이 모두 함께! 기득권자들의 사회적 책임이 정말 중요하다."

한 _ 트위트만 하지 말고 문 대표도 사이버 피자 팔아봐요.

서 _ '아프리카 피자' 판매하세요(웃음).

문 _ 사이버 피자를 팔아야겠네. 별풍선(현금화하는 사이버 머니) 말고 피자 아이템을 한 판 주는 걸로.

서 _ 지금 국회에서 자본·보수·친외세(FTA 관련)가 연합해서 서민과 500m 경주를 하고 있는 셈이거든요. 구멍가게 500m 이내 에스에스엠을 규제하자는 법. '이마트가 저마트가 될 때까지.' 피자전쟁에서 승리하시길.

개념 있는 사장님, 투표일엔 2시간 늦게 출근

2011년 4월 27일, 성남 분당 을과 강원도 등지에서 재보선이 있었다. 재보궐 선거일은 공휴일이 아니어서 직장인들이 투표에 참여하기가 어려웠다. 나우콤 직원들에게 2시간 유급 휴가를 주기로 했다는 결정이 트위터에 퍼지면서 순식간에 나는 '개념사장'이 되었다.

문용식 나우콤 대표는 지난 18일 오후 자신의 트위터에 "시민단체 '직장인작은권리찾기'(작은권리)가 재·보선 유권자인 근로자에게 2시간 유급휴가를 보장하도록 선거법 개정운동을 벌입니다. 나우콤은 여기에 동참하는 뜻에서 해당 직원에게 2시간 유급휴가를 주기로 결정했습니다"라는 글을 올렸다.

문 대표는 19일에도 트위터에 글을 올렸다. 그는 "나우콤이 재·보선 투표를 위해 휴가를 주기로 결정한 것에 대해 칭찬의 무한 리트윗(RT)이 쏟아지고 있다"며 "사회구성원으로서 당연히 할 일을 한 것뿐인데, 칭찬을 많이 해주시니 고맙습니다"라고 전했다.

4·27 재·보선 투표에 직장인들이 참여할 수 있도록 유급휴가를 주자는

켬있는 사장님 "투표일엔 2시간 늦게 출근"

시민단체, 유급휴가 도입 제안
나우콤·아사달 등 줄줄이 동참

…나우콤 대표는 지난 18일 오…리 트위터에 "시민단체 '직장…리찾기'(작은권리)가 재·보…자인 근로자에게 2시간 유급…보장하도록 선거법 개정운동…다. 나우콤은 여기에 동참하…서 해당 직원에게 2시간 유급…주기로 결정했습니다"라는 글…다. …표는 19일에도 트위터에 글을 …그는 "나우콤이 재·보선 투…표를 위해 휴가를 주기로 결정한 것에 대해 칭찬의 무한 리트윗(RT)이 쏟아지고 있다"며 "사회구성원으로서 당연히 할 일을 한 것뿐인데. 칭찬을 많이 해주시니 고맙습니다"라고 전했다.

4·27 재·보선 투표에 직장인들이 참여할 수 있도록 유급휴가를 주자는 시민단체 '작은권리'의 제안이 상당수 기업에서 호응을 얻고 있다. 나우콤의 뒤를 이어 도메인 호스팅 업체인 아사달(대표 서창녕)과 무선통신장비 제조업체인 데이타젠시스템(대표 강경원) 등도 동참하기로 했다. 강경원 데이타젠시스템 대표는 "경기 성남 분당구에 사는 직원들이 서울 구로구의 회사에 출근하려면 6시30분에 나와야 하기 때문에 투표 참여가 어려울 것이라 생각했다"며 유급휴가 시행 배경을 밝혔다. 강 대표는 "선거 때마다 직원들에게 유급휴가를 보장하겠다"고 덧붙였다.

운동을 주도하고 있는 작은권리는 "동참하기로 한 회사에는 이름 밝히기를 꺼리는 중소기업 5곳이 더 있다"며 "대기업의 참여를 이끌어내 흐름을 만들면 동참 기업이 급격히 늘어날 것"이라고 말했다.

누리꾼의 반응도 뜨겁다. 작은권리 블로그에서 ID '꿈사랑'은 "대박 아이디어입니다. 각자의 권리를 찾기 위해 소중한 개선의 의지가 힘을 합할 때 그 의미가 더욱 커질 거라 믿습니다"라는 응원 글을 올렸다.

작은권리 측은 "20일 전국경제…합회를 찾아 협조를 요청하고, 박…(주)두산 회장, 정용진 신세계 부…에게도 트위터를 통해 유급휴가 …기업에 동참할 것을 요청할 예정…라고 밝혔다. 작은권리 대표인 정…변호사는 "근로기준법에는 '근로…선거권 행사를 위해 필요한 시간…구하면 거부하지 못한다'고 규정…는데, 이번 기회에 투표할 시간…리 주는 방향으로 법을 개정하는 …을 펴나갈 것"이라고 밝혔다.

주영재 기자 jyeongi@kyunghyang.…

시민단체 '작은권리'의 제안이 상당수 기업에서 호응을 얻고 있다. 나우콤의 뒤를 이어 도메인 호스팅 업체인 아사달(대표 서창녕)과 무선통신장비 제조업체인 데이타젠시스템(대표 강경원) 등도 동참하기로 했다. 강경원 데이타젠시스템 대표는 "경기 성남 분당구에 사는 직원들이 서울 구로구의 회사에 출근하려면 6시 30분에 나와야 하기 때문에 투표 참여가 어려울 것이라 생각했다"며 유급휴가 시행 배경을 밝혔다. 강 대표는 "선거 때마다 직원들에게 유급휴가를 보장하겠다"고 덧붙였다.

운동을 주도하고 있는 작은권리는 "동참하기로 한 회사에는 이름 밝히기를 꺼리는 중소기업 5곳이 더 있다"며 "대기업의 참여를 이끌어내 흐름을 만들면 동참 기업이 급격히 늘어날 것"이라고 말했다.

누리꾼의 반응도 뜨겁다. 작은권리 블로그에서 ID '꿈사랑'은 "대박 아이디어입니다. 각자의 권리를 찾기 위해 소중한 개선의 의지가 힘을 합할 때 그 의미가 더욱 커질 거라 믿습니다"라는 응원 글을 올렸다.

작은권리 측은 "20일 전국경제인연합회를 찾아 협조를 요청하고, 박용

만 ㈜두산 회장, 정용진 신세계 부회장에게도 트위터를 통해 유급휴가 보
장기업에 동참할 것을 요청할 예정"이라고 밝혔다. 작은권리 대표인 정영
훈 변호사는 "근로기준법에는 '근로자가 선거권 행사를 위해 필요한 시간
을 청구하면 거부하지 못한다'고 규정돼 있는데, 이번 기회에 투표할 시간
을 미리 주는 방향으로 법을 개정하는 운동을 펴나갈 것"이라고 밝혔다.

@green_mun
문용식

시민단체 '직장인 작은권리찾기'에
서 재보궐선거 유권자인 근로자에게
2시간 유급휴가를 보장하도록 선거
법개정운동을 벌입니다. 나우콤은
여기에 동참하는 뜻에서 해당 직원
에게 **2**시간 유급휴가를 주기로 결
정!

4월 18일 via Twitter for iPhone
☆ 관심글 담기　⇄ 리트윗　↩답글

@green_mun
문용식

나우콤이 국내 최초로 재보선 투표
를 위해 **2**시간 유급휴가를 주기로
결정한 것에 대해 칭찬의 무한**RT**가
쏟아지고 있습니다. 사회구성원으
로서 당연히 할 일을 한 것뿐인데, 칭
찬을 많이 해주시니 고맙습니다.

4월 18일 via Twitter for iPhone
☆ 관심글 담기　⇄ 리트윗　↩답글

운동

계란으로 바위 치기,
바위를 깨트리다

평생 마음에 지닌 빚

《꾸준함을 이길 그 어떤 재주도 없다》 에필로그에 실린 글이다.
민주화운동에 투신했던 20대 시절, 그 10년의 삶이 정리되어 있다.

부마민주항쟁과 10·26이 있었던 1979년은 유신정권이 최후를 향해 달려
가던 때였다. 그 누구도 제어할 수 없는 독재권력의 말로가 임박한 시기.
그러다 보니 정부의 탄압도 엄청났다.

유신정권 시절 중앙정보부는 서울대 법대 교수를 연행해 고문하다 죽
여서 실족사로 꾸몄다. '인혁당 사건'의 희생자들은 사형 선고 하루 만에
사형이 집행되는 세계 사법 사상 초유의 '사법살인'을 당하기도 했다. 일
본이 안중근 의사를 처형할 때도 그렇게 하지는 않았다. 제도를 이용해 살
인을 자행하던 시대, 헌법을 개정하자고 말만 해도 '긴급조치 9호'로 징역
을 살던 시대. 나는 그해 서울대 국사학과에 입학했다.

사회 곳곳에서는 상상하기도 힘든 부조리가 양산되었다. YH 사건도 그

렇다. 기업주가 회사 돈 다 들고 미국으로 도망갔는데 체불임금 달라고 시위하는 여성 근로자들을 정권이 앞장서서 죽이는 상황. 정권이 끝을 향해 달려가는 그 시기에 우리 사회는 모든 게 반인륜적이었다.

그런 사회적인 모순에 저항해서 싸울 수 있는 유일한 세력은 학생밖에 없었다. 정치권은 거수기로 전락했고 회사에는 노동조합이라는 것도 없었다. 그런 시절에 대학생활을 시작했으니 당연히 할 수 있는 일은 운동밖에 없었다. 당시 대학생은 국민을 위해 대신 싸울 수 있는 특권을 가진 자이자, 동시에 책무를 떠맡은 집단이었다.

나는 서울대 운동권 중에서도 본류 중의 본류에서 활동했다. 그러다 보니 대학에서 받을 수 있는 온갖 징계란 징계는 다 받았고 교도소도 세 번이나 다녀왔다.

첫 번째 구속

1981년 3월, 광주항쟁 이후 첫 번째 대규모 교내 시위였던 '3·19 시위'를 주도하다가 붙잡히고 첫 번째 구치소 생활이 시작되었다.

당시 상황은 이랬다. 외적과 싸우라고 국민의 혈세로 만들어진 군대가 국민을 향해 총부리를 겨눈 광주항쟁은 국민 모두의 치를 떨게 만들었다. 공포정치가 극에 이르고 몸에 문신이 있다는 이유만으로 이발하다가 삼청교육대에 끌려가던 시절이었다. 신군부가 광주를 접수한 이후 자행한 국민 탄압은 유신정권보다 더 심했다. 유일하게 정부를 향해 목소리를 내던 대학생들은 조직사건으로 구속되거나 군대로 끌려갔다. 세상은 쥐죽은 듯 엎드려 겨우 숨만 쉬고 있었다.

그리고 1981년 3월, 전두환 장군이 대통령 자리에 취임하기로 되어 있었다. 학생운동 세력 대부분을 일망타진했다고 판단한 공안당국에서는 적어도 몇 년간은 대학가가 조용할 거라고 장담했다. 그때 '웃기지 말라'는 듯이 '전두환 대통령 취임 반대'를 내걸고 대규모 시위를 벌인 게 바로 3·19 시위였다.

학교가 난리가 났다. 수천 명의 학생들이 몇 시간 동안 교내를 뒤집고 다니면서 시위를 했다. 서울대에서 불씨를 당기니까 서울에 있는 다른 대학은 물론 지방에 있는 대학까지 학생운동이 들불처럼 살아났다. 공안당국에서 불씨까지 죽였다고 자랑하던 반정부 민주화운동 세력이 3·19 시위를 기점으로 전열을 재정비하게 되었다.

광주의 화장터

이렇게 해서 집시법으로 첫 번째 징역을 살았다. 다행히 학생시위에 집시법을 적용한 지 거의 초기 사건인지라 10월형을 살고 나왔다. 나보다 불과 몇 개월 후에 시위를 한 학생들은 2년 6개월형이 '정량'이었다.

나는 출감하고는 고향 광주로 낙향했다. 1982년은 1년 동안 사례지오 고등학교에서 자격 없는 강사로 아이들에게 국사를 가르쳤다. 하지만 그것도 오래가지 못했다.

광주항쟁 당시 전남대 총학생회장이었던 박관현이 광주교도소에서 단

식투쟁 중에 사망하는 사건이 벌어졌다. 전남대 학생들은 곧바로 반정부 시위를 일으켰고 나에게 유인물 작성을 부탁해서 써주었다. 이번에는 중앙정보부에 붙잡혀 갔다. 광주의 중앙정보부는 화정동에 있었던 터라 광주 시민들 사이에 일명 '화장터'로 불리던 곳이다. 그곳에 끌려가서 몇 날 며칠을 죽도록 맞았다. 받는 질문도 똑같다.

"배후가 누구냐?" "북한에 언제 갔었냐?" "노동당에 언제 가입했냐?" 등.

나는 "유인물만 써줬다"고 사실대로만 대답했다. 믿지 않았다. 종이와 펜을 주면서 네가 쓴 게 맞는지 한번 써보라고 했다. 내가 쓴 문구다 보니 머릿속에 다 외우고 있었다. 거의 똑같이 썼다. 그들도 그제야 믿었다.

광주지법 재판장에 섰더니 합의부 배석 판사 자리에 고등학교 서클 선배가 앉아 있었다. 얼마나 반가웠는지 모른다. 하지만 그 선배는 두 번째 재판부터 보이지 않았다. 나중에 후배 재판하는 게 괴로워 재판 기피신청을 했다는 사실을 알게 되었다.

1980년대는 그처럼 사회에 아픔이 많은 시기였다. 거의 비슷한 시기에 같은 고등학교와 대학에서 생활했는데 누구는 푸른 수의를 입은 죄수였고 누구는 재판석에 앉은 판사였다. 현실은 항상 드라마보다 극적이었다. 이번에는 1년형을 선고받고 광주교도소에서 복역했다.

김근태… 압니다

세 번째는 1985년 '깃발-민추위(민주화추진위원회)' 사건이었다. 광주교도소를 출감하고 마침 학원 자율화 조치가 내려져서 학교에 복학할 수 있었다. 나는 학생운동이 노동운동과 강력히 연대투쟁을 벌여야 한다고 주장했고 그 일환으로 '민주화추진위원회'라는 지도조직을 만들었다.

민추위 조직의 주장을 담아 유인물 '깃발'을 발행했다. '깃발'의 파급력은 엄청났고 곧바로 전체 학생운동의 흐름을 바꾸어나갔다. 그러자 언론에서 '드디어 자생적 사회주의자가 학내에서 활동한다'는 분석기사가 나오기 시작했고 검찰, 경찰, 안기부에서 수사망을 좁혀왔다. 나는 이곳저곳 은신해 다니다가 1985년 8월 말에 검거됐다. 이번엔 남영동 대공분실로 끌려갔다. 장소는 바뀌었다. 하지만 그들의 질문은 변함없었다.

"배후가 누구냐?"

고문당하는 게 순서가 있다. 5층 조사실로 정신없이 끌려 올라갔다. 10여 명에게 둘러싸여 정신없이 맞는다. 주먹질, 발길질, 몽둥이질. 몇 시간 동안 맞고 나면 공포 속에서 녹초가 된다. 반 실성 상태가 되는 것이다.

그 정도 되면 정신과 몸이 모두 의식을 잃어버린다. 그 상태에서 몸에 한 오라기 남기지 않게 옷을 벗기고 '칠성판'이라는 물고문 틀에 몸을 묶는다. 공포 영화에서나 보았던 두꺼운 가죽 벨트로 발목, 무릎, 허리, 가슴을 차례로 묶는다. 악명 높은 칠성판! 칠성판은 본래 관 속 바닥에 까는 얇은 널조각을 일컫는 말이다. 칠성판에 묶인다는 것은 이제 곧 죽을 고비에 빠진다는 뜻이었다.

칠성판에 묶이면 손가락·발가락 정도만 까딱할 수 있다. 그 상태에서 얼굴에 수건을 덮고 물을 붓기 시작한다. 숨을 쉬어서 수건이 얼굴에 착 달

김근태 전 의장. 김대중 대통령과 함께
가장 존경하는 정치인 중 한 분이다.

라붙는 상태에서 계속 물을 부었다. 그렇게 코로 물이 계속 들어가면 모든 것을 토하게 된다. 그러면 잠깐 살려둔다. 잠시 후 좀 괜찮아졌다 싶으면 다시 시작한다. 또 실신한다. 이게 끝없이 반복된다. 물어보는 건 똑같다.

"배후가 누구야?" "북한 언제 갔다 왔어?" "노동당 언제 가입했어?"

고문하는 그들도 내가 북에 갔다고 믿어서 물어보는 게 아니다. 대책 없는 질문을 던져 사람을 자포자기에 빠트리려는 것일 뿐이다. 남영동 대공분실 사람들은 죽지 않을 정도로 고문도 참 잘했다. 숨이 헐떡헐떡하면 살려주고 살아나면 다시 고문하고.

그러다 어느 순간 질문이 바뀐다.

"김대중 언제 만났어?"

그때까지도 김대중은 빨갱이이자 재야 운동권의 배후 인물이었다.

"예, 만났습니다."

내가 정말 생전에 단 한 번이라도 김대중을 만난 적이 있다면 그렇게 시인했을 것이다. 또다시 반복되는 터무니없는 질문과 계속되는 고문…. 점차 막바지에 이른다.

"민청련 회원이지? 김근태 언제 만났어?"

그들의 목적은 민청련 의장 김근태를 잡는 것이다. 말하자면 김근태를 민추위 배후로 조작해서 감옥에 넣으려는 술책이다. 민청련이라는 조직은 알고 있었지만 함께 움직인 일이 없었고 김근태와도 일면식 외에는 특별한 관계가 아니었다. 근데 지푸라기라도 잡는 심정으로 '안다'고 자백했다. 그 자백과 동시에 경찰서 유치장에 있던 김근태는 남영동으로 끌려왔다.

501호 가장 큰 방을 그곳에서는 VIP룸이라 부른다. 진행되는 사건의 가장 큰 거물이 잡혀오면 수사를 하는 곳이다. 거기서 고문을 받던 나는 앞방으로 옮겨졌다. 그리고 그 방에 김근태가 끌려와 고문받기 시작했다. 방음장치가 되어 있는데도 비명소리가 얼마나 큰지 내 귀에 다 들렸다. 특히 밤중에 들려오는 비명소리는 내 귀를 후벼 팠다.

당시 민청련은 오픈된 공간이었다. 주로 학생운동에서 제적된 사람들이 활동했다. 그 세계에 있는 사람들끼리는 이름 석 자를 모를 리 없다. 그저 내가 고문 끝에 뱉은 '안다'라는 말 한마디 때문에 옆에서 사람이 죽어가고 있었다.

한때 김근태를 거의 불구로 만든 이근안 고문 사건이다. 남영동 대공분실은 김근태를 고문한 끝에 원하는 바를 얻었고 민청련 간부 상당수를 구속했다. 그 일로 나는 7년형을 받았다.

세 명의 죽음

당시에는 정말 목숨을 걸어놓고 운동했다. 나도 곧 쥐도 새도 모르게 끌려가서 죽을 수도 있겠다는 생각도 많이 했다. 하지만 그래도 어쩔 수 없다는 각오로 운동했다. 근데 정작 나는 살아 있고 실제 죽은 것은 주변 사람들이다. 그게 더 가슴 아프다.

'깃발-민추위' 사건을 주도했던 후배들 중에서 유일하게 붙잡히지 않고 도망 다니는 후배가 있었다. 그를 잡기 위해 주변 수사가 끈질기게 진행되었다. 그에게는 박종철이라는 후배가 있었다. 그는 피신생활 도중에 잠깐 박종철 집에 들렀다.

남영동 대공분실에서 그 사실을 알고 '깃발-민추위' 사건과 관련이 전혀 없는 박종철을 남영동에 끌고 가서 고문을 시작했다. 남영동 대공분실 요원들이 너무 서둔 탓인지 박종철은 그 자리에서 허망하게도 죽고 말았다.

서울대생 박종철 고문치사 사건! 박종철 고문 사건은 학생운동을 넘어 우리 사회 전반에 민주화운동 불을 지폈고 1987년 6월 항쟁의 기폭제가 되었다.

내가 처음 주도했던 3·19 교내시위 관련해서도 한 학생이 죽었다. 3·19 시위의 멤버들 중에서 붙잡히지 않은 동료가 5월에 다시 시위를 벌였다. 그 시위가 한창이던 와중에 서울대생 한 명이 도서관 5층에서 뛰어내렸다.

도서관에서 공부하다가 학내 시위 현장을 보고 마음은 합류하고 싶은데 몸은 움직이지 않아 고민하다가 도서관에서 뛰어내린 것이다. 서울대 경제학과 김태훈. 투신사였다.

그리고 '깃발' 조직원 2년 후배 우종원은 수배생활하던 중에 시골 근처 경부선 철로 변에서 죽은 채로 발견됐다. 지금까지도 의문사로 남아 있다. 고문사를 당한 박종철, 투신사한 김태훈, 의문사로 남아 있는 우종원. 죽음으로 맞선 1980년대, 모진 세월이었다.

미안하다. 평생 마음의 빚으로 생각하며 살고 있다. 운동을 하면서 '대의'를 위해 개인의 삶은 죽여야 한다고 말했다. 민주화라는 대의가 이루어지기까지 이루 다 말할 수 없을 정도로 많은 희생이 있었다. 그들의 희생으로 지금 우리 사회가 만들어졌다는 사실을 한시도 잊지 않고 있다.

남영동 대공분실이 지금은 경찰인권기념관으로 바뀌었다. 그곳 5층 박종철이 물고문 받다가 죽임을 당한 곳에는 박종철 영정이 늘 걸려 있다. 내 마음속 한편에 항상 그 시절의 대의와 그분들의 희생이 자리 잡고 있다.

나를 믿어준 여자

1984년 아르바이트로 '풀빛'이라는 이름의 출판사에서 일을 한 적이 있다. 그곳에서 나는 경제학 사전 번역 출판하는 아르바이트 일을 했다. 일주일에 2~3일 출근했던 것 같다. 그녀는 당시 그곳의 편집부원이었다. 우리는 그렇게 처음 알게 되었다.

출판사는 영세했다. 건물도 낡았고 책상도 낡았다. 그 안에 있는 모든 게 낡았다. 건물 관리하는 아주머니가 특별히 있는 건물이 아니어서 사무실 바닥 청소도 직원들이 직접 했다. 나는 지금도 그렇지만 당시에도 항상 출근시간보다 먼저 출판사에 나갔다.

아무도 없는 사무실 문을 열고 창문을 열고 바닥 청소를 했다. 박박 문지른 다음 화장실 대야에 대걸레를 빨았다. 그리고 깨끗이 빤 대걸레를 거꾸로 걸쳐놓을 때 정말 기분이 뿌듯했다. 누가 시킨 것도 아닌데 사무실에 출근하는 게 좋고 누구보다도 일찍 출근해서 아무도 없는 틈에 청소하는 게 좋았다. 신나게 했다.

성실한 남자와 남자를 잘 볼 줄 모르는 여자

그녀는 나의 그런 모습이 씩씩해 보여서 호감을 가졌다고 나중에 고백했다. 당시 그녀가 생각하는 이상적인 배우자는 성실하고 평범한 사람이었다. 아르바이트생이 매일 아침 사무실 청소를 도맡고 있으니, 그것도 콧노래 부르면서 즐겁게 청소하고 있으니 얼마나 성실해 보였겠는가. 선량한 눈매가 운동권 같아 보이지도 않았다고. 오래지 않아 우리는 연인이 되었다. 성실한 남자와 남자를 잘 볼 줄 모르는 여자였다.

내가 골수 운동권이라는 사실을 아는 데는 많은 시간이 필요하지 않았다. 사귄 지 얼마 되지 않아서 수배생활이 시작되었으니까. 내가 도망 다닐 때 가장 많이 도와준 게 그녀였다. 덕분에 그녀도 한 달간 구치소에서 살았다. 이적단체 수괴의 은닉을 도와준 죄였다. 9시 뉴스에 '깃발-민추위' 조직도가 그려져 나왔는데 위원장 내연의 여자로 함께 이름이 올라갔다. 참 희한한 세상에서 나 때문에 쓸데없는 고생까지 했다.

그녀는 내 옥바라지를 다 해주었다. 당시 국가보안법 위반 사건 구속자들의 옥바라지는 직계 존비속이 아니면 안 되었다. 우리 어머니나 여동생만 되는 것이다. 약혼녀도 안 된다. 직계 존비속이 아니면 면회도 안 되고 편지를 주고받을 수도 없었다. 우리 어머니는 연로하셨고 여동생은 중학생이었다.

그녀가 과감한 결단을 내렸다. 친오빠에게 사정을 이야기했고 도와달라고 했다. 상황이 이래서 혼인신고를 해야 한다고. 그렇게 해서 그녀는 친정엄마 몰래 감옥 사는 나하고 혼인신고를 했다. 그녀는 자취생활을 정리하고 어머니와 여동생이 살고 있는 서울 조그마한 집으로 거처를 옮겼다. 그녀가 집사람이 되는 순간이다.

아내는 3년 반 동안 내 옥바라지를 하면서 시어머니를 모시고 어린 시누이를 챙겼다. 주변에서 아내를 평생 업고 살라는 이야기를 많이 했다.

그러고 보니 행복한 놈입니다

7년형을 선고받은 세 번째 옥살이는 3년 넘게 이어졌다. 보통 감옥에 있으면 정신적으로 불안하고 육체적으로 힘들어서 어렵게 보내는 사람들이 대부분이다.

하지만 나는 그렇지 않았다. 안에서 굉장히 바빴다. 아침이면 일어나자마자 땀이 날 때까지 운동을 했고 낮에는 영어와 독어 어학공부를 했고 저녁에는 사회과학 공부를 하거나 문학 책을 보았다. 매일 하루도 쉬지 않고 그 스케줄대로 살다 보니 하루가 너무 바빴다. 시간도 굉장히 빨리 갔다. 징역 살면서 시간이 빨리 간다고 하는 사람은 아마 나밖에 없을 것이다. 그만큼 나는 징역 체질이었다.

복역 기간 동안 영어 원서를 정말 많이 봤다. 영어를 매일같이 공부하다 보니 어느 정도 도가 트였다. 우리말에 "문리가 트인다"는 말이 있지 않은가.

영어의 문리가 트이다 보니 영어 단어 뜻을 몰라도 대충 해석이 다 되었다. 그 어렵다는 〈이코노미스트〉도 술술 읽혔다. 다른 것은 모르겠고 영어에 대한 굉장한 자신감을 얻고 출소했다. 국제정치 전공으로 대학원에 들어간 것도 영어에 대한 자신감이 일부 작용했다.

출소를 앞두고는 '나가면 무엇을 하지?' 고민이 많았다. 인생 진로에 대한 고민이었다. 10년 운동을 했다. 운동을 계속해야 하나? 운동의 한계가 있지 않은가? 운동 10년에 대한 반성도 많이 했다. 무엇을 하든 사회에 뿌리내려야 한다. 직업을 가져서 10년은 한 우물을 파야겠다고 다짐했다.

출소일. 교도소 문을 열고 나가니 인생을 통틀어 가장 고마운 두 사람이 기다리고 있었다. 어려운 형편 속에서도 초등학교 시절부터 대학까지 계속 공부하게 해주신 어머니, 그리고 나 대신 우리 집안을 지켜준 아내 황경희. 두 사람은 크지도 작지도 않게 미소를 띠고 있었다.

인생길, 확실한 것은 아무것도 없었고 가진 것 하나 없었지만 그날만큼은 행복했다.

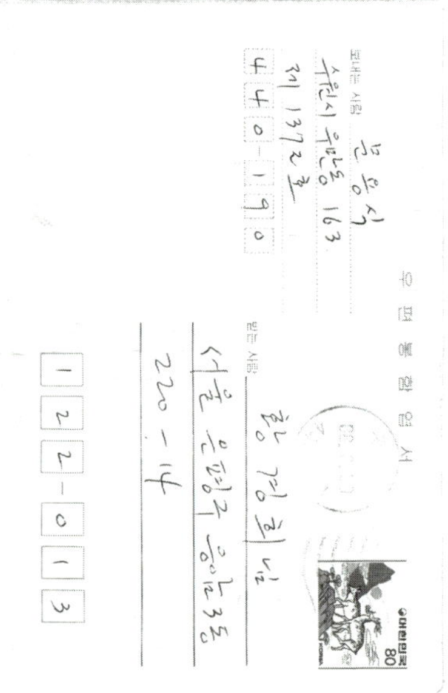

사랑하는 나의 아내에게

　그간 잘 지냈는지요. 해가 기울어가는 저녁시간, 초가을이 바로 언저리까지 가까웠음을 알리려는 듯 살랑살랑 바람이 불어옵니다. 한낮의 햇볕도 예전만큼 따가웁지 않고, 오히려 다사로와서 좋습니다. 올해의 여름도 또 이렇게 지나가는군요. 끼지않은 가슴이 에이도록 높고 시푸른 쪽빛 하늘이 천장 밖으로 펼쳐질텐데, 가슴속이 횡하니 바람에 부는듯한 허전함을 무얼로 달랠수 있을지 벌써부터 아련한 슬픔이 밀려오는군요. 흐르기 우연히 좀묵한 선생님의 숙기 한편을 읽었는데, 거기에기 이런 말이 나오더군요. 첫해는 재판이나 뭐는 신경쓰니보다 정신없이 지나간다, 둘째해는 이제 이별의 […]

[이하 본문은 판독이 어려운 필기체입니다.]

깃발-민추위 사건 _ 홍성우 변호사 증언

깃발-민추위 사건은 80년대 민주화운동사의 중요한 한 페이지를 장식했다. 대표적인 인권변호사였던 홍성우 변호사가 변호를 맡아 명 변론을 펼치기도 했다. 홍성우 변호사의 증언집 《인권변론 한 시대》(홍성우·한인섭 공저, 경인문화사, 2011)에 실린 나와 민추위 사건에 대한 증언록이다.

1985년부터는 학생운동이 매우 복잡한 혁명이론을 만들어내고, 치열한 이론논쟁이 벌어집니다. 반정부시위도 격렬하고 다양해지고요. 이렇게 새로운 학생운동의 본격적인 전개의 첫 테이프를 끊은 사건이 민추위 사건이 아닌가 합니다. 조금 전에 유시민을 불러 변호사들이 이야기도 듣고 했다고 했지만, 변호사로서 새로운 흐름에 따라가면서 준비해야 할 것도 달라질 것 같습니다.

지금부터 민추위와 문용식 사건 이야기를 합시다. 여기 기록에는 두세 부분으로 나눠져 있을 겁니다만, 문용식 사건과 깃발-민추위 사건이 다 사실상 한 건입니다. 나도 이 사건을 이야기하려면 공부를 많이 해야 돼요. 당시에도 변론을 하려면 새로운 공부를 아주 많이 할 수밖에 없었지요. 나는 사실 맑스-레닌 이런 건 모르거든, 읽을 생각도 안 했고요. 우리 세대에서는 그런 것 공부할 생각을 거의 안 했어요. 그런대 80년대 들어 혁명론 같은 게 튀어나오니깐, 변론을 하려는데 막막하지요. 뭘 알고 해야지, 그래서… 그때 새 이론 공부하느라 고생 많이 했습니다.

80년대 초반에는 국민들도 절망에 빠지고 학생운동도 표면화되기 어려웠지요. 그러다 83~84년에 오면서, 동토의 얼음을 깨기 시작한 게 민청련(민주화청년연합회)이었어요. 김근태가 주도하는 민청련이 깃발을 들기 시작합니다. 민청련의 운동에 대한 생각은 이랬어요. 종래 재래식의 명망가 위주나 야당을 믿고 하는, 또 미국에 기대하는 그런 민주화운동으로는 이제 안 된다. … 이런 절대적인 독재 앞에 그게 무슨 소용이 있느냐. … 그래서 소위 민족민주혁명에 의하지 않고는 이 정권을 쓰러뜨릴 수 없다. … 간단하게 말하면 그겁니다.

서울대 운동권에서 여러 갈래가 물론 있지만, 문용식을 중심으로 하는 민주화추진위원회(민추위) 멤버가 있었어요. 문용식, 안병용, 황인상, 윤성주 등 몇이 있어요. 이들은 민추위라는 조직을 만들고 '깃발1호' '깃발2호'를 만들어서 서울대학 운동권에 뿌렸습니다. 그런데 '깃발'이라는 유인물이 나오니까 정보당국에서 대경실색한 거야. 종래 운동권의 투쟁 방식하고 전혀 다른… 본격적인 혁명론이 나왔다, 그래서 거기에 대한 탄압이 또 시작되는데…. 그 중심에 문용식이라는 학생이 있었어요. 하여간 내가 여태까지 겪어본 학생운동가 중에 이론적으로 이렇게 탁월한 친구는 못 봤던 것 같아. 실제로 언변은 좀 어눌해요. 웅변가는 못 되는데, 글쓰기는 기가 막힌다고…. 나중에 문용식이 쓴 항소이유서를 읽어보세요. 80년대 학

민주화운동 시기 대표적인 인권변호사였던 홍성우 변호사

생운동론의 전범 같아요. 아주 잘 정리가 되어 있어요. 한 시대를 이해하는 교양서라는 의미에서 한번 읽어보라고 권하고 싶어요. 그때의 학생들의 고민이나 이런 걸 일목요연하게 이해할 수 있는 그런 겁니다. 비록 혁명론이고 좌경 색채가 강하고 하지만 그 내용을 읽으면서 보면 절절해요.

당시의 군부독재의 참혹한 탄압을 겪어본 사람으로서 여기에 공감하지 않기가 힘든 정도입니다. 문용식이 중심이 돼서 몇 사람이 민추위를 만들고, '깃발'을 제작하여 살포하고, 시위를 주동하고 이런 활동을 죽 한 것이 소위 '깃발' 사건입니다. '깃발'이라는 유인물로 당국의 수사가 시작되어, 잡혀서 재판을 받았어요. 공소장도 워낙 길고 그래서 제가 그 내용을 일일이 설명하기 어렵습니다. 대신 항소이유서 하나만 읽으면 이 사건을 알 수 있어요. 대학생이 과연 이렇게 정리를 할 수 있을까 하고 의심할 만큼 잘되어 있습니다.

항소이유서의 분량도 내용도 엄청나다는 것을 느꼈습니다.
문용식의 항소이유서의 머리말에는 1심재판에 대한 소감을 말하고 있습니다. 재판과정에서 그래도 진실을 밝히기 위해 최선을 다했다, 공소사실에서 부풀려진 부분과 잘못 기재된 부분을 하나하나 바로잡는 게 필요했기 때문이다, 유무죄나 형의 경중보다 조그마한 기록이나마 정확히 남기자는 것을 목표로 했다, 그런데 이게 뭐냐, 공소장과 한 자도 틀리지 않은 판결문을 내다니…. 그에 대해 맹렬히 비판하고 있습니다. "판결문이 240페이지나 되는데, 어떻게 그 많은 내용이 공소장을 그대로 베껴놓을 수 있느냐"는 거지요. 공소장을 그대로 베껴놓을 것이라면, 온갖 구색을 맞춰 재판하는 게 무슨 의미가 있는가 하고 사법부를 비판하고 있습니다. "스스로 권위를 깎아내리면서, 어찌 권력에 몸을 판 시녀라는 비난을 면할 수 있겠는가" 하고 사법부의 문제점을 지적하고 있고요. 이런 법이란 게 뭐냐, 이런 법의 심판을 보면, 법이란 게 "소수 지배집단이 대다수 민중을 탄압하는 도구밖에 안 된다. 이럴 때 법의 심판이란 건 무의미하다, 역사의 심판만이 있을 따름이다." 이렇게 시작한 점이 우선 눈에 뜨입니다.

유신과 5공 당시의 형사판결, 시국사건의 판결을 통해 법원은 스스로 '권력의 시녀'라는 굴욕적인 비판을 받지 않았습니다. 법의 지배 그 자체에 대한 회의와 비판이 쌓여가는 시대상을 표현한 것이겠지요? 항소이유서 분량이 방대한데, 초점이 무엇인가요?

우선 고문수사의 문제가 있고요. 검찰은 "수사과정에서 피고인들이 범행 일체를 순순히 자백하였다"고 쓰고 있습니다. 도대체 검찰이 이런 거짓말을 어떻게 순순히 할 수 있느냐, 이는 거짓말을 하면서도 그게 거짓인 줄 모르는 철저한 자기최면의 상태가 아니냐고 비판하고 있습니다. 생각해보세요. 문용식은 24일 동안 치안본부 대공분실에서 수사 받았습니다. 수사는 고문에서 시작하여 고문으로 끝났습니다. 이 대공분실은 고문 주장을 언제나 발뺌하다가, 박종철 고문치사를 통해 고문의 산실임이 여지없이 드러난 기관입니다. 검찰은 수사지휘의 책임을 맡고 있는데, 경찰 수사에서의 고문 주장을 여지없이 깔아뭉개고, 경찰에서의 행위 여하는 자기들이 알 바 아니다는 식으로 임할 수 있느냐. 그런데 어떻게 '순순히 자백' 운운의 소리가 나올 수 있는가. 이런 검찰의 주장이 사실상 근거도 없을뿐더러, 검찰 자체가 아예 집단최면의 상태에 빠져 있는 것이라는 거지요.

실제로 어떤 고문을 어느 정도나 당했습니까?

'깃발' 같은 압수문건이 있는데, 스스로 혁명론을 다 썼어요. 그런데 문용식의 민족민주혁명론을 검찰에서 자꾸 사회주의 폭력혁명론에 꿰어 맞추려고 수사를 하고 신문을 하니까, 그건 아니라고 강력히 부인한 거지요. 그래서 수사과정에서 엄청난 고문을 당한 거예요.

나중에 김근태도 똑같은 고문을 당했지만, 김근태는 전기고문까지 당했는데 문용식은 물고문을 주로 당했어요. 남영동이라는 데가… 옛날에는 고문으로 유명한 장소가 몇 군데 있습니다. '남영동'은 치안본부 대공분실이에요. '서빙고'라는 데는 소위 보안사 대공분실이고, '남산'은 중앙정보부 지하실이고. 이 세 곳이 고문으로 가장 악명 높은 곳이지요. 문용식은 고문받은 실상을 생생하게 항소이유서에 썼어요. 우선 '칠성판'이라는 게 고문대입니다. 원래 칠성판이 뭔고 하니 사람을 매장할 때 땅을 파고 그 다음 목재판을 깝니다. 그 위에 관을 올려놓잖아요. 그 목재판을 칠성판이라 불러요. 고문대를 칠성판으로 부른다 함은, 사람을 완전히 죽여 관 속에 넣겠다는 무시무시한 느낌을 주잖아요. 그게 칠성판이에요.

사람을 완전히 발가벗겨 가지고 칠성판에 꽁꽁 묶습니다. 움직일 수 있는 건 손가락하고 발가락밖에 없고, 발가벗겨서 묶어놓고 물을 계속 먹이는 건데. 참 처참한 이야기지만, 물을 한 시간이고 먹이면 처음에는 뱃속에 창자 속에 있는 걸 전부 다 토해버린답니다. 물만 나올 때까지 토하고…

그 다음에는 방귀가 나온답니다. 그 다음에는 똥을 싼대요. 내장을 완전히 물로 씻어내는 거야. 그러고는 실신을 한대. 그게 반복되는 거야. 그 사람이 그래요. 물고문을 두 차례 받고 나니깐 저항의지를 완전히 상실하고, 저항 자체도 완전히 잊어버리게 됩니다. 고문이 끝나고 한참 있어요, 구치소에 넘어와서 물고문이 끝났는데도 자기 목구멍에서 물냄새가 난대. 물에 빠져본 사람은 아는데, 물을 울컥울컥 먹으면, 물냄새라는 게 있대요. 그런데 그게 한동안 없어지질 않더래요. 그렇게 엄청나게 고문을 당했어요. 이렇게 남영동 대공분실에서 피의자가 고문받으면서 수사기관이 요구하는 대로 두드려 맞춰온 것을 검찰은 그대로 추인합니다. 고문당했다는 주장을 해도 들은 척 만 척이고, 심지어 아직 맛을 덜 봤다고 겁주고요. 이런 과정을 거쳐 사회주의 폭력혁명론을 두들겨 만들었습니다.

고문 주장 이외에 재판에서 집중적으로 다룬 것은 무엇인가요?

문용식의 항소이유서의 전면에 나오는 내용인데, 이걸 보면 맑스주의에 대해 정면대응하는 학생들의 태도가 아주 거침없이 나와요. 검찰에서는 이 사람들이 혁명론을 주장하고, 그 혁명론의 모습은 맑스주의 혁명론과 레닌 혁명론과 유사하다고 주장합니다. 실제로 문용식이 맑스주의를 굉장히 깊이 연구를 했어요. 책이 엄청나게 압수가 되어 있습니다. 압수목록만 죽 봐도, 맑스주의를 제대로 연구를 했어요.

문용식은 맑스주의를 어떻게 봐야 되는가를 썼어요. 문용식의 이야기로는, 비록 민족민주혁명을 완성하더라도 그것은 사회주의혁명하고는 전혀 다른 거다. 문용식 등은 민족민주혁명을 주장하고 있습니다. 그에 대해 검사의 공소장에서는 민족민주혁명이 사회주의혁명의 전 단계이다, 2단계 혁명론의 1단계 혁명이다, 이렇게 말하고 있는데 그건 잘못된 것이다, 이렇게 문용식은 변호하고 있어요.

우리 변호인을 만나고, 1심법정에 와서 고문에 대하여 고발을 하고 용기를 얻고 한 다음에 자기주장으로 NDR의 혁명론에 대해서 법정에서 말하고, 항소이유서도 쓰고 그랬습니다. 그런데 그때 이 사건을 우리가 접했을 때 문용식이나 다른 피고인들이 이야기하는 걸 들어보면서 우리 변호인들이 우선 당혹스러웠어요. 그것이 과연 맑스–레닌주의에서 말하는 폭력혁명론과 과연 다른 것인가. 부분적으로 많이 다른데 기본 골격은 맑스–레닌주의의 이론적 기법을 그대로 가져온 게 아닌가 하는 의문이지요.

그때부터 NDR이니 CDR이니 하는 논쟁이 비롯되는 것 같습니다. 민족민주혁명(National Democratic Revolution) 등 영어 글자 앞머리를 따 혁명론을 만들고, 그때에는 완전히 백가제명의 혁명론 시대라 할 수 있을 텐데, 문용식의 혁명론은 하나의 프레임을 선도한 느낌입니다. 지금 시점에서 그 논쟁을 보면 다소 황당한 생각이 들지만, 당시엔 그야말로 진지하게 논리를 생성해낸 것이라고 생각됩니다.
여하튼 NRD 등 이론을 보면 나름 굉장히 정교해요. 문용식이 당대의 학생운동권에 숨어 있는 최고의 이론가였다고도 하고, 학생운동 후배들은 문용식을 운동권의 무슨 레닌 정도로 생각을 했다고도 해요. 아주 뛰어난 혁명이론을 정립한 사람이 있다고. 문용식의 이론은 소위 NDR인데, 자기가 이걸 하기 전에 맑스주의에 대한 이야기를 하고 있어요. 맑스주의를 우리가 어떻게 대해야 할 것이냐 하는 문제를 정면으로 제기한 겁니다. 요즘이야 맑스주의는 책을 안겨줘도 읽지 않는 사람이 다수겠지만, 사회학이나 경제학을 진지하게 하는 사람들은 맑스주의를 지금도 공부 안 할 수가 없어요. 맑스주의가 어떤 면에서 영원한 고전입니다. 아무리 경제이론이 바뀌더라도 맑스주의는 경제학 공부를 하려면 거쳐가지 않을 수 없는 대목이에요.

그런데 공부하다 보면 거기에 빠지고 그러는데… 그런 의미에서 사회과학을 하는 사람은 맑스주의에 대한 자기의 자세나, 이런 걸 가지고 있어야 됩니다. 언제든지 정면돌파를 할 생각을 해야지 피할 생각을 하면 안 돼요. 문용식 항소이유서에 나온 부분을 간단하게 잠깐 읽어볼게요. 내 말로 설명하는 것보다….

"본인은 정치 이데올로기를 앞세워 인간의 이성의 발달을 재단하려는 현금의 한국 사회의 지적 풍토에 분노를 느끼면서 맑스주의는 지성사의 한 갈래로서 정당하게 평가되어야 한다고 생각한다. 맑스는 지적·실제적인 문제에 있어서 세계적으로 큰 영향을 미친 사상가로서 모든 지적 천재들과 마찬가지로 통일적이고 완성된 지식체계를 정립했다. 그의 사상은 인간의 본질, 사회의 본질, 역사적 과정의 본질을 밝히려는 인류 정신의 위대한 노력 가운데 하나다. 사실 그의 체계는 철학, 경제학, 역사학을 비롯한 모든 학문 영역에 관련되지 않은 분야가 없을 만큼 방대한 체계를 이루고 있다. 어찌 보면 맑스주의적인 분석방법의 수용과 극복 없이 학문은 한 발자국도 전진할 수 없다고 해도 과언이 아니다. 그리고 자본주의의 운동법칙에 관한 마르크스의 분석은 노동자가 조만간 자본주의를 새로운 생산양식으로 대체시킬 것이라는 그의 신념과는 무관하게 학문적 가치를 지니고 있다. 오늘날도 그의 분석은 매우 유력한 구체적·이론적·역사적 통찰력과 분석의 틀을 제공해주고 있음에 틀림없다.”

“현 정부가 맑스주의를 취급하는 태도는 대공전략 사고를 벗어나지 못하고 있는데, 이것은 인간의 지식, 사상을 법률이라는 인위적인 틀로 억제할 수 있다고 생각하는 사고방식이다. 이러한 국가권력의 태도는 모든 지식인으로 하여금 이중인격을 강요하는 것일 뿐만 아니라, 진정으로 맑스주의를 극복하는 데도 아무런 도움이 되지 못한다. 일방적인 거부, 금압의 풍토 속에서 어떻게 극복하는 논리가 나올 수 있겠느냐.”

이렇게 되어 있습니다. 맑스주의에 대한 문용식의 주장에 대해, 분별 있는 사회과학자들도 대체로 동의하리라고 생각합니다. 맑스주의의 문제를 피하지 않고 정면으로 맞닥뜨리면서 수용할 건 수용하자. 나중에 레닌의, 맑스의 폭력혁명이나 이런 얘기로 가면 또 달라지지만, 그 전까지 분석틀로서 맑스주의는 아주 유용한 것이고, 지금도 유용하다. 이런 이야기거든요. 그래서 사회과학 하는 사람들이 이런 맑스주의를 피할 생각을 하지 말고 정면으로 대결하고 그것을 결국은 극복하는 것이 필요하다고 생각을 합니다.

일본군 첩보학교 출신이 불온서적 감정

내가 맑스주의에 대해서 좀 무식해서 그런지, 이 친구는 맑스주의에 아주 통달을 하고 있는 것 같더라고. 실제로 문용식의 집에서 엄청난 양의 책이 압수가 됐어요. 그걸 대공분실에서 전부 갖다가 다 분석을 한답시고 봤습니다. 여기 ‘증거서류 목록’에 압수된 책의 목록이 나와요. 이 목록에

'의견서'가 있지요. 이게 내외정책연구소에 있는 사람이 책에 대해 감정한 겁니다. 내외정책연구소는 치안본부 대공분실의 부설기관 같은 기관이에요. 이게 또 희한한 기관이에요. 책을 여러 권 갖다가, 이 책이 어떤 책이고, 이건 공산주의를 선전하는 책이고, 이건 일반인이 보면 금방 공산주의자가 될 위험성이 있고, 따라서 보면 안 되고…. 이북같이 공산당이 합법화되어 있는 나라에서는 모르지만 우리나라에서는 출판해도 안 되고, 봐도 안 된다, 전문적인 연구자 이외에는 보면 안 된다. 천편일률적으로 다 그런 결론이었습니다.

감정서에 온갖 저서에 대한 평가를 해놓았네요. 모두가 불온서적으로 규정하면서요.

문용식의 집을 뒤져 압수를 해 간 책들이 에리히 프롬의 《마르크스의 인간관》, 폴 스위지의 《자본주의 발전론》, E. H. 카의 《러시아 혁명사》, 칼 코지크의 《구체성의 변증법》, 사미르 아민의 《제국주의와 불평등 발전》, 그리고 '깃발' 팀이 만든 〈학생운동의 인식과 방법〉이라는 유인물, 트로츠키의 《나의 생애》… 이런 책들이에요. 그와 함께 유인물을 몽땅 수거해서, 거기에 대한 분석을 한 겁니다. 예컨대 에리히 프롬의 책을 놓고는 "그 내용이 마르크스의 사상을 정당화하고 있을뿐더러, 공산주의의 주요 논문을 수록하고 있다는 점에서 불온책자라 할 수 있다." 그런데 이 책은 영어 책이었어요. 그에 대한 의견은 이래요. "본 책자가 영문서이고 비교적 어려운 Marx의 철학부문이라는 점에서 이 책을 소장한 사람은 공산주의 이론학습에 관심이 있었다는 판단을 가능케 함."

에리히 프롬을 "미국의 네오마르크스주의자"라고 단정해놓고 시작하네요. 에리히 프롬은 반나치 사상가이고, 맑스와 프로이트, 그리고 유대교의 지혜를 모아 현대에 큰 영향을 끼친 사상가인데… 맑스 언급이 나오면 그냥 맑스주의자가 됩니다. 당시 프롬의 책은 가장 많이 번역되었고, 아마 학국 대학생과 지성인들이 가장 많이 본 책의 저자라 할 수 있는데, 그 사람이 한국에 있었으면 국가보안법으로 중형을 받는 것은 공안당국 마음이었겠네요. 또 영국의 E. H. 카의 《역사란 무엇인가》는 대학생들의 그야말로 필독서였고요. 그 책의 내용은 영국의 BBC에서 방송한 것을 책으로 묶은 겁니다. 카의 주저 중의 주저가 《러시아 혁명사》였고요. 그 카의 저작에 대하여, "본서는 영국의 마르크스주의 역사가인 저자의 주저의 하나로서, 볼셰비키 혁명을 아무런 비판도 없이 정당화한 저작임. 일반 학생, 지식인들에게는 공산주의 혁명과 그 체제를 타당시하는 사고방식을 포지케 할 위험성이 있는 불온책자임. 따라서 본서 소장자가 본서 원본을 복사 소지하고 있는 작태 자체가 불순하다 하겠음"이라고 되어 있네요. 불온, 불순을 감정하는 내외정책연구소의 수준은 아마도 일제 말 치안유지법을 적용하는 일제사상검찰과 같은 차원이라고 생각됩니다.

방금 한 교수가 읽은 그 감정서의 감정인이 누군가 하면 홍성문이라고 되어 있지요. 내외정책연구소의 연구위원 대표라는 직함을 달고요. 홍성문 밑에 김영학, 김승호, 기타 몇 사람 있습니다. 그런데 이 홍성문이라는 사람이 문제의 인물이에요. 이 사람은 70년대 후반부터 이런 불온서적이라는 것만 나오면 감정을 도맡아 했습니다. 무슨 맑스주의 전문가인 것처럼…. 처음엔 책 읽고 감정하니 무슨 학자인 줄 알았어요. 그런데 그 사람이 황당한 사람이에요. 내가 1977년 8월경에 기차여행을 하다가 심심한

차 읽을거리로 본 만화가 있어요. 일간스포츠 같은 데서 봤나, 만화를 봤어요. 그 내용이 상해임시정부 시절에 지하독립단체 이야기가 나오는데, 그 만화에 일본의 간첩, 일본의 밀정 이런 게 나오는데… 나가노 첩보학교가 나와요. 일본 육군성 산하에 있는 첩보학교에요. 일본군의 첩자 양성학교인데, 이 학교 나와 일본의 밀정이 되어 독립운동 같은 데 침투해서 부수는 역할을 해요.

그런데 70년대부터 검찰 측 감정인으로 홍지영이란 인물이 자주 등장해요. 그때 홍지영의 이름으로 〈도시산업 선교회는 무엇을 노리나〉 이런 책자를 내요. 도시산업 선교회를 '빨갱이'라 하고 기업을 '도산'시키는 빨갱이로 험악하게 매도해요.

그런데 기독교회관 쪽에서 누가 어떻게 구했는지 홍지영의 이력을 하나 구해서 나한테 왔어요. 보니깐 '나가노 학교' 출신으로 되어 있어요. 나가노 학교라는 건 나중에 알았지. 이 홍지영이가 홍성문이에요.

법정에 이 사람을 증인신청을 했죠. 이 사건이든가, 이태복 사건이었든가… 내가 변호인으로서 증인신청을 했어요. 이 사람이 학생들한테 압수한 서적을 전부 좌익서적이라고 그러는데 감정인 말을 좀 들어보자고, 그래서 홍성문이 법정에 나왔습니다.

홍성문이란 사람을 그 법정에서 처음 본 겁니까?

처음 나왔습니다. 이 사건 법정이었던지는 정확하지는 않아요. 당시 사건이 워낙 많았고, 홍성문이란 이름의 감정서가 워낙 많아서…. 내가 신청한 증인이니깐 물었지요. 당신이 공산주의 이론 전문가인 것처럼 모든 걸

다 이야기하는데, 학교는 어디 나왔느냐고. 그러니깐 상해에 있는 동해동문서원대학이라는 데를 나왔대요. 동문서원대학이라는 데가 있대요. 그래서 그게 무슨 학과냐고 하니깐 정치학 전공이래. 당신 일본의 나가노 첩보학교 나오지 않았느냐 물으니 그건 부인 못 해요.

그 학교가 일제 스파이 양성학교 아니냐, 그러니깐 뭐 아니라고 펄쩍 뛰어요. 동해동문서원대학이라는 것도 밀정의 본거지에요. 중국대륙과 나중에 러시아까지 일본의 침략 대상 아닙니까. 대륙병탄의 전초기지로서 만든 스파이 양성기관이야. 명칭은 대학이라고 붙여놓은 것 같아.

그거 가지고 입씨름을 많이 했어요. 자기가 거기 나온 건 틀림없다고 하면서, 거기서 공산주의를 연구했다고 그러고. 들리는 이야기로는 이 사람이 러시아 공산당에도, 소련 공산당에도 입당했다는 말이 있어요, 위장으로. 첩보원으로 소련 공산당의 당원으로 들어갔었다는 소문까지 있는 사람이에요. 몇 년 동안 있다 보니깐 내외정책연구소 수석연구원이란 직함을 갖고, 내외정책연구소를 이 사람이 이끌고 있더라고. 내외정책연구소 사무실이 어디 있느냐 하면, 바로 남영동 대공분실 그 안에 있어요. 기구만 연구소라고 되어 있지. 같은 건물, 같은 문 안에 있더라고.

그때 내외정책연구소의 사무소 소재지가 바로 치안본부 대공분실 있는 거기라고 알았습니까?

그때 내외정책연구소가 어디 있는지 알았어요. 그러니깐 치안본부로서는 단골손님이야. 보고서 써달라고 그러면 바로 거기서 써다주고 이랬던 것 같아요. 홍성문이 거기 책임자였고…. 김영학, 김승호 이런 사람들은 탈

북자예요. 어떤 경로로, 이북에 있다가 여기 와서 귀순해서 살게 된 사람들. 김일성대학에서 가르쳤느니 교수를 했느니 이런 사람들이, 공산주의 연구자라고 이 기관에서 월급 타고 있더라고. 하다못해 시시한 대학교수라도 데려다놓고 감정서를 쓰게 했으면 모르는데….
홍성문은 해방 후에 군속 같은 것도 하고, 삼류 신문사도 전전하던 사람이라. 그러니까 완전히 참…. 우리 해방 후 역사에 이런 사람들 있잖아요. 아주 씁쓸하지요. 이런 사람들이 연구소 직함을 차고앉아서, 대학생들과 지식인들을 공산주의자라고 딱지 붙이고 있으니 참…. 이게 전부 그 몇 사람이 다 쓴 겁니다. 글씨도 똑같아요. 그런데 실제로 그 밑에 또 운동권 출신들이 가 있었다는 말도 있어요. 가서 월급쟁이 노릇을 했다는 말도. 이 감정인들 말대로 하면, 전부 다 봐서는 안 되는 책이다, 그렇게 되어 있습니다.

홍성문에 대해 더 아시는 게 있습니까? 여러 특징을 말씀해주시면 좋겠네요.
자기는 이름이 여러 개라고 그러더라고. 그런데 우리한테 이야기할 때는 홍지영이라고도 그러고. 자기 같은 일을 하는 사람은 이름이 여럿 있어야 한대. 그러면서 가명을 가지고 있는 거라고. 홍성문이 호적상의 이름인 것 같아요. 나하고 '洪'자 '性'자가 똑같으니깐. '性'자가 우리 항렬자거든요.
나이는 나보다 한 열 살은 더 되어 보였어요. 지금 그 사람은 80은 넘었을 것이고요. 해방 전부터 활약한 사람이니까. 키는 자그만해요. 대머리 벗어지고. 아주 눈이 번쩍번쩍하고 섬찟한 느낌을 줘요.

그 뒤에 홍성문을 법정에서 마주한 적은?

80년대에 보고는 그 후에는 못 봤어요. 80년대에 내가 여러 차례 법정증인으로 신청했으니, 그때는 여러 번 법정에서 만났어요. 그런데 아주 뻔뻔해. 조금도 부끄러워하거나 그런 건 전혀 없고 당당해요.

80년대 중반 이념논쟁의 도화선

문용식의 혁명론을 보고 처음에 좀 당혹스럽다고 했는데, 변호인으로서는 피고인의 입장을 충분히 이해하려는 자세에서 출발하는 것 아닙니까? 혁명론이 나온 배경이나, 행동의 동기라든가 하는 것에 대해 어떻게 정리하셨는지요?

1980년대 초중반에 나라를 걱정하는 학생들이라면, 80년 광주에서 참혹한 사태가 일어나고 그것을 미국도 묵인 혹은 지원했다고 생각했고, 게다가 이런 사태를 방지해야 할 야당 지도자들은 자기들끼리 정권을 누가 차지할 거냐 다투기만 했지 신군부의 등장에 대응하는 아무런 준비도 없었다. 이런 것이 학생운동권을 절망시키는 겁니다. 그래서 결국 혁명이 아니면 안 된다 해서 혁명론이 나올 수밖에 없었다는 걸 우리는 이해하는 거지요.

그때 나름대로는 힘써 변론을 했지만, 사실 국가보안법으로 따지면 검찰이나 법원은 딱 유죄판결을 하게 되어 있었어요. 그러면서 왜 학생들의 운동논리가 이 정도까지 발전할 수밖에 없었느냐 하는 걸 우리는 이해하고자 했지요. 나도 변호인이지만, 생소한 이론이고, 위험한 이론이기도 하고 한데, 온몸을 던져서 변론을 했습니다. 절대 이 사람들을 그렇게 위험하다고 보지 말아라. 이 사람들은 우리의 분신이라고 했습니다. 지금 이 변론요지서 쓴 것을 내가 다시 보니, 내가 이 사건에 대해서 얼마나 열을 냈는지 강도를 알 수 있어요. 이거 굉장히 힘들여서 변론한 거라고. 나중에 이 변론요지서를 누구 보여줬더니 참 잘했다 그러더라고. 이렇게밖에 할 수 없을 거다 하면서도, 최선의 변론인 것 같다. 백낙청 교수가 그런 이야기를 했어요.

NDR 이론은 어떻게 이해했습니다. 검찰은 NDR을 곧바로 공산주의라고 몰아붙였을 텐데, 그에 대해 어떻게 변론하신 겁니까?

NDR이라는 걸 잠깐 설명을 하고 가지요. National Democratic Revolution, 즉 민족민주혁명인데, 기본적인 인식은 한국 사회의 모순구조가 민족적 모순과 파쇼적 모순이 중첩되어 있다. 민족적 모순에서 소위 반제투쟁이 나와야 되고, 파쇼적 모순에서 반파쇼투쟁이 나와요. 반파쇼라는 건 반군부투쟁을 이야기하는 거고, 민족적 모순은 초강대국 미국이 자국의 이익을 위해 한국을 지배하는 거다 이런 겁니다. 70년대 이후의 운동권의 투쟁이념도 역시 반제반파쇼투쟁론으로 기본적으로 같긴 하지만, 다만 이전의 부문운동적인 관점을 탈피하고, 보다 높은 차원에서 통일시켜서 혁명론을 만들어, 역으로 부문운동론을 재구성해 들어가는 혁명운동론이다. 아주 논리적으로 그렇게 정리하고 있어요.

여기서 추구하는 것이 소위 민족민주주의라는 건데, 검찰은 그 민족민주주의라는 게 바로 인민민주주의지 뭐냐 하는 논리로 공격했어요. 그런데

NDR이라는 것이 민중민주주의의 실현을 목표로 한다. 어떤 비타협적인 반제반파쇼투쟁을 통해서 파쇼권력을 타도하고 민족민주연합권력을 수립한다. 그래서 민족민주주의를 실현한다. 이것이 NDR이라는 건데…. 그런데 거기에서 맑스주의에 나오는 구조와 다르게 설명하는 것이 소위 이 모순구조가 한 쪽에는 독점재벌, 군부, 관료집단 이렇게 두고, 민중 쪽에는 중소 상공업자까지 포함하고, 뉴 미들클래스, 노동자·농민·도시빈민 이것이 민중에 포괄적으로 포함되는 계층이다. 그러니깐 프롤레타리아혁명의 계급투쟁에 의한 것과 내용물이 다르다. 이건 계급 개념이 아니고 한국 정치 특유의 실천적·역사적 개념이다. 이렇게 민중 개념을 정의하고 있습니다.

NDR을 부각시키기 위해 CDR, PDR과 대조시켰어요. CDR은 시민민주혁명(Civil Democratic Revolution), PDR은 인민민주혁명(People's Democratic Revolution)인데, NDR은 그와 구별되어야 된다. 이런 이야기입니다. 결국 이런 이론이 나온 게 문용식도 주장하듯이 '광주사태'(당시의 용어) 때문에 나온 겁니다. 광주항쟁이라는 혁명투쟁의 경험을 보지 않았느냐, 민족모순과 파쇼적인 모순은 혁명에 의해서 해결되어야 하고, 그러니깐 광주와 같은 일종의 무력봉기 같은 성격도 있지 않느냐. 실제로 방어적인 혁명이지만 무력을 사용했으니깐, 시민군이 총을 들었으니깐. 그래서 그 경험을 혁명론으로 발전시킨 것 같습니다.

80년대 초 서울의 봄 시절에, 그때만 해도 순진해서 운동권이, 박정희가 죽고 새로운 민주화 시대가 열릴 것이라는 기대가 있었지요. 또 미국이 그런 민주주의 발전을 도와주지 않을까 하는 기대감, 그리고 소위 부르주아 데모크라시에 대한 기대가 있었지요. DJ, YS를 포함한 야당 정치인들에 대한 기대, 그걸 부르주아 데모크라시라고 표현을 해요. 그런데 이들의 개량주의적 사고 가지고는 안 된다는 겁니다. 결국 광주사태를 계기로 미국이라는 나라는 자국의 이익만을 우선시하는 국가 이기주의의 전형일 뿐이고, 부르주아 데모크라시는 민중의 혁명적 투쟁을 이끌어내지 못하는 한계가 있다, 그런 논리예요. 결국 광주사태라는 것은 혁명이 가능하고, 혁명은 지금 필요하고 절박하다는 것을 우리에게 알려준 것이다. 민중혁명이 일어 날 수 있는 부분이다, 이렇게 설명을 해요. 그래서 새로운 정치투쟁의 지도력과 새로운 이론이 요구된다는 겁니다. 이것이 NDR이다. 현 정권은 광주사태를 낳았고, 광주사태는 민중민주혁명론을 낳았다. 민중민주혁명, NDR은 위대한 민중혁명을 낳을 것이다. 승리할 것이다. 이렇게 되어 있어요.

그 다음의 것은 소위 부르주아 데모크라시는 소용없고 다 민중 자신들이 결집된 혁명역량으로 일어나야 된다는데. 거기서는 동원 가능한 모든 비타협 투쟁을 이야기하고 있어요. 그러니깐 폭력론도 포함됩니다. 그런데 정교한 폭력이론을 제시합니다. 도대체 광주사태에서 군부가 저지른 그런 폭력에 비하면 우리가 돌 던지고 화염병 던지는 게 무슨 폭력이냐 이거예요. 우리들의 소소한 폭력은 우리들의 주장의 정당성으로 봐서 그런 폭력은 용인되어야 된다는 거예요. 여태까지 우리가 생각해왔던 고정관념으로서는 과격하죠.

그 다음에 이론적으로 조금 난삽한 문제들이 있습니다. CDR과 NDR은 어떻게 다르고, NDR과 PDR은 어떻게 다른가. 뭐 이런 문제도 제기되어 있고. 난 사회주의가 아니다. 다만 젊어서 일시 사회주의에 빠져보지 않은 놈이 어디 있느냐. 나는 아직 미숙한 사상의 섭렵단계라고 할까, 그렇기 때문에 사회주의자라고 나를 재단하지 마라. 민족민주혁명이 달성되어서 민중민주연합정권이 성립된 다음에 검찰이 말하는 2단계 혁명으로 민중민주혁명으로 갈 거냐 이야기를 자꾸 하지만, NDR은 거기서 끝나는 이야기다. 민족민주혁명을 달성함으로써 NDR은 끝난다. 민중민주연합 권력이 탄생하는 것으로서 NDR의 역할은 다하는 것이고, 그 후에 우리 정치체제가 어떻게 되고, 그것은 뱃속에 있는 어린애가 나가서 뭐가 될지 지금 미리 이야기하는 것과 같다고 했어요. 그러니깐 그 다음 단계에 대한 논의는 피했어요.

방금 말씀하신 논리는 문용식의 항소이유서에 나오는 것인가요?

문용식의 항소이유서의 일부를 딴 겁니다. 그 밖에도 이게 제법 방대해요. 나는 사회주의자인가, NDR과 2단계 혁명론, NDR과 북한의 남조선혁명전략, NDR과 폭력, '깃발'과 민추위 활동 이런 걸 쭉 썼는데…. 내가 이걸 자꾸 중점을 두어서 강조한 이유가 당시에, 문용식의 항소이유서가 80년대 중반의 학생운동의 참모습을 일목요연하게 알 수 있는 그런 거라고 말씀드릴 수 있어요.

그것이 나온 다음에 소위 CD, ND, PD 논의가 민청련 김근태 팀에서 한창 논의가 됐어요. 이 '깃발'의 NDR론이 나온 다음에 곧 이어서 삼민투 이런 게 나오고, 조금 더 있다가 NL과 PD가 갈라지고요. NLPDR이라는 게 나옵니다. 그게 Nation Liberation and People's Democratic Revolution, 즉 민족해방민중민주혁명, 이게 너무 크니까, 그게 PD하고 NL이 갈라진 것 같아요. 나중에 NL은 주사파 쪽으로 가고, PD는 정통 맑스주의 쪽으로 갔습니다. 문용식의 NDR은 운동권의 이념논쟁의 단초가 되었어요.

80년대 중반의 이념논쟁은 당시에도 국외자들이 따라가기 힘들었는데, 지금 그것을 설명해도 제대로 알아들을 수 있을지도 의문입니다.

양심범의 소신을 지켜주는 것이 인권변호사의 역할

그렇죠. 그런데 지금은 이 사람들이 그 후의 한국의 정치발전을 어떻게 해석할지 모르겠습니다. 지금 우리가 무슨 NDR을 성공해서 혁명정권을 세운 일은 없잖아요. 지금 문용식을 불러다가 그 후의 우리나라의 정치 상황을 좀 분석해보라 하고 이야기를 해볼까 싶어.

변호사가 된다는 것이 뭔가 하는 질문이 다시 듭니다. 피고인들이 새 사상으로 무장하고 새로운 개념을 만들어내면 변호사는 그걸 다 학습을 해서 소화를 해야…. NDR이나 이런 것이 내 정치적인 소신하고 너무 동떨어지고 안 맞는다, 그렇다고 하더라도 내가 일단 문용식의 변호인을 맡은 이상 포기할 수 없어요. 아주 파렴치한 사고, 반도덕적 사고가 아닌 이상 내가 따라가 주고 감쌀 수 있는 데까지는 최선을 다해 감싸줘야 된다고 생각했습니다.

피고인들이 당시 주장과 지금의 생각은 얼마든지 다를 수 있잖아요? 그럼 그때 주장했던 '혁명'이 성취되지 않았다고 그 주장이 잘못된 것으로 사후평가되어야 하느냐? 그럼 그때 주장의 진정성을 변론한다는 게 사후적으로 평가할 때는 어떤 의미가 있을까? 이런 반론을 펴는 사람도 있을 것 같은데, 실제 피고인에게 변론의 장기적 의미는 무엇일까요? 참 어려운 질문이지만, 그런 질문도 한번 드려볼 수 있는지요?

이런 예를 들고 싶어요. 재판에서 전원이 유죄판결을 받고 중형을 받았습니다. 그중에 윤성주라고 있습니다. 윤길중 변호사의 아들입니다. 윤길중 변호사는 우리의 대선배 변호사입니다. 나보다 한 20년 정도 선배 되는 분인데, 그 양반은 당대의 수재라는 분이에요. 일본에서 대학 나오고, 고등문관시험 사법·행정 양과에 합격하고, 법조계에서도 천대로 유명한 분입니다. 왜정 때 관리를 지냈고요. 그런데 이분이 사회주의 정당을 했습니다. 조봉암 씨하고 진보당을 함께 한 혁신계입니다. 조봉암 사건으로 체포되었다가 대법원에서 무죄판결을 받습니다. 5·16 나고 혁신계 정치인으로 탄압을 받아 7년간 복역합니다. 그 뒤 국회의원에도 당선되고요. 그런데 1980년에 전두환 정권 때 국가보위입법회의 의원이 되어, 민정당 국회의원을 하고 국회부의장도 합니다. 전두환은 취약한 정통성을 보완하기 위해 혁신계 정치인들을 끌어 썼는데, 그때 그만 민정당에 합류하지요.

윤성주는 민추위에서 위치가 2인자 아니면 3인자 정도 됐어요. 황인상, 윤성주, 안병용 이런 사람들이 핵심이었으니까. 그런데 이 사건 수사가 되고 구속이 되자 윤성주가 달라졌습니다. 나도 그 경위를 캐묻거나 그렇게 하지는 않았어요. 아버지가 적극적으로 개입했든가, 어머니 때문에 그랬든가 모르지만, 윤성주가 말하자면 반성문을 썼습니다. 아마 가족들과 검찰 측이 무슨 거래가 있지 않았나 싶어요. 다른 동료들은 끝까지 소신을 그대로 지키겠다고 하면서 법정투쟁을 했는데, 윤성주가 반성문을 쓰고 석방이 되었습니다. 그래서 아들을 미국으로 보냈어요. 그렇게 미국에서 공부해서 교수가 되었던가, 그럴 거예요. 그렇게 알고 있는데….

내가 변호사로 정치범들·양심범들 변호하면서, 나의 최소한의 역할이 그 사람의 소신을 지켜주는 일이라 생각한다고 요전에 말씀드렸잖아요. 항상 그런 생각으로 했어요. 한 사람이 반유신, 반군부독재, 민주주의를 회복해야 된다, 이런 억압적인 체제가 무너져야 된다는 이러한 정치적 소신을 갖고 뛰어들 때는, 자기 나름대로는 모든 것을 바쳐서 그런 소신을 주장을 하고 운동에 뛰어드는 겁니다. 자기 소신이 틀렸다, 잘못됐다고 믿지 않는 이상, '나는 내 소신이 옳다고 생각하고 포기할 수 없다' 이렇게 생각하는 이상 그 소신을 보호해주는 것이 양심범·정치범을 변호하는 변호사의 역할이라고 생각해요. 정말 그게 변호사의 가장 중요한 역할입니다. 양심범도 그렇습니다. 법정에서 유죄판결을 받고 징역형을 받더라도, 때로는 사형판결을 받더라도 그 소신을 떳떳이 지키고 끝내 굽히지 않는 것이 양심범들이 나갈 길이라고 생각해요. 그런데 여러 사람이 동지적인 관계를 맺고 법정에 섰을 때, 똑같이 그 대열에 서서 같은 뜻을 가지고 법정투쟁을 해나가는데 중간에 탈락하는 사람은? 윤성주 부모도 그랬을 겁니다. 아들이 징역 가고 그러면 제 장래가 어떻게 되겠느냐, 어떻게든지 저 애를 구해야 된다, 그랬겠지요. 보통 부모들이 대개 그렇게 생각을 하죠. 그래서 주변에서 가족들이 권유를 해서 억지 전향을 시킨 것이겠지요. 반성문만 쓰면 된다, 그렇게.

그 당시에는 그게 그 사람을 위한 것처럼 보이지만, 한 사람의 긴 인생을 놓고 생각해볼 때는 그거 참 잘못하는 겁니다. 이 사건을 놓고 보자면, 십여 명이 같이 재판을 받았는데, 이 친구들은 전부 결연한 동지의식으로 묶여 있었겠지요. 어떤 고난이 닥쳐올지 뻔한데 같이 행동할 때는 각오도 있고, 동지애도 있는 겁니다. 물론 사상 자체는 변합니다. NDR이라는 게 지금 생각하면 과격하기도 했고 철없을 때 강하게 주장했던 것 같기도 하고 그랬지만 그때는 그게 다 옳다고 생각해서 몸을 던졌단 말이에요. 그래도 끝까지 같이 갔잖아요. 그러다 보니깐 징역 살고 나오고…. 격동의 한국 사회를 살면서 아무리 중형을 받아도 몇 년 안 지나서 사회에 복귀한다고, 멀쩡하게 정상인으로.

87년 이후에 제도권에도 들어가고요. 똑똑한 학생들이니깐 사법시험을 쳐서 변호사도 하고, 판사도 하고, 검사도 하고, 공무원도 하고, 또 사회 곳곳에서 열심히 활동하고 있지요. 그때는 계란으로 바위 치는 것 같기도 했고, 구속되면 장래가 끝났다는 절망감도 있고 하겠지만, 길게 보면 계란으로 계속 바위를 치면 바위도 깨어지기도 하는구나 하는 것도 느끼고, 절벽 같은 절망감도 그것을 뛰어넘고 보면 젊을 때 고생은 인생의 보약이구나 하는 생각도 들 수 있고요….

실제로 그랬지요. 나우누리라는 회사가 있어요. 나우누리의 CEO가 문용식입니다. 컴퓨터 산업 초창기에 수입도 괜찮았을 거예요. 컴퓨터도 좀 천재적인 것 같아. 황인상도 변호사고 안병용도 변호사예요. 외국 가서 공부해서 대학교수가 되어 왔다고 해서 크게 나을 게 뭐 있어요? 한때 고

락을 같이했던 자기 동지들하고 끝까지 같이하지 못하고 혼자 물러섰다는 거, 그 미안함을 떨치기 어려울 거예요. 그래서 적어도 양심범·정치범은 주변에서 억지로 전향을 시키거나, 사과하게 하거나, 자기 소신을 꺾게 하거나, 반성문을 쓰게 하거나…. 그렇게 해서 뜻을 굽히고 권력과 타협하게 하는 건 바람직하지 않아요. 당근의 유혹에 쉽게 굴복하는 걸 조장해서도 안 돼요.

그래서는 안 돼요.

윤길중 씨는 과거 경력은 혁신계였지만, 학생들이 가장 증오하던 전두환 정권에 참여하고, 민정당에서 주요한 역할을 했으니깐 아들이 민추위에 관여하고 데모를 주동하고 하여 매우 난처한 입장이었을 것 같습니다. 실제로 아들 때문에 국회부의장을 사퇴하려고 하니, 전두환 대통령이 말렸다는 일화도 있고요.

윤성주의 동료들도 나름대로 그 어려운 입장을 이해하는 것 같아요. 그 어머니가 아들에 대한 집착이 너무나 강했대요. 그런 면에서 윤성주가 그랬다는 걸 동료들이 이해하고 동정하고 그러더라고. 그런 이야기가 수사기록에도 간간이 나와요. 윤성주한테는 가족 문제가 굉장히 어려운 줄 안다고. 민추위 사건으로 고생했던 이들은 그래도 온갖 어려움을 같이 겪은 사이여서, 오랜 시간 이후에는 그때의 앙금 같은 것을 툭툭 털어버리고 서로 연락하면서 잘 지낸다고 그러더군요.

이 사건의 변호인으로서 온갖 열성을 쏟는다고 했는데, 그 뒤 이 사람들과의 접촉이 얼마나 있습니까?

정말 열심히 변론을 했어요. 내 몸을 다 집어던지듯이 해서 위험한 혁명론을 위험하지 않다고 땀을 뻘뻘 흘리면서 변론을 했는데…. 그런 진실이 통했는지, 애들이 그 후에도 나를 찾아오고 그랬습니다. 석방된 다음에 매해 정초에 세배를 왔어요. 여러 해 동안 그러다가, 내가 그 뒤 정치한다고 그러는 바람에, 우리 집 이제 정월 초하룻날 문 닫으니까 오지 말라고 그런 다음엔 오지 않는데. 그러다 보니깐 서운한지 작년엔가 변호사님 밖에서라도 한 번 만나시자고, 그래서 식당에서 한 번 만났어요. 그때는 문용식이 와서 카드로 밥값도 내고…. 지금 보면 그렇게 반가워요.

안병용도 굉장히 우수한 친구예요. 이 친구는 주로 경제논리 쪽에 굉장히 밝아. 나는 그 친구가 이야기하는 걸 다는 모르겠거든. 학문 중에서 경제학이 제일 어려운 것 같더라고. 안병용이 그런 점에서 아주 뛰어나요. 그러더니 변호사가 돼서 로펌의 대표예요. 자기가 후배들 거느리고 먹여 살리는 것 같더라고. 워낙 활동적이고 적극적이고 그래요. 황인상은 변호사를 하는데 그쪽 사정이 어떤지는 최근 들은 바는 없어요.

내가 볼 때 그래요. 레프트 쪽의 이념이라는 게 아주 나이브하고요, 어쩌면 젊은이들의 한 번의 통과의례입니다. 빠지는 거예요. 그걸 우리가 이해를 해야 해요. 그런데 우파들이 이해를 하려고 하지 않아. 저놈은 한 번 빨갱이니까 끝까지 빨갱이라고 생각하는 게 우익들의 공통적인 생각이에요. 그런데 지금 그렇지 않은 사람들이 얼마나 많습니까. 젊어서 진보적인 좌익이론에 탐닉을 하다가 언젠간 바뀐 사람이 얼마든지 있는데….

참 '통과의례'라는 말이 정확한 통찰 같습니다. 젊어서 현실의 모순을 체험하면

서 이런 세상 크게 바꾸어야겠다고 결단하고, 바람직한 세계를 설계도면 그리듯이 처음부터 디자인하잖아요. 또 이 모순을 빨리 척결해야 하니깐 혁명론에 심취하게 되고, 그 방법으론 맑스든 레닌이든 카스트로든 체게바라든 프란츠 파농이든 눈에 띄는 대로 끌어오고, 다만 혁명, 혁명 하지만 진짜 혁명처럼 총을 들고 투쟁하는 사례는 없고, 폭력혁명을 해야 한다고 하더라도 그것을 '말로만' 하는 것이 우리 운동의 특징이었던 것 같네요. 말하자면 '총이 필요하다'고 하면서 '내가' 총을 들 생각 따위는 없고요. 그런데 그런 운동에 대해 엄청난 탄압을 가합니다. 혹독한 고문을 받고, 동료를 불어라고 양심을 때리고, 언론에서는 상종 못할 빨갱이로 매도하고, 그런 시련 속에서 수사와 법정과 감옥을 통과하게 됩니다. 또 시간이 흐르면서 '현실'이란 게 얼마나 엄청난 규정력으로 작용하는지도 느끼고, 자기의 장기적 생활을 어떻게 해야 할까 하면서 직업에 대한 구체적 고민도 하고, 세월의 흐름 속에 적응하다 보면 어느샌가 '혁명이 두려운 세대'가 되는 게 인생사가 아닌가…. 그런 점에서 청년의 혁명론도, 급진좌파적 사고도 하나의 통과의례가 아닌가 하는 생각이 드네요.

조금 전에 말씀하신 사상범·양심범을 변호하는 변호사의 역할에 대한 생각도 참 가슴을 울립니다. 그 생각은 처음 양심범 변론에 뛰어든 민청학련 때부터 갖고 있던 생각이었나요?

그건 아니고요. 이런 사건들을 하면서 내가 왜 이 짓을 할까. 내가 하는 일의 의의가 뭘까, 나는 이걸 무조건 해야 된다고 생각해서 지금 뛰어들어서 땀 흘리며 쫓아다니고 있는데. 이게 무슨 의의가 있는 건가 자꾸 생각하게 되면서, 경험에 의해서 내가 스스로 터득한 명분이 그겁니다. 그 생각은 지금도 변함없어요.

통상 변호사의 역할이 구속상태를 면하게 하는 것이고, 교도소 안 가게 하는 것이다. 반성문이든, 뭐든 온갖 수단을 동원해서라도⋯. 그게 유능하고 뛰어난 변호사라는 생각이 널리 퍼져 있잖아요. 당시에는 처벌도 훨씬 가혹했고, 사후 보복도 심했으니까, 그런 생각이 더했을 것 같은데요.

소위 파렴치범에 대해서는 대개 그렇지요. 절도다, 폭력이다, 경제사범이다 이런 거는 얼마든지 반성문을 쓰라 그러고 할 수 있지요. 변호사가 적극적으로 제일 먼저 얘기해야 되는지는 모르겠지만. 그런데 그 점에서 일반형 사범과 소위 정치범, 양심범이 다른 겁니다. 양심범에서 '양심'을 보호해야 된다는 대원칙을 세워야 합니다. 정치범(political prisoner)이라는 것은 자기 행동이 기존 실정법에 위배되더라도 처벌을 무릅쓰고 내 소신에 따라 그 행동을 할 수밖에 없다, 그래서 그 행동이 실정법에 위배되어 법정에 서는 게 정치범입니다. 대학 시절에는 정치범이란 걸 배웠는데, 앰네스티 활동을 하고 하면서 그 용어가 양심범이라고 되어 있어요. 양심범(prisoner of conscience)이란 용어는 앰네스티를 통해 확산되었지요. 변호사의 역할이 주로 양심범의 '양심'을 보호해주는 역할이어야 된다. 양심을 버리고 반성하는 빛을 보인다면 징역 안 보내고 봐준다, 이런 유혹에 대해 어떻게 대응할지는 일차적으로 본인의 결단이겠지요. 하지만 변호인으로서는 소신이나 양심을 지킨다는 것의 의미가 뭔가 그 점에 대해 도와줄 수 있는 거겠지요.

본인이 선택하고 결단한 범위 내에서의 양심과 자유와 사상을 보호해주고 돕는 것이라는 거지요?

그렇습니다. 사람이란 자존심을 지키고 살아야 되잖아요. 인간적인 품위를 지키고 그야말로 체면도 있고, 법정에서 당당하게 굽히지 않고 자기 소신을 떳떳하게 다 이야기하고. 그러면 유죄판결 받고 징역 갈 가능성이 높지요. 그런데 징역 가면 얼마나 삽니까. 대한민국의 굴곡 많은 정치사를 볼 때, 거의 다 사면복권 되고 일반 사회인으로 복귀해요. 그러면 그게 스스로 자랑스럽고 평생 긍지가 됩니다. 근데 거기 가서 아이고 잘못했습니다. 굽히고 나오면 평생 떳떳하지가 못한 거예요. 그게 얼마나 중요한 건지 몰라요.

법정 분위기는 어떠했나요?

피고인이 10명이 더 되었으니까. 재판심리 자체는 정교하고 꼼꼼하게 못했습니다. 워낙 처참하게 고문당하고 그랬기 때문에 수사기관에 대한 불신이 깊은 데다, 재판부도 이해하는 쪽이 아니었으니까…. 이때쯤이면 법원 자체에 대한 불신이 누적될 대로 누적되었으니까, 법원에 대해 반항적이었습니다. 재판 거부한다고 드러눕고 그랬어요.

재판을 거부할 때 변호인으로서는 참 어려움이 있겠습니다.

그때가 제일 난처한데, 내버려두는 거죠, 어떡하겠어요. 우리 변호사들은 그런 재판만 하는 게 아니잖아요. 어쩌다 일반 사건도 하는데, 그러기에 법원하고 싸워서 득 될 게 하나도 없다고. 그런데 피고인들 편들다 보면 자꾸 싸우게 되고, 그러니깐 법원에서도 미움을 받는 경우가 많고 그렇지요. 대개는 판사들도 우리들 입장을 아니까. 변호사니깐 저러겠지 하는….

1985년, 아니면 86년이었던 것 같은데, 서소문 쪽을 걷다가 우연히 법정에 들어가게 되었어요. 그때 대학생들이 피고인으로 있었는데, 사건은 기억이 안 나고요. 한마디로 "이런 썩어빠진 독재정권의 주구인 법원의 재판을 거부한다" 이러고 나가버리려고 하더라고요. 그때 변호사가 조영래 변호사였습니다. 조 변호사가 "그동안 하고 싶은 말이 있으면 지금 할 수 있다. 하고 싶었던 말이라도 다 해보라"라고 조용히 권유를 하더라고요. 그러니깐 한 사람이 자신이 그동안 처참하게 고문당한 일을 낱낱이 늘어놓고, 이어 다른 학생이 또 고문당한 일을 죽 말하면서 판사들은 우리 주장을 존중해줄 리가 있냐, 있으면 말해보라고 판사를 다그치고, 그래서 우리는 재판을 거부하는 것이다 하는 식으로 쏟아내더군요. 판사는 벼락 맞은 것처럼 아무 말도 못하고 있고요. 그날 공판은 그것으로 끝났습니다. 그때 보면서 느낀 것이, 아 변호사는 이런 와중에서도 피고인이 한마디라도 할 분위기를 만들어내는구나 하고 변호사의 역할에 대해 생각해본 적이 있습니다. 재판을 거부한다고 할 때 제일 곤란해요. 변호사는 재야 법조인이지만, 재판이라는 시스템은 받아들여야 하는 게 변호사인데, 재판 자체를 거부한다고 그러면 변호사도 설 자리가 없지요. 그렇다고 너 재판 거부하는 것 잘하는 거다 그럴 수도 없고, 결국 좋은 말로 그러지 말고 재판을 받으면서 할 말 다 하자, 거부하더라도 징역 가는 건 마찬가지인데, 말이라도 똑똑히 하고 가자 그렇게 권유는 해요. 그런데 그런 권유가 80년대 중반이 지날수록 점점 안 통해. 85년 정도부터 재판 거부가 격렬해져요.

이 사건을 보니, 현재에도 열심히 활동하고 있는 주요 인물들의 '통과의례'의 역사가 한참 나오네요.

문용식과 '깃발' 팀은 당당할 거예요. 문건으로 다 만들고, 숨기고 어쩌고
한 게 아니니까. 지금 생각은 많이 달라졌겠지. 그렇지만 그들이 그 시대
에 이런 주장을 했다는 사실 자체에 대해서는 지금도 떳떳할 겁니다.

이 사건은 여러 변호사들이 함께 했습니까?
이름은 여러 사람이 있지만, 실제적 진행은 내가 거의 혼자 했어요. 변론
요지서, 항소이유서 내가 다 쓰고.

**보통 여러 변호사의 이름이 있을 때, 홍 변호사님이 주 변론을 하시면 다른 변호
사들은 법정에 나옵니까?**
나오는 경우도 있고, 다른 걸 맡으면 빠지기도 하고 그래요. 내가 이런 건 혼
자 열심히 해가지고, 80년대에는 인권변호사 중에 제일 좌파로 몰렸답니다.

**'제일 좌파로 몰린' 변호사님께 한번 정리 겸 물어보겠습니다. 80년대 중반부터
학생운동에 '반미주의'가 결정적으로 중요한 것으로 등장하고, '반전 반핵'을 외
치는 움직임이 격렬하게 전개됩니다. 그에 대해 그 학생들과 가장 가까이 있었던
기성세대로서 반민주주의에 대해 어떻게 정리하고 있었습니까?**
학생사건을 하면서 그동안의 경험에 비추어보면, 여기서 소위 민족모순
이라는 이야기가 나오고 반제투쟁이라는 이야기가 나오잖아요. 80년대
중반에 오면서 소위 민족모순이다, 반제투쟁이다 하는 것이 반미운동이
나 주사 쪽으로 가는 계기가 되는데. 80년대 중반에 스무 살 된 사람이라
면 60년대에 태어났다고. 60년대는 박정희 때예요. 박정희 때이기 때문에

6·25는 책으로나 봤겠지. 8·15 해방이나 남북분단, 6·25 이런 거는 몸으로 전혀 실감을 못하고 자란 세대예요. 60년대나 70년대 태어난 세대가 철이 들어 나라나 민족의 문제나 이런 것에 자각이 들고 할 때, 젊은이들이 제일 이해 못하는 게 왜 우리나라에 외국 군대가 와 있느냐 하는 거예요. 왜 우리 군대에 대한 작전명령권을 미군 사령관이 가지고 있는가, 또 외국 군대가 왜 한국군을 지휘하고 있느냐 하는 의문을 제기해요. 우리 기성세대는 미군이 여기 올 때부터 그 시절을 살았으니까 면역성도 생기고, 기정사실로 운명처럼 받아들이면서 살았는데, 언젠간 철이 들어보니까 우리나라가 독립국이 아니네, 그렇게 보이는 거예요.

이후에 소위 반제투쟁이다 해서 반미적인 성향이 불붙고 한 것은 그렇게 이해를 해야 돼요. 사실 황당한 노릇 아니겠어요. 이북에 소련군이 있다는 소리는 못 들었는데, 여기는 한미연합사령부의 지휘권을 미군이 가지고 있고, 휴전 회담할 때도 이북 대표하고 미군이 정대표고. 이런 데서 젊은 학생들이 혼돈에 빠지는 거예요. 그래서 그 이후에 80년대 운동이 더구나 미군이 책임이 있다는 광주사태를 겪으면서 급격하게 소위 반미주의로 나갈 수밖에 없었던 것 같아요.

반미주의가 강화되면서, 반미주장의 헤게모니를 둘러싼 경쟁이 생겨나고, 그 경쟁이 가속화되면서 주사(NL)까지 간 게 아닌가 하는 생각이 듭니다. 주체사상은 반미를 가장 핵심에 갖고 있는데, 맑스–레닌주의나 다른 급진 사상에서는 그냥 일반적인 '반제'이지, 왜 반미인가라는 물음에 대해 직접 답을 하지는 않으니까요. 반미주의를 강화해야 한다는 당시의 필요성이 주체사상을 불러내는 데까지

치닫게 되지 않았냐 하는 거지요. 사후적으로 볼 때….

지금은 국민소득 2만 달러라고 하는데 그때는 몇천 달러도 안 됐을 거라고요. 그때 경제 전망이라고 하는 게 지금 같은 상황을 누구도 예측을 못 했어요. 그래서 매판자본이다, 대외종속이다, 예속경제다 하는 논의가 그때는 일반화되어 있었습니다. 소위 NDR이라는 게 혁명론으로 나온다면 그렇게밖에 나올 수가 없어. 실제로 60년대까지 이북이 우리보다 앞섰고, 70년대까지만 해도 우리가 이북을 압도했던 건 아니라는 논의가 적지 않지요. 남한이 앞서기 시작한 게 그렇게 오래되지 않아요. 80년대 초반은 경제 상황도 상당히 비판적이었어요. 외국자본에 다 먹히는 것 아니냐. 학자들도 그렇게 생각했으니까.

지금도 경제란 여러 눈으로 보게 되잖아요. 사람에 따라서는 90년대 후반 외환위기를 극복했다는 데 대해 회의론도 있잖아요. 그게 극복이냐? 전부 기업 팔아 넘겼지, 지금 우리나라 대기업의 국내자본 비율이 얼마야. 이런 식으로 따지는 사람들이 있지요. 지금과 같이 완전 개방된 세계경제와는 발상의 차원이 다른 그때로서는 소신을 갖고, NDR 같은 이론을 주창할 수 있는 거지요. 그때로서는 전부 다 해서 뚜렷하게 확신을 가지고 전개한 이론이라고 말할 수 있겠지요.

청춘을 불사른 체험은 그 자체로 소중한 것이라 생각합니다. 그 시대 운동이란 온갖 고난의 가시밭길을 걸으며, 피투성이같이 진행했던 것 아닙니까. 자기의 이기적인 욕심이 아니라, 문제를 보고 고민하고, 눈앞에 닥칠 불이익에도 불구하고 주저주저하면서 뛰어들었던 삶이었고요. 그때와 지금 생각은 달라도, 관심의 초

점은 달라도 그때를 회상하면 그 고민과 결단의 청춘 시대 그 자체는 소중한 것
이 아닐까요. 물론 그때의 고통이나 자신의 나약함 등에 미치게 되면, 생각하기
싫은 악몽일 수도 있겠지만 그러한 고통이나 나약함도 인간 본연의 모습이기도
하니까요.

수번 5059 항소이유서

이 글은 1986년 깃발-민추위 사건 당시 재판부에 제출한 항소이유서를 발췌한 내용이다. 문용식의 항소이유서는 민가협에서 소책자로 제작해 널리 읽혀졌다.

사건번호 86노861

안양교도소 재감중

항소인 문용식

수번 5059

서울고등법원 귀중

인적사항

본적 : 전남 광주시 북구 우산동 258

주소 : 서울 은평구 응암3동 237-3

성명 : 문용식

죄명 : 국가보안법위반 등

생년월일 : 1959. 9. 23.

형량 : 징역 7년

항소이유

본 항소인은 1986년 1월 16일 서울형사지방법원 합의 14부의 국가보안법
위반 등으로 징역 7년형을 선고받았으나 이에 불복하고, 정당성을 주장
하기 위해 항소를 제기합니다.

다음

1. 머리말

항소이유서의 본론을 시작하기에 앞서 지난 1심판결에 대한 소감부터 이
야기하겠다. 1심재판을 넉 달 동안이나 받으면서, 본인은 사건의 진실을
밝히기 위해 나름대로 최선을 다했다. 공소사실 중에는 워낙 터무니없이
왜곡되어 있는 부분이 많았기 때문에, 그 잘못 기재된 사실 하나하나를 바
로잡는 게 일차적으로 요구되었던 것이다. 사실에 대한 해석과 판단, 법
률적인 적용은 그 다음의 일일 테니까, 또한 사건의 정치적·운동사적 의
미가 지대했던 만큼 우리들의 이념과 행동의 역사적 정당성을 확보하려
고도 애를 썼다. 어찌 보면, 본인의 유무죄, 형의 경중은 아무런 관심대상
이 되지 못하였다. 오직 하나, 웅대한 역사의 드라마에서 그 조그마한 기
록이나마 정확히 남기자는 것, 그것만이 중요하게 여겨졌을 뿐이다.

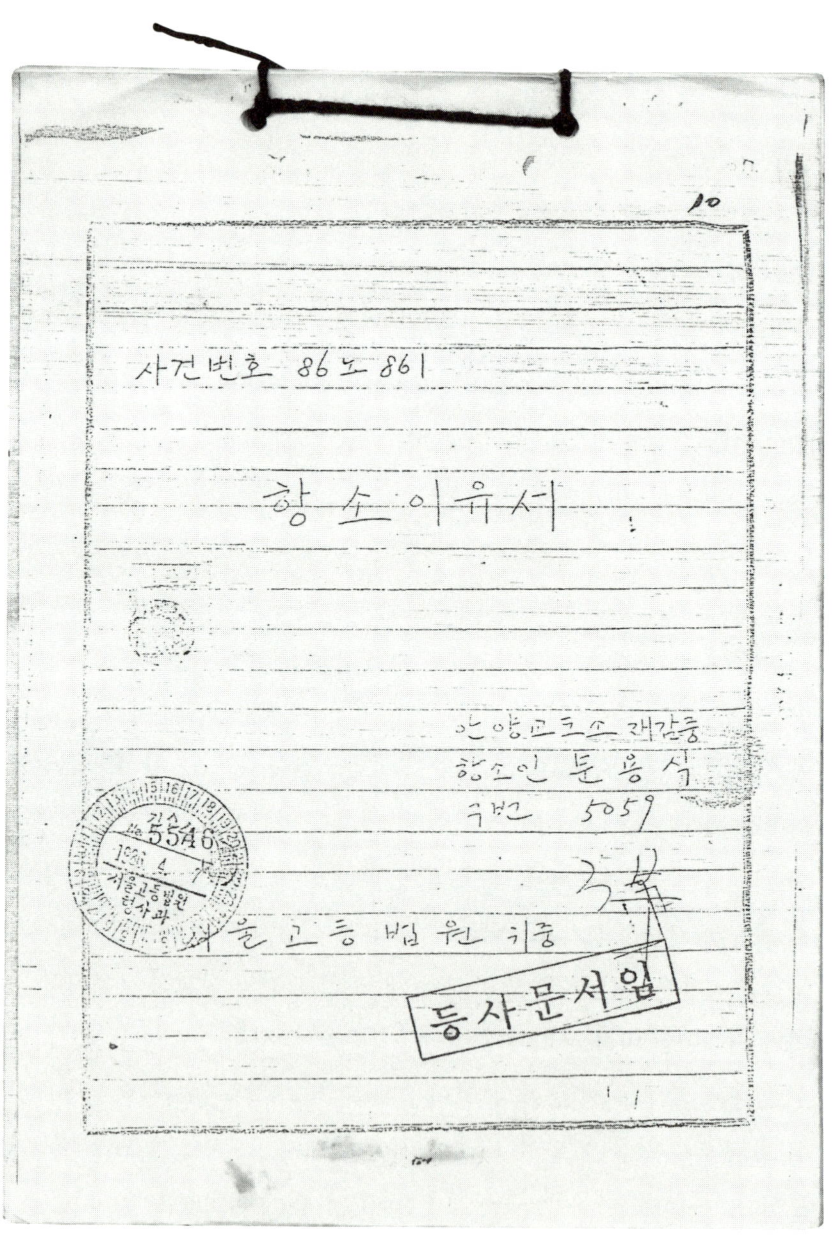

사건번호 86노861

항 소 이 유 서

안양교도소 재감중
항소인 문응식
구번 5059

서울고등법원 귀중
등사문서임

물론 재판과정에서 회의스러웠던 점이 한두 가지가 아니었다. 그중에서도 재판을 통해 과연 얼마나 역사적 진실을 밝힐 수 있으며 정당성을 인정받을 수 있을까 하는 문제는 가장 근본적인 의문이었다. 그러나 법의 형식논리를 회의하기에는 재판부의 인간 본연의 이성에 대한 믿음과 우리들의 정당성에 대한 확인이 너무 깊었기에 마지막 순간까지 진지하게 재판에 임했다.

그러나 1심재판부의 태도는 실망감을 가져다주었다. 재판부는 시종일관 권위주의적 태도와 '검찰 측 논리'를 뛰어넘는 매카시즘적 논리로써 우리들의 실소를 자아내더니만 결국은 공소장과 한 자도 다르지 않은 판결문을 내놓았다. 공소장을 그대로 베껴놓은 240페이지의 판결문! 7년이라는 중형을 언도받을 때보다 그 판결문을 받고 나서 더 불쾌했다. 왜? 그것은 바로 1심재판부의 법률적 양식에 대한 배신의 징표에 다름 아니므로. 결국은 공소장을 베껴놓을 거라면, 결국은 현 정권의 허구적 논리를 앵무새마냥 되풀이할 것이라면, 온갖 구색을 갖춰 재판을 진행하는 게 무슨 의미가 있는가? 이 시대의 법률적인 공정이란 정녕 자기기만의 표어, 허위의식의 넋두리로 전락하고 만 것이다.

많은 사람들이 역사적 진실과 법률적 사실의 괴리에 대해 얘기하고 있다. 이것은 법을 다스리는 사법부로서는 가장 부끄러워해야 할 일임에 틀림없다. 그러나 1심재판부의 판결은 최소한의 인간적 성실성조차 내던져버린 행위이다. 생각해보라. 스스로 권위를 깎아내리면서, 어찌 권력에 몸을 판 시녀라는 비난을 면할 수 있겠는가를.

이제 본인도 또 한 차례의 '법의 심판'을 앞두고서 근본적인 질문을 던

지지 않을 수 없다. 과연 현금 한국 사회에서 '법의 지배'라는 이데올로기가 갖는 의미는 무엇인가? 대규모 공안사건이 속출하고 있는 지금이야말로 이 문제에 대해 솔직한 답이 내려져야 할 때라고 생각한다. 그러기 위해선 법복에 드리워진 권위만큼이나 두꺼운 허위의식의 껍질이 벗겨져야할 것이다.

주지하다시피 '법의 지배'는 근대시민혁명의 위대한 산물이다. 이것은 봉건적 신분질서에 기초한 정치지배, 즉 '인간의 지배'를 대신하는 이데올로기였다. '법'은 모든 사람이 추구하는 보편적 가치의 객관적 외화물로 비쳤으며, 법의 목적은 자유와 평등, 정의와 공정의 완전한 실현으로 받아들여졌다. 그러나 19세기에 들어서서 자본주의의 기본모순이 심화되고 부르주아 계급이 더 이상 진보성을 상실하게 되자, 법치 이데올로기 또한 종종 부르주아 계급의 특수이익을 위한 수단으로 이용되기에 이르렀다.

한국 사회의 경우는 서구 사회와는 또 다르다. 우리는 시민혁명의 성공적인 발전도 경험하지 못했기 때문에, 자본주의적 경제체제를 유지하기 위해서조차도 자유와 평등의 일정한 제약이 불가피한 실정이다. 법치 이데올로기적 상부구조와 경제적 하부구조 사이의 정합성이 아니라 긴장과 갈등이 존재하는 것이다. 노동 기본권의 완전한 제약과 부르주아 민주주의 사회의 기본권이라 할 수 있는 언론, 출판, 집회, 결사의 자유가 제한받고 있는 사정은 이를 웅변하고 있다고 하겠다.

사정이 이럴진대 '법의 심판'이 의미하는 것이 무엇인가? 우리 법의 본질과 형식에 비추어볼 때, 그것은 소수 지배집단이 대다수 민중을 탄압하는 형식과 절차에 다름 아니지 않는가? 사법부는 권력을 분립하고 있는 한 기관이 아니라 오히려 지배집단의 한 분파로서 기능하고 있지 않는가?

우리 사회에서 법치 이데올로기가 그 정당성과 권위를 인정받는 길은 이 이데올로기가 등장했던 근대 초기의 혁명적 정신으로 되돌아가는 길밖에 없다. 법은 형식논리를 뛰어넘어 원초적 건강성과 도덕성을 회복해야 한다. 이 시대의 도덕이란 모든 형태의 파쇼적 전제에 대항하여 인간의 보편적 가치를 구현하는 것이지 않은가?

본 사건에는 깃발, 민추위, 노투, NDR 등 몇 개의 굵직한 주제가 포함되어 있다. 사건의 규모가 커서인지 공소사실도 수십 개에 달한다. 그러나 사건의 역사적 성격은 명백하다. 이 사건은 학생운동의 이념성에 대한 전면적인 부정이다. 시야를 조금 넓힌다면, 이 사건은 '민족해방과 민주주의적 변혁'이라는 민족사적 과제에 대한 전면적인 부정이며, 민족사를 단죄하려는 것이다.

그러므로 본인의 항소이유도 우리의 민족사적 과제를 분명히 밝히는 데 초점이 맞추어질 것이다. NDR(민족민주혁명)이라는 민족운동의 이념의 내용과 특성은 3·4·5·6장에 걸쳐 살펴보겠다. 각 장은 주제와 접근 차원에 있어서 서로 독립되어 있다.

본인은 역사적 진실만을 주장할 것이다. 위에서 살핀 바대로 우리에게 법의 심판은 무의미하며, 오직 역사의 심판만이 가치 있는 것이리라. 민족사의 용솟음치는 격랑 속에서 모든 반민족적인 껍데기들이 부서지는 날, 우리의 정당성은 비로소 확인될 것이리라.

2. 검찰의 항소 이유에 대한 답변(중략)*

3. NDR의 핵심적 주장과 정립 배경

4. 민중민주주의와 자유민주주의

우리는 이제 가장 핵심적인 문제에 접근했다. '반제반파쇼투쟁 전개하여 현 정권을 타도하고, 민중민주정부를 수립, 민중민주주의를 실현하자'는 NDR의 주장은 과연 용공·이적 이념인가?

검찰 측은 '민중민주주의'라는 혁명적 구호에 대하여 이건 무슨 괴물이냐는 식의 태도를 보이고 있다. 민중민주주의는 자유민주주의에 대한 부정이고, 북한이 주장하는 인민민주주의와 부합된다고 주장한다. 과연 그럴까?

민중민주주의의 주장과 자유민주주의 주장에 대한 형식논리적인 대비는 완전히 무의미하다. 중요한 것은, 인류의 보편적 이념을 실현해가는 세계사의 전개 과정에서 각 이념이 서 있는 위치를 밝히는 일이리라. 각 이념의 세계사적 의의와 한계를 밝힐 때, 민중민주주의의 주장도 확실히 드러날 것이다. 이를 위해서, 역사적 현실의 변화를 추적하고, 이념과 현실 사이의 역동적 긴장관계를 밝혀보자.

(1) 근대사의 전개와 자유민주주의(중략)

---

* '2. 검찰의 항소이유에 대한 답변'은 (1) 검찰 주장의 논리체계 (2) 마르크스주의와 비판의식 (3) 고문수사의 책임 등을 다룬 글로서 여기서 문용식은 검찰논거의 허위와 고문수사의 잔학성에 대해 쓰고 있다.

(2) 제3세계 민족해방투쟁과 민중민주주의(중략)

5. NDR과 민족사적 과제

(1) 좌절의 역사

이제 우리의 이야기를 해보자. 우리는 NDR론이 구한말 이래 100여 년 동안의 근현대사에 있어서 민족사적 과제가 집약적으로 표현된 것이라고 생각한다. 따라서 NDR이 주장하는 바의 성격과 그 정당성을 이해하기 위해서는 우리의 시야가 적어도 현 모순구조가 형성되는 근현대사 100여 년의 과정을 포괄해야 할 것이다. 역사의 전개 과정에서 우리 민족에게 주어진 과제는 무엇인가가 분명히 대답되어질 때, 비로소 NDR의 민족운동 사적 위치가 분명해질 것이다.

우리는 지금까지 줄곧 민족주의의 실현을 부정당해 왔다. 외세침략에 대항하여 자주독립을 이루려던 구한말의 민족운동은 결국 일제 식민지 지배로 부정당했다. 진정한 민족해방과 민주주의를 실현할 수 있는 최초의 기회로 여겨졌던 8·15 해방은 외세의 개입과 반민족 세력의 득세로 부정당한 채 남북분단 상황을 가져왔다. 4·19 민주혁명은 5·16에 의해 부정당했다. 민주화를 이룰 세 번째 기회라고 얘기되었던 80년 5월의 '민주화의 봄'은 현 정권의 쿠데타로 부정되고 광주학살이라는 비극을 가져왔다.

좌절된 민족주의! 좌절된 민주주의! 그리고 좌절의 역사!

우리는 좌절의 역사 속에서 '극복의 논리'를 배워야 한다. "역사 속에서 진정으로 가르침을 받는 민족이란 없다"라는 경구가 우리에겐 해당되지 않도록.

(2) 민족해방투쟁과 민족사적 과제(중략)

(3) 전면적 종속의 길과 NDR의 길(중략)

6. NDR과 사회주의혁명

(1) 나는 사회주의자인가

본인이 우선 얘기하고 싶은 것은 사회주의에 관해서이다. 이 땅의 운동하는 사람들은 사회주의란 말만 들어도 어쩐지 오금이 저릴 만큼, 사회주의 콤플렉스에 빠져 있다고 해도 과언이 아니다. 그만큼 남한의 국가권력은 반공을 앞세워 민중운동을 탄압해왔다. 본인 역시 "너, 사회주의자지?" 하는 공갈과 추궁을 듣게 되면, 지은 죄도 없이 공연히 마음을 졸여야 했다. 본인은 솔직히 반문해본다. 과연 나는 사회주의를 원해왔던가?

한국 사회의 제반 현실적 모순이, 그 근원에 있어서 자본 대 노동이라는 절대적 모순의 발현임은 숨길 수 없는 사실이다. '독점자본 대 민중'이라는 이 사회의 기본모순 역시 추상 수준을 더 높여보면 '자본 대 노동' 간의 모순에서 비롯되며, 남한과 북한의 분단이라는 모순도 그 본질은 체제 간의 대립, 즉 자본을 위주로 하는 체제와 노동을 위주로 하는 체제의 대립이다. 더욱이 우리의 경우 자본이 국민경제를 통합해내는 것이 아니라 외국자본에 종속, 봉사하는 매판자본으로 기능하기 때문에 자본의 모순은 더욱 크게 느껴진다. 이런 배경에서 본인은 자본의 모순을 극복하는 하나의 이상으로서 사회주의를 생각해본 적이 있다. 막연한 이상이라도 꿈꾸지 않고서는 현실의 중압감을 견디기 어려웠다고 할까? 청년 시절에 이상적인 유토피아로서 사회주의를 한 번쯤 생각해보지 않는 사람은 아마도 없을 것이다. 그렇기에 영국에서는 "20대에 사회주의를 꿈꾸지 않는 자도 바보지만, 30대에서까지도 사회주의를 꿈꾸는 자는 더 바보다"라는 속담이 있을 정도 아닌가.

마르크스가 얘기했던 사회주의는, 자본주의의 부정적인 측면－상품이 인간을 소외시키는 물신성과 개인 이기주의의 만발 등－을 극복하는 이상향으로 그려졌던 것이지, 현실의 사회주의 국가에서처럼 자본주의의 긍정적인 측면－시민사회가 공동체로부터 해방되어 자유롭고 평등한 개인이 탄생하는－까지 부정하여 관료화된 국가에 의한 전제를 행하는 사회는 아니었다. 만약 마르크스가 다시 태어나서 현실의 사회주의 국가를 본다면, 자신이 얘기했던 것은 이게 아닌데 하며 고개를 흔들 것이다. 실제로 마르크스가 말년에 '마르크스주의'란 이름으로 주장되는 온갖 편협한 철학적 유물론이나 역사적 결정론을 보고, "나는 마르크스주의자가 아니다"라고 말했던 것처럼.

본인은 하나의 이상으로서 사회주의를 생각해본 적은 있어도－이것 역시 지적 훈련이 덜 된 대학 초년 시절의 일이다－ 현실의 사회주의 사회를 동경하거나, 사회주의혁명을 꿈꾼 적은 전혀 없다.

또한 본인은 자본주의 경제의 문제점이 세계적으로나－스태그플레이션, 남북 간의 부의 불균등의 심화 등－ 국내적으로 명백히 드러나고 있는 현실에서, 한 청년이 '혹시 사회주의 경제라면 어떨까?' 하는 의문을 품었다고 해서, 그것이 잘못되었다고는 추호도 생각하지 않는다. 오히려 사고의 성숙 과정에서 바람직하다고 생각한다. 유토피아를 꿈꾸지 않고서 어떻게 새로운 대안적 전략이 나올 수 있겠으며, 현실을 부정하지 않고 어떻게 창조적일 수 있겠는가!

사회주의를 무조건적으로 부정시하는 것은 잘못이다. 현 국가권력에서는 북한이 사회주의 사회니깐 우리는 사회주의라면 무조건 배척해야 한다는 차원을 벗어나지 못하고 있다. 그러나 사회주의도 다른 여타의 체제와 마찬가지로 선택 가능한 사회발전전략일 뿐이다. 실제로 2차대전 후 많은 신생국가에서 사회주의를 택하여 나름의 사회발전을 추구하고 있지 않은가. 진정 중요한 것은, 제3세계 국가들에 있어서 주체적이고 자립적인 국민국가를 건설하는 데에 사회주의적 발전전략이 과연 도움을 주는가 하는 문제에 답을 내리는 것이다. 여기서 만약 긍정적인 답이 주어진다면, 사회주의적인 발전을 택하는 것이 바람직할 것이다.

본인은 이 문제에 대해서 확실한 답을 내리는 것을 유보하겠다. 본인의 지식이나 경험을 가지고서는 섣불리 답할 수 없는 문제이리라. 더욱이 최근 중국에서 보여지는 것처럼 '시장사회주의'(주지하다시피 시장은 자본주의 경제 고유의 특성이다)라는 형태로 새로운 혼합경제체제까지 시도되고 있음에야.

단, 사회주의를 막연히 이상으로만은 여길 수 없다는 것은 다음과 같은 몇 가지 문제점을 보더라도 확실하다.

첫째, 제3세계의 경우 생산력의 충분한 발달과 시민적인 자유가 결여되어 있으므로, 이 상태에서 사회주의화가 진행되면 필연적으로 지배계층의 관료주의화가 불가피하다는 점,

둘째, 사회주의 사회의 고유한 모순으로서, 분배에 대한 지향은 성취를

위한 인간의 자발적 노력을 부정하여 생산성이 일정 수준에서 정체될 수 있다는 점,

셋째, 제3세계가 현재의 자본주의적 국제분업질서로부터 완전히 절연했을 경우, 새롭게 사회주의 대국으로의 일정한 정치적 종속이 불가피하다는 점 등이다.

애기가 조금 장황해졌는데, 다시 본론으로 돌아와 보자.

NDR이 SR을 위한 전 단계가 아니라고 해서, NDR 후의 사회가 이제 더 이상 아무런 모순도 없는 이상적인 사회라고 주장하는 것은 아니다. 그런 주장은 운동가의 세계관으로서는 용납될 수 없다. 모든 사물은 운동·발전하며, 그 운동의 배후에는 모순이 있다. 분명 민중민주주의 사회도 모순이 있을 것이다. 만약 그 모순이 적대적이라면 비타협적인 투쟁을 통해 발전할 것이고, 비적대적이라면 비판과 자기비판, 대화와 타협을 통해 발전해갈 것이다. 그러나 그 모순은 우리의 것이 아니며, 그 사회의 주체들의 것이다. 민중민주주의 사회 다음에 역사가 어떻게 발전해갈지를 지금 예상한다는 것은 전혀 불필요하지는 않을지언정 그다지 현명한 짓은 못 되며, 더욱이 NDR 다음에 SR을 수행하려 했다고 핏대를 높이는 것은 남 보기에 창피한 것이다.

NDR은 NDR을 위한 것일 뿐, 그 다음 진행될 것이 무엇이든 그것 때문에 NDR을 중단할 수는 없다.

다음으로, NDR이 SR과는 무관하다는 것을 보이기 위해 2단계 혁명론과의 차이점을 정리해보고, 계속해서 북한의 혁명전략과의 관계, 폭력혁명의 문제 등 극히 논쟁적인 몇 문제로 접근해보자.

(2) NDR과 2단계 혁명론(중략)

(3) NDR과 북한의 남조선혁명전략(중략)

(4) NDR과 폭력(중략)

7. 깃발과 민추위 활동

이제 마지막으로 조직활동에 관해서 살필 때이다. 공소사실이 수십 항목에 달하고 있으나, 실상 그 골자는 간단하다. '민족민주혁명 이념을 실현하기 위해 깃발을 반포하고 조직을 결성하고 시위를 주도했다'는 것이다.

이에 대한 본인의 답변은 오직 이렇다. '민족민주혁명 이념이 민족사적으로 정당한 것인 이상, 그 이념을 실현하기 위한 역사적 실천행위로서의 우리의 제반 조직활동은 정당하다.'

본인은 목적으로 수단을 정당화하고 싶은 생각은 없다. 수단은 목적을 '효과적으로' 실현시켜 줄 때만 의미가 있다. 우리의 조직활동은 전체 민족운동의 관점에서 그 옳고 그름, 긍정성과 한계가 논의되어야만 할 것이다. 논의의 차원을 좁힌다면, 우리의 주된 조직활동이 학생운동 영역 내에서 이루어진 만큼, 학생운동사의 경험과 과제에 비추어서 우리의 활동이 이해되어야 할 것이다.

한국 사회에서 학생운동의 중요성에 대해서는 운동 당사자든, 아니면 소리만 들어도 고개를 설레설레 흔들 현 정권이든 이론이 없을 것이다. 그만큼 학생운동의 정치투쟁역량은 자타가 높이 평가하고 있다.

민중운동이 뿌리를 내리기 시작하던 70년대부터 학생운동은 과거의 준 야당적인 성격을 벗고서 민중운동을 자신의 준거집단으로 분명히 해왔으며, 지속적인 반파쇼투쟁을 통해 자신의 투쟁역량을 축적해왔다. 다른 민중운동과 마찬가지로, 80년 5월의 민주화투쟁 경험과 광주항쟁은 이념성에 있어서 질적인 발전을 거두었다. 광주항쟁 후 학원에서는 '혁명'이 하나의 문화가 되었다. 학생운동은 혁명운동의 선도적 투쟁집단으로 자신을 규정짓고, 목적의식적인 노력—즉 쁘띠적인 자신의 즉자적 계급성을 부정하고서 민중의 일원으로 자신의 위치를 정립, 새롭게 자신의 역할을 재규정하려는 노력—을 더욱 분명히 하게 되었다. 84년부터 주어진 유화국면은 그동안 질적·양적으로 성장한 학생운동에 대해 새로운 투쟁형태를 창조할 것을 요구하였다. 새로운 투쟁형태와 그 투쟁을 보증할 조직형태, 우리의 활동은 정확히 여기에 위치 지워진다.

노투와 민투 등 실천적 투쟁조직형태, 그리고 선도적 정치투쟁, 민중지원투쟁의 조직적 결합 등은 학생운동의 일정한 발전 단계를 명확히 보여주는 개념들이다. 이것들은 유화국면 하에서 학생운동이 부딪혔던 문제들에 대한 창조적인 문제의식의 표현이며, 전체 운동에서 학생운동이 수행해야 할 고유한 역할은 무엇인가라는 질문에 대한 나름대로의 잠정적 해답이라고 하겠다.

민추위 조직이 지하조직—조금 어감이 좋게 말하자면 비노출조직—이라는 점에 대해 검찰이 문제 제기를 하고 있는데, 정권의 폭력성을 감안한다면 오히려 지하조직이 되지 않는 게 더 이상한 일이 될 것이다. 더욱이 유화국면 자체가 현 정권의 기만적인 전술로 주어진 것에 불과한 만큼

민주화운동이 고양되면 언제라도 즉시 폭력적 탄압으로 돌아서리라는 것이 분명했고(현재 보여지듯이), 따라서 운동의 지속성과 통일성을 위해선 현 정권의 탄압을 이겨낼 수 있는 비노출조직이 필요했음은 너무도 당연한 요청이라 하겠다. 현 파쇼권력 내에서 합법·비합법·반합법 투쟁의 효과적 배치만이 문제가 된다. 민추위는 현 정권의 탄압을 이겨내지 못하고 와해되어 버렸다는 점만이 반성되어질 뿐이다. 그리고 내부적으로는 민추위에서 제시한 조직원리가 학생운동의 역량을 뛰어넘는 것은 아니었는지가 계속 고민해야 할 문제로 남는다.

민추위의 활동은 민족운동의 한 조그마한 표현에 지나지 않는다. 민추위는 NDR의 관점에서 학생운동의 역할을 규정짓고, 그 역할에 따라 학생운동을 지도하려고 했다. NDR 자체가 민추위 활동을 통해 보다 구체화되어 갔다고 하는 게 옳을지 모르겠다. 혁명적 인식은 혁명적 실천에 의해서만 보증된다고 할 때, 객관적 진리의 발현으로서의 NDR과 민추위의 주체적 실천은 완전히 동일한 계기일 것이다. 그렇다면 NDR이 정당하기 때문에 민추위의 행위가 정당한 것이 아니라 민추위의 활동이 NDR을 구체화시키는 한 계기로서 가능했기 때문에 정당한 것이 되겠다. 다시 말해서 우리는 혁명적 실천을 했기 때문에 객관세계에 대한 혁명적 인식을 얻는 데 기여했고 그래서 정당하다.

8. 결론

너무 급하게 항소이유서를 쓰다 보니까 하고 싶은 말을 제대로 다 하고 넘어왔는지 확인해볼 겨를도 없이 마무리를 짓게 되었다. 처음 계획했던 아웃라인이 글을 쓰는 동안에 상당히 바뀌었다. 그중에서도 NDR의 '주체적 발전전략'과 현재의 '종속적 발전전략' 그리고 '사회주의적 발전전략'의 원리론과의 상호비교를 정리하려 했던 계획은 완전히 포기되었다. 아무래도 본인의 능력을 벗어나는 문제였던 것 같다. 그러나 다른 한편으로는, 아직까지 제국주의와 파쇼 세력에 저항하는 단계에 있는 민족운동의 한계가 부분적으로 반영되었는지는 모를 일이다. 지금부터는 형식적 민주주의자들과는 구별되는 우리의 독자적 주장을 보다 구체화해나가고, 국민 대중에게 본격적으로 선전해야 한다. 민족운동은 이제 더 이상 저항 세력에 머무를 수는 없고 정치투쟁의 헤게모니를 행사하여 민중민주연합권력을 창출할 준비를 해나가야 한다. 국가권력이란 정치투쟁에서 주도적인 역할을 한 세력으로 귀결되는 법 아니겠는가.

현 정권은 남한의 역대 정권 중에서도 가장 무능하고 추악한 집단이다. 현 정권은 집권 과정의 비정통성을 그 후 조금도 회복하지 못했으며, 오직 '올림픽' '단임정신' 등 허구적인 통치 상징으로 유지되고 있을 뿐이다. 현 정권의 대미의존은 더욱 심화되어, 이제는 민족의 존엄성과 생존 자체가 위협받는 절박한 위기에 빠지게 되었다. 미국은 중동에서의 자기이익 보호를 위해 몇 만 리 떨어진 이 땅에서 전쟁을 벌여 핵폭탄으로 초토화시키겠다는(동시다발전쟁) 전쟁논리를 우리에게 강요하고 있다. 현 정권이 국민들의 정치의식을 마비시킬 수단으로 행하고 있는 신식민주의적인 소비문화는 국민들의 지적·도덕적 타락을 가져오고 있다. 현 정권 아래서 이 사회는 '다수에 대한 궁핍의 사회이며, 전체에 대한 위협의 사회'가 되어버린 것이다.

무엇보다도 중요한 것은 우리의 존재 조건을 변화시키기 위한 우리의 주체적 실천이다.

이 시대의 역사적 상황은 우리에게 혁명적 실천을 요구하고 있다. 우리는 정치, 경제, 사회, 문화 모든 면에 있어서 근본적인 변혁만이 현재의 위기 상황을 극복할 수 있는 길임을 직시하고 있다. 우리 앞에 놓인 길은 명백히 두 갈래이다. 매판화에 의한 전면적 종속이냐, 아니면 민중이 주체가 되어 민족민주혁명을 수행할 것이냐의 양자택일이다.

한 가지, 점진적인 개혁 곧 평화적인 대화를 통한 개혁을 주장할 수도 있다. 그러나 그것은 현 상황 하에서는 명백히 허위의식이다. 본론에서도 얘기했듯이 점진적인 개혁이 가능하려면 능력 있는 민족 부르주아들이 있어야 한다. 그러나 불행히도 우리 사회는 그렇지 못하다. 우리의 부르주아는 대부분 매판화되어, 현재의 종속적 발전에 안주하려 든다. 그들은 독재권력보다 노동자를 더 두려워한다.

민중을 동원하고, 조직하고, 그들의 에너지를 해방시키려 들지 않는 한 개혁은 불가능하다. 우리가 민족민주혁명의 주체는 민중이고, 민중이 주도하여 모든 민주 세력을 결집시켜야 한다고 주장하는 것은 바로 부르주아의 매판화 때문이다.

대화를 통한 발전은 민주제도가 정착되어 있을 때나 가능하다. 우리에게 있어서 데모크라시는 정치역량, 정치문화가 아니라 혁명적 구호이며, 투쟁으로써 쟁취해야 할 목표이다. 이 시대 지식인들은 허위의식의 껍질을 벗고 자신의 태도를 분명히 해야 한다.

우리의 미래는 민중의 정치의식과 투쟁역량에 달려 있다. 지금 시점에서 남은 유일한 문제는, 현 체제를 부정, 극복할 수 있는 '힘의 문제'이다. 헤겔이 얘기한 노예와 주인의 변증법에서, 노예가 주인을 부정하는 그러한 과정이 전개되지 않는다면, 그것은 노예들이 그 과정을 모른다거나 그럴 필요가 없어서가 아니라, 그러한 과정을 실현시킬 힘이 없기 때문이다.

우리의 힘은 비타협적 투쟁의지에서 나올 것이다.

우리에게 있어서 민족민주혁명은 이제 도덕적 명령이 되고 있다. 지적·도덕적 우월성으로 무장하여 불굴의 의지로 투쟁해나가자!

우리는 승리할 것이다!

1986년 4월 4일

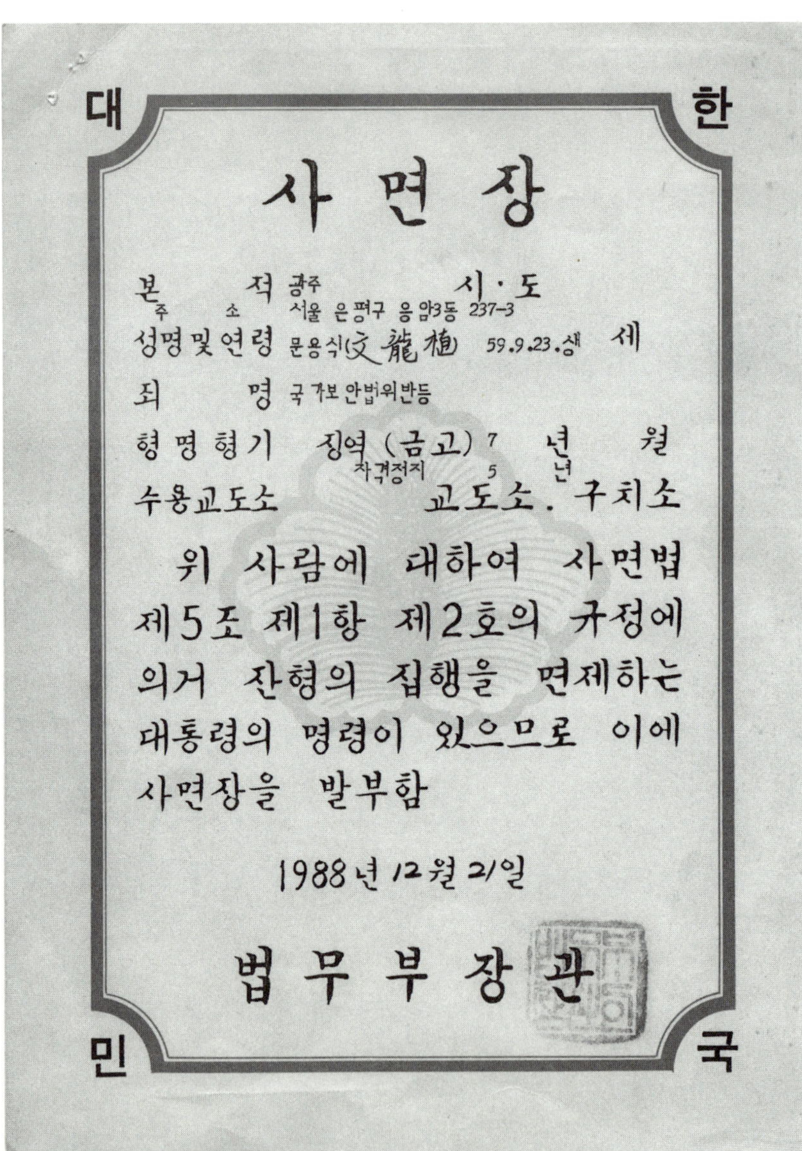

대 한

사 면 장

본   적 광주   시 · 도
주   소 서울 은평구 응암3동 237-3
성명및연령 문용식(文龍植) 59.9.23.생   세
죄   명 국가보안법위반등

형명형기 징역(금고) 7 년   월
          자격정지 5 년
수용교도소   교도소 · 구치소

위 사람에 대하여 사면법
제5조 제1항 제2호의 규정에
의거 잔형의 집행을 면제하는
대통령의 명령이 있으므로 이에
사면장을 발부함

1988년 12월 21일

법무부장관

민   국

사면복권장

복 권 장

본   적 광주   시·도
주   소 서울 은평구 응암3동 237-3
성명및 연령 문용식(文龍植) 59.9.23.생 세
죄   명 국가보안법위반등
형명 형기 징역7년, 자격정지5년
수용교도소   교도소·구치소

위 사람에 대하여 사면법
제5조 제1항 제5호의 규정에
의거 복권하는 대통령의 명령이
있으므로 이에 복권장을 발부함

1988년 12월 21일

법무부장관

우리가 만난 문용식

문용식의 생애

연세대 심리학과 전공과목인 '생애 설계와 성인 발달' 수업시간에 제출된 학생들의 보고서이다. 연세대 황상민 교수가 수업 진행을 맡았고 당시 1조 그룹인 〈The First & The Best〉의 박자연, 김경빈, 김나연, 김지영, 김태희, 민나예, 최경욱 학생이 최종 정리했다. 나의 전 생애가 시기별로 잘 정리되어 있다.

1. 세상으로 나아가기 위한 준비 시기: 유년기(출생~20세)

1959. 9. 23 전남 담양 출생

- 현재 나이 50세로, 2남 2녀 중 셋째이고 할아버지는 농군이셨으며, 아버지는 양복점을 하심.

1966 광주교대부속초등학교 입학

1972 살레시오중학교 입학

1975 전주고등학교 입학

- 전주 지역 명문 고등학교로, 고향과 가족을 떠나 하숙생활을 시작함.
- 입시경쟁 위주의 학교 분위기에 적응하지 못해 1~2학년 때 수업을 안 들어가고 산이나 들로 놀러 다니면서 놀다가 재수를 하게 됨.

2. 사상을 정립하는 시기 : 뿌리를 뽑는 시기(20~26세)

가. 특징

나는 양친으로부터 도망쳐서 독립하지 않으면 안 된다.

뿌리를 뽑아내는 시기에는 부모가 만들어놓은 삶의 구조에서 벗어나 독립하고자 한다. 문용식도 고등학교 때까지는 뭇 학생들과 다름없이 학업에 매진했다. 그러나 대학에 들어가면서 부모로부터 독립할 수 있는 여건이 마련되었고, 자연스럽게 행동의 자유가 생기면서 자신의 신념을 실천할 수 있는 기반이 마련되었다. 그는 말한다. "한 살부터 열아홉 살까지는 부모 밑에서 한 부속품으로 성인을 예비하는 때다. 그러나 스무 살부터는 성인이 되어 자기 마음대로 할 수 있는 자기 인생이 시작된다. 육체적으로, 정신적으로 그렇다. 그러니 그때부터 한 살이 되는 것이다. 그것이 새 출발이다."

동년배 집단 속에서의 역할, 성별에 따른 역할, 예측된 직업, 사상, 관념이나 세계관 속에서 자신의 위치를 잡아야 한다.

부모로부터 독립한 이후에는 자신의 새로운 정체성에 대한 질문을 던지며 자신이 속한 동년배 집단, 성별, 예측된 직업, 사상, 관념이나 세계관 속에서 자신의 위치를 잡으려 한다. 문용식은 학생운동을 통해 이를 수행했다. 그 당시 전두환의 군사정권은 쿠데타로 집권해 대내적으로 전혀 집권의 정당성을 갖추지 못했으며, 이에 항거하는 국민들을 제압하기 위해 계엄확대를 통해 공안정국을 조성하고, 자신에게 반기를 드는 시민, 학생을 무자비로 살상했다. 대표적인 사건이 '화려한 휴가'라는 작전명 하에 실시된 광주 대학살이며 이로 인해 격분한 광주 시민들은 이에 항거했다. 이러한 시대에 그는 사람에 대한 믿음과 '불구대천의 독재정권'이라는 원수를 몰아내야 한다는 신념으로 운동권에 투신했고, 이후 서서히 자신의 사상을 정립해나간다. 그는 이 시기에 같은 연배인 대학생 집단 내에서 자신의 신념과 운동권 투신 경력, 투철한 사상 등에 의해 운동권의 중심인물로 부각되었고, 민중이 바로 서는 나라가 진정한 국가라는 신념을 세운 것으로 보인다.

나. 중심 사건과 인터뷰 내용

1978 대입 실패 후 재수

1979 서울대학교 인문학부 입학

- 1학년 때부터 유신정권에 반대하는 이념 서클에 가입, 학내 반독재 운동에 가담.
- 학자나 기자가 되고 싶었던 꿈 때문에 2학년에 국사학과 선택.
- 박정희 시해사건 → 12·12 쿠데타 → 서울의 봄 → 5·18 광주민중항쟁으로 숨 가쁘게 이어진 격동의 시기를 보냄.

Q _ 사회운동을 해야겠다고 결심한 때는 언제인가요?

A _ 대학에 와서이다. 고등학생 때는 일단 대학을 가야 했기에 공부에만 집중했다. 그러나 대학은 자유롭다. 인생의 주체로서 성장하는 시절이 시작된다. 그 전까지는 부모님께 의존하지만 대학에 입학한 뒤부터는 자신이 직접 선택을 할 수 있고 책임질 수 있는 환경이 조성되기 때문이다.

Q _ 자신의 가치관이나 사상을 먼저 확립한 뒤에 사회운동을 시작하신 건가요?

A _ 그 반대이다. 지식과 구체적인 사상을 알기 전, 인간에 대한 믿음으로 사

회운동을 시작했다. 내가 주체적인 인간일 수 있는 방법은 이 길밖에 없다는
느낌이 들었다.

Q _ 대학에 입학한 뒤 사회운동은 선택이 아니라 필수적인 것이었나요?

A _ 운동은 갈림길이 아니었다. 당시에는 전두환이 '불구대천의 원수'라는 의
식 때문에 운동을 하는 것 이외의 선택지가 없었다. 물론 당시에 운동이 아니
라 공부를 한 학생들도 있었다. 심정적으로 동의함에도 불구하고, 집안의 압력
이나 현실적인 이해타산 때문에 취업 시험이나 고시 공부 혹은 유학 준비를 한
것이다. 이들은 상당한 원죄의식을 가지고 있다. 당시를 살았던 7080세대는 지
금은 40~50대로서 대한민국을 이끌어가는 주력들인데 이들 중 상당수가 나를
알고 있고, 나 같은 사람(운동에 앞장선 사람)에 대해서 보이지 않는 채무의식을
가지고 있는데 이것은 내가 세상을 살아가는 데 많은 힘이 된다.

Q _ 부모님은 계속 지지를 해주셨나요?

A _ 처음에는 부모님 모두 굉장히 놀라셨다. 하지만 이후에 자식이 말하는 것이
옳다고 생각하시고는 지원해주셨다. 설득의 과정은 특별히 필요하지 않았다.

1984 민주화추진위원회(민추위) 설립
- 이태복의 후배들, 학림계열이 주축이 되어 만든 비공개 조직.
- 박문식(77학번)과 함께 주축을 이룸(당시 79학번, 위원장).
- 민추위는 1980년대 민주화와 반미, 반독재를 부르짖던 운동권의 본류.
- 노동문제투쟁위원회, 민주화투쟁위원회, 홍보위원회, 대학 간 연락책 등 4개의 산하

3. 신념과 고난의 시기: 시련의 20대(27~30세)

가. 특징

20대에 가장 많이 침투되어 있는 주제는 가족이나 문화, 친구들에 의해 형성된 '하지 않으면 안 되는 일'을 한다는 것이다.

문용식은 지식과 구체적인 사상을 알기 전, 인간에 대한 믿음으로 사회운동을 시작했다. 그는 자신이 주체적인 인간일 수 있는 방법은 그 길밖에 없다는 느낌이 들었다고 한다. 대학에 입학한 뒤 행했던 사회운동은 선택이 아니라 필수적인 행동이었다. 당시에는 전두환이 '불구대천의 원수'라는 의식 때문에 운동은 결코 갈림길이 아니었다. 운동을 하는 것은 그에게 주어진 '하지 않으면 안 되는 일'이었던 것이다.

'시련의 20대'에는 성인의 세계와 맞씨름을 하기 위한 과제들이 주어진다. 주로 '나의 희망을 실현시키기 위해서는 어떻게 하면 좋을까?' '시작하는 데 최선의 방법은 무엇일까?' '어디로 갈까?' 하는 고민들이다.

'깃발'의 핵심 멤버였던 문용식은 민중과 함께하고 싶다는 생각을 가지고, 군부독재에 대해 반대하는 운동을 펼치다가 감옥에 수감되었다. 당시 그의 입지는 일개 학생이었기 때문에 독재정권과의 싸움은 항쟁으로 귀결될 수밖에 없었던 것이다. 옥중에서 그는 '정치적인 야망'을 어떻게 펼칠 수 있을 것인지에 대해 고심하다가 국내외 정세에 관심을 가지게 되었다. 그리고 당시 국내외 정세가 냉전으로 인해 구소련에 집중되어 있었기 때문에 옥중에서 허용되는 경제주간지 〈이코노미스트〉를 통해 영어와 러시아어를 익히기 시작했다. 더불어 그 잡지를 통해 경제적인 전문성까지도 획득할 수 있었다. 비록 〈이코노미스트〉를 읽게 된 것은 우연이었지만 문용식은 기회를 잡아서 자신의 것으로 잘 흡수했다. 그리고 10년을 주기로 그 기간 동안은 무조건 한 가지 일에 몰두할 것이라는 신념을 바탕으로, 더불어 전문성을 키우기 위한 앞으로의 직업 선택에 관해 고민했다. 문용식은 학문적으로 권위를 닦아 '교육'으로서의 정치와 '민중과 함께하는 것'으로서의 정치 사이에서 갈등을 하고 있었다.

한 번 선택한 일을 절대 변경하지 못한다고 믿는 것은 잘못된 공포다. 변경은 충분히 가능하며, 최초의 선택을 변경하는 일은 어쩌면 피할 수 없는 과정일지도 모른다.

문용식은 출소 뒤 옥중에서 갈고닦은 영어와 러시아어를 이용해 〈사상문예운동〉이라는 잡지의 데스크를 맡아 러시아 서적을 번역하면서 그곳의 사상과 정세를 이해했다. 동시에 국내 정치에서 더 나아가 거시적으로 발상을 전환하면서 세계 정치에 대한 이해를 갈망하고, 외교학과 대학원으로의 진학을 결심한다. 당시 대한민국은 외세의 영향을 크게 받고 있었기 때문에 문용식은 국제정치를 알지 못하면 대한민국의 정치 흐름을 이해할 수 없을 것이라는 판단 하에 공부를 해보고자 유학까지 고려한 것이다. 학문의 이론적인 틀을 이해하는 데에는 무리가 따르지 않았다. 그러나 더 나아가 이론의 배경이 되는 철학적 사상의 뿌리까지 이해하는 데에는 한계가 있었다. 결국 문용식은 한계를 자각하고, 외교학 공부와 유학이라는 최초의 선택을 포기할 수밖에 없었다. 새로운 진로를 모색하는 '변경'의 과정을 거쳐야만 했고, 자신의 능력과 신념을 행할 수 있는 일에 대해 고민하다가 IT업계에 뛰어들었다. 이것은 그의 선택에 있어서 획기적인 '변경'이었던 것이다.

나. 중심 사건과 인터뷰 내용

1985 깃발 사건

- 깃발 사건 국보법 위환 혐의로 구속.
- 군부는 5공화국 헌법을 제정한 뒤 집권하여 정치적 경쟁자들에 대한 숙청으로 체제를 정비한 이후, 1983년 이후 학원자율화 조치 등 유화 국면을 조성. 그럼에도 불구하고 군사독재정권에 항의하는 시위는 대학가를 중심으로 격렬하게 진행됨. 광주민중항쟁에 대한 무력진압으로 집권한 군사독재정권이 정당성을 갖지 못했을 뿐만 아니라, 이러한 정당성을 노동계, 학원 등의 탄압으로 상쇄하려 했기 때문.
- 전두환 정권은 유화조치의 일환으로 83년 12월 해직교수 복직, 제적생 복교, 양심수 사면복권 등 일련의 조치를 발표했는데, 이와 같은 유화 국면 속에서 대중적인 연합 단체들이 출범.
- '깃발'은 학생들이 자신의 활동에 대한 평가, 올바른 운동 방법, 당면한 정치 상황에 대한 분석 등을 실은 일종의 계간지. 민추위의 입장을 선전하기 위해 84년 두 번 발간하고 난 뒤 중단됨.
- '깃발'을 중심으로 노학연대가 형성되려 하자 전두환 정권은 깃발 전담반을 설치, 서울 미문화원 점거농성 사건이 발생하자 치안본부 남영동 대공분실에서 사건을 담당. 깃발 전담반이 설치된 뒤 10개월이 지난 7월 중순에 안병룡, 황인상, 윤성주 등 주요

간부가 체포되고 다시 한 달 반쯤 뒤에 문용식, 박문식 등 지도층이 체포됨.

- 구속 이후 대공분실 치안본부에서 보름여 일에 걸쳐 물고문, 전기고문 등 극심한 고문을 받음.
- 깃발 사건은 김근태 전 민주화운동청년연합 의장이 문용식에게 NDR 이념 교양을 했다는 날조된 혐의로 구속되어 10여 차례 전기고문, 물고문 등 상상을 초월하는 가혹 행위를 당했으며, 민추위 관련 수배자 박종운의 소재지 파악을 위한 참고인 조사가 발단이 된 고(故) 박종철 고문치사 사건을 낳은 원인이 되기도 함. 이는 6월 항쟁에 결정적인 영향을 미침.

1985~1988 옥중생활

- 1985년 10월, 가족 이외에는 면회가 되지 않아 연인 사이였던 지금의 아내 황경희 씨가 혼인신고를 해 법적으로 유부남이 됨.
- 영등포·서울구치소, 안양·수원·대전·홍성교도소 등 여러 구치소와 교도소에서 6개월~1년간 지냈으며, 다른 재소자들과 관계를 형성하고 교도관들과 친해지는 것을 방지한다는 이유로 수시로 이감됨.
- "다른 사람과 말을 할 수 없는 독방생활은 인간의 지능을 퇴화시킨다. 다행히 나는 규칙적인 기 수련운동과 영어 공부를 하며 감옥생활을 지루하지 않게 보낼 수 있었다."
- 신문이나 시사잡지를 읽을 수 없게 해 〈이코노미스트〉를 읽으며 국제경제, 정치, 영어를 공부.
- 어떤 직업을 갖든지 10년은 무조건 그 직업에 종사할 것이라는 결심을 하고 미래를 위한 준비 시작.

1988 출소

- 3차례에 걸쳐 총 5년 1개월 동안 수감되고 1988년 10월 출소.

Q _ 인생에 변화가 찾아오고 있다는 것을 느끼셨나요?

A _ 내 인생의 1막은 운동권에 매진했던 10년이었다. 왜 출소와 함께 1막이 끝났다고 생각했는지는 그 당시 시대적 상황을 고려해야 한다. 87년 6월 항쟁과 군사독재의 퇴진으로 대한민국에 큰 변화가 일어났다. 대한민국이 맞이한 정치·경제적 흐름이 바뀌었기 때문에 과거와는 다른 새로운 방식이 필요했다.

Q _ 그 당시에 내가 하던 일을 마무리 지어야겠다는 그런 확신이 들었나요?

A _ 그랬다. 그때는 확신이 왔다. 내가 새로운 시대 흐름에 맞게 변화해야만 무슨 일을 하더라도 힘 있게 끝까지 할 수 있다고 생각했다. 민주화를 위해 몸 바쳤던 뜻은 참 옳은 것이지만 그것을 실현하는 방법을 바꿔야 한다고 생각했다. 그래서 무엇을 바꿀까 고민했다. 그 결과 앞에 나서서 투쟁하고, 정치적인 저항을 하는 방식은 오래갈 수 없다고 생각했다. 대중과 유리되어 앞서서 끊임없이 싸우는 것에는 한계가 있다고 생각했다. 국민들, 대중의 삶에 뿌리를 내려야 하고 그 일원이 되어야 한다는 생각이 들었다. 어떻게 뿌리를 내리느냐? 그 삶을 살아야 한다. 즉 직업을 가지는 것이다. 어떤 것이든 직업을 통해 뿌리를 내린 뒤 발언할 수 있는 자격을 갖추어야만 한다는 것이 내가 출소 전 마지막으로 한 생각이다.

4. 선택과 전환의 시기: 변통할 수 없는 30대 1(31~33세)

가. 특징

20대에 매진했던 '하지 않으면 안 될 일'에 지쳐 30대에는 새로운 생명력이 싹튼다.

<패시지(Passage)>로 살펴본 문용식의 30대 초반은 가시적으로 인생에서 가장 큰 전환을 맞는 시기다. <패시지>에 따르면 30대를 맞이하며 사람들은 20대에 매진했던 '하지 않으면 안 될 일'을 갈기갈기 찢어버리고 새로운 방향을 찾는다고 한다. 보통 20대의 '하지 않으면 안 될 일'은 자신에게 주어진 남들의 기대, 사회가 요구하는 바람직한 기준에 자신을 맞추는 행위였다. 지금의 20대가 자신이 무엇을 해야 하는지 잘 모르는 채로 많은 일들을 해나간다면, 문용식이 20대에 해왔던 일들은 그와는 정반대로 20대 초반부터 확고한 신념을 바탕으로 한 것들이었다. 일종의 소명의식이라 할 수도 있겠지만, 기본적으로 모든 것들이 사회라는 틀과 함께 굴러갔다는 점에서는 공통점이 있다. <패시지>에 따르면 30대들은 그러한 역할의식에서 벗어나 자기 스스로 '나는 무엇을 할 수 있는가?' '무엇을 해야만 하는가?' 하는 질문을 던지게 되는 것이다. 이렇게 해서 20대에 독재권력에 대항하기 위해 민중 속으로 뛰어들었던 그의 10년의 세월이 1막을 내린 것이다.

현존하는 구조에 의문을 던져보고 재평가를 해보며, 자아와 세계 안에서 다양한 변화 가능성을 모색한다.

출소 뒤 운동권으로 돌아가지 않기로 한 그의 선택은 오랜 옥살이로 인한 자연스러운 선택으로 보일 수도 있지만 그렇지 않았다. 출소 직전 그는 10년간의 민주화운동을 되돌아보며 '무엇이든 그 분야의 최고가 되기 위해서 10년이란 시간이 필요하다. 그러므로 나는 앞으로 무엇을 하든 10년간 매진하겠다'는 생각을 했다. 우리가 전환기를 맞이했을 때 현존하는 구조에 대해 의문을 던져보고 과거를 재평가하는 작업을 하지 않는다면 다음의 구조로 전환할 수 없다. 문용식은 전두환 정권이 물러가고 구소련의 사회주의체제가 붕괴되는 시점에서 과거와 같은 방법을 고집해서는 안 된다고 생각했다. 민중들의 삶과 유리된 채 거리에서 앞장만 선다고 진정한 의미의 민주화가 오지는 않는다고 본 것이다. 또한 그는 이미 옥중에서 결혼을 한 상태였기 때문에 가족 부양이라는 새로운 역할을 안게 된다. 그래서 그는 직업을 가지기로 결정한다.

30대의 초기 인생은 안정된 생활을 추구하게 된다. 사람들은 집을 사고 직업적인 사다리를 오르려 애를 쓴다.

출소 이후 문용식의 삶은 순탄치 않았다. 서른을 바라보는 나이에 3학년으로 복학을 했고, 이미 가장이었기 때문이다. 그 전과는 달리 경제적으로 안정된 삶을 영위하기 위해 여러 가지 일을 하게 된다. 출판사의 편집장으로 일을 하기도 하고, 대학원 시절 국제정세에 대한 논문들을 연구해 책을 한 권 내기도 했다. 이 시기 그의 초미의 관심사는 앞으로 10년 동안 매진할, 다른 이들과 마찬가지로 안정된 삶을 살게 해줄 직업이었다.

다음의 안정기에서의 새로운 인생구조를 구성하는 기반이 될 중요한 선택을 한다.

30~33세에 내린 두 가지 큰 결정은 대학원 진학과 회사를 설립한 것이다. 그중 첫 번째 대학원에 진학한 동기는 학문적인 전문성과 영향력을 가지고 정치에 참여하고 싶었기 때문이다. 국제정세를 알아야겠다고 생각하고 세계의 주류인 미국의 학문을 해야겠다고 생각했다. 하지만 국내에는 학문 기반이 닦여 있지 않았고, 이론을 학습하는 것은 쉬우나 그것을 쉽게 적용시킨다거나 독창적인 이론을 만든다

는 것은 쉽지 않은 일이었다. 그는 외교학을 공부하는 것은 직업을 가지고 그것에 10년을 매진하며 사회에 참여하겠다는 결심을 만족시킬 수 없다고 판단해 대학원을 마친 직후 공부를 접고 정보통신회사를 설립하는 중대한 결정을 했다.

나. 중심 사건과 인터뷰 내용

> 1988 컴퓨터와의 만남
> * 출소 직후 대학 1년 선배가 그를 세운상가로 데리고 가 '앞으로 어떤 일을 하건 컴퓨터를 알아야 한다'며 100만 원을 들여 컴퓨터 한 대를 마련해줌.
> 1988 12월 지인들의 축복 속에 결혼식
> 1990 학부 졸업
> 1990 학부 졸업 이후 외교학을 공부하기 위해 대학원에 진학
> * 대한민국의 현실이 미국의 국제정치에 얽매여 있는 상황에서 이것을 풀지 않으면 우리끼리는 어떤 문제도 풀지 못할 것이라고 생각함.

Q _ 왜 정치외교학을 배우려고 하셨나요?

A _ 첫째 이유는 능력이다. 국사 공부를 하고 싶었으나 한문에는 자신이 없었다. 그러나 외교학의 언어인 영어에는 자신이 있었다. 둘째 이유는 10년간 운동을 하면서 외국의 정치 상황이 대한민국의 민중사를 크게 좌우한다는 것을 알았기 때문이다. 그래서 국제정세를 알아야겠다고 생각했고, 세계의 주류인 미국의 학문을 해야겠다고 생각했다.

Q _ 정치외교학자의 길을 걷지 않은 이유는 무엇인가요?

A _ 사회과학의 이론은 쉽게 습득할 수 있다. 그러나 그 이론이 나오게 된 사상을 이해하는 것은 결코 쉽지 않다. 이론의 바탕이 되는 사상의 인문학적·철학적인 뿌리를 이해하고, 이것을 자기 것으로 능수능란하게 다루기는 힘들다. 어떤 문제를 해석할 때, 수많은 이론 중에서 그 문제를 해석하는 데 가장 적합한 이론을 찾아내기도 힘들지만, 수천 년간 논쟁 속에서 이어져 내려온 그 이론의 사상적 뿌리를 이해하는 데는 더 많은 노력이 든다. 내가 유학을 가더라도 박사학위 공부를 하면서 이론들의 사상적 뿌리를 압축적으로 이해하기는 불가능하다는 것을 자각했다. 만약 할아버지도 학자이시고, 아버지도 학자이셔서 내가 어렸을 때부터 거기에 관심이 있었다면 달랐겠지만 나의 할아버지는 농사를 지으셨고, 아버지는 양복점을 하셨다. 게다가 나이 서른이 넘어서 수천 년 동안 동서고금을 넘나드는 학문의 뿌리를 이해하는 것은 무리라는 생각이 들었다. 물론 열심히 할 자신은 있었지만 그래도 이론만 습득할 수 있을 뿐 사상의 인문학적 뿌리까지는 온전히 내 것으로 만들지 못할 것이라는 한계를 느꼈다. 잠시 유학을 고민했지만 유학 후의 나의 모습에 대한 한계를 자각했다.

Q _ **한계를 자각한 후의 심정은 어떠하셨나요?**

A _ 참담함을 느끼지는 않았다. 외교학 공부를 접으면서 또 다른 새로운 길을 모색해야 하는 압박감도 없었다. 당시에 책임져야 할 가정이 있었기 때문에 출판 사업을 하면서 대학원 공부를 하고 있었고, 사업으로 전환하자는 생각이 들었을 뿐이다. 공부에 재미를 붙여서 빠져보았지만 한계를 자각하고 접게 된 것이지, 그로 인해 참담한 심정을 느낀 것은 아니었다. 좌절이 아니라 과감하게 접는다는 선택이었다.

Q _ 평생직업에 대한 욕심이나 꿈은 없으셨나요?

A _ 전혀 없었다. (앞에서도 말했듯이) 나는 10년을 주기로 잡고 일을 해내는 스타일이다. 때문에 지금 하고 있는 일이 청소년 시절부터 쭉 이어져온 것은 아니다. 대학 입학 시절에 에피소드 하나가 있다. 국사학과를 선택한 것은 2학년 때의 일이고, 대학 입학 시에는 인문대를 지원했다. 입학 면접 당시에 면접관이었던 교수들이 "취직도 잘 안 되는 인문대를 졸업해서 무슨 일을 하려고 왔는가?"라고 물었다. 솔직히 말하자면 당시 학문에 대해서 잘 모르던 고3이었기 때문에 그저 '기자'가 하고 싶다고 말했다. 존경하는 언론인이 있는가에 대한 면접관의 질문에는 역사학자 겸 언론인이신 천관우 선생을 존경한다고 답했던 기억이 난다.

5. 개척과 발전의 시기: 변통할 수 없는 30대 2(34~42세)

가. 특징

두 번째 성인 인생구조: 안정기

《남자가 겪는 인생의 사계절》에 따르면 이 시기에 남성들이 해결해야 할 발달 과제는 두 가지가 있다.

첫째는 사회에서 자신이 일할 적재적소에 자리 잡기 위해 노력하는 것이다. 문용식은 당시 고려시멘트 박성현 대표에게 투자를 받아 나우콤의 전신인 한국출판정보통신을 설립한다. 유학, 고시, 취업 등 여러 가지 진로에 있어서 그는 자신의 지적 한계와 부딪치고, 운동을 주도하던 경력과 넉넉지 않은 자본으로 그는 선택권이 없었다. 아이디어로 승부할 수 있는 IT업계는 그의 상황으로는 최선의 선택이었다. 문용식은 그곳에서 자신의 '10년'을 결심하고 인생을 정박하여, 자신이 선택한 직무에서 유능감을 발달시키기 시작한다.

둘째는 무언가를 해내기 위해 씨름한다. '해내는 것'이라는 용어를 자신을 위한 더 나은 인생을 구축하고 타인들에게 인정받기 위한 모든 노력을 함축하는 의미에서 광범위하게 사용한다. 당시 그와 함께 운동했던 후배들은 고시를 통과해 판사나 검사, 회계사 등을 하거나 명문 사학을 나와 괜찮은 직장을 얻어 회사를 다니고 있었다. 과거에 민추위의 장까지 맡았고 한 가정의 가장이 된 그로서 인생의 시간표에 맞춰 승진하고 발전하기 위한 투쟁은 필연적이었을 것이다. 결국 한국출판정보통신을 설립하고 2년 뒤, 그는 당시 4대 PC통신(하이텔, 유니텔, 천리안을 비롯하여) 중 하나인 나우누리를 창설한다. '나우누리'라는 이름은 그가 손수 순우리말 사전을 찾아가며 지은 이름이다.

인생 기획: 사다리 타기

30대 초반까지 젊은 남성은 '풋내기' 성인에 불과했다면 안정기에 들어선 남성은 자신의 세계 안에서 성숙한 성인으로 거듭나기 시작한다. 이러한 과정은 사다리를 떠올리게 한다. 사다리는 승진과 관련된 모든 차원(수입, 권력, 명성, 창조성, 가족생활의 질)을 의미한다. 문용식은 오로지 머리 하나와 그의 이름 석 자로 사다리의 가장 밑바닥부터 시작하여 나우누리가 성장하면서 사원에서 서비스마케팅팀장으로, 총괄이사로 사다리를 오르기 시작한다. 상급자가 되어가면서 그가 확립한 사다리 전진법, 즉 미래에 대한 감각과 방향, 다시 말해 인생

기획은 지금의 문용식 대표가 정립한 나름의 이론이 되었다. 당시 인텔사의 전 회장인 앤디 그로브로부터 그는 사업경영 노하우에 많은 영향을 받는다. 이는 실질적으로 그가 30대 중반에서 40대 초반까지 블루오션이었던 IT업계를 성공적으로 개척하고 발전시키는 데 이바지했다.

자기 자신이 되어가는 시기

텍스트에 따르면 이 시기는 인생에서 결정적 시기다. 사다리의 맨 꼭대기, 즉 고참의 위치에 도달하는 것은 한 원숙한 인간이 되어가고 있음을 암시한다. 그로 인해 자신 안에 있던 소녀다운 것들, 성인 초기에 벗어날 수 없었던 내적인 형상들을 더욱 많이 포기하게 된다. 문용식 개인의 가치관도 회사를 경영하면서 많이 바뀌었다. 20대를 모두 시대의 개혁에 바치면서, 그가 속했던 집단과 함께했던 동지들은 모두 신뢰와 의리로 맺어진 사이였으며, 그들에게 힘을 실어준 것은 민주화라는 사회적 당위였다. 그러나 그가 특강에서 밝혔듯이, 직업인이 되어 기업이라는 집단에 들어가서 그는 대대적인 조직관의 전환이 일어났다고 했다. 곧 당위보다 중요한 것은 개인의 이기심이었고, 이 이기심을 인정하는 것이 나중에 결과적으로 공동의 이익으로 귀결된다는 발견이었다. 경제력이 중요함을 피력하며, 인간의 이기심이 곧 발전의 힘이고, 그가 경시했던 '피상적인' 것에 대해 새로 깨우쳤다고 말했다. 이는 아직 사회에 진출하지 않고 초·중·고·대학을 비롯하여 교육의 테두리에서 따뜻한 인간애를 믿는 우리 청년기 대학생들이 사회에 나가 직업을 가지며 얻게 될 대대적인 생각의 전환을 암시한다.

1992 고려시멘트 박성현 대표에게 투자를 받아 나우콤의 전신인 한국출판정보통신을 설립

1994 PC통신 나우누리 창설

- 당시 컴퓨터가 보급되기 시작하면서 지금의 인터넷 이전 PC통신이 최초의 네트워크로 자리 잡음.
- 나우누리는 당시 4대 PC통신 중 하나였음.
- 회사가 성장하면서 서비스마케팅팀장, 총괄이사 등을 거침.

Q _ IT업계로 들어서게 된 계기는 무엇인가요?

A _ 사람들이 나에게 묻는다. 무슨 선견지명으로 92년도에 IT 창업에 뛰어들 생각을 했느냐고. 그러나 계기를 말하자면, 나에 대한 여러분의 기대나 생각에 못 미칠 것이다. IT업계에 들어선 때는 대학원 마치고 유학을 포기한 92년대 말이다. 당시 내가 할 수 있는 것이 그 일밖에 없어서 마지막 도피처로서 선택한 것일 뿐이다. 유학을 가려 했지만 한계를 자각했기 때문에 외교학 공부는 계속할 수 없었다. 고시 공부를 하면 붙었겠지만 이것은 내 자존심이 허락하지 않았다. 지금까지 나는 국가의 기득권 질서에 저항하며 10년 청춘을 바쳤는데, 고시 공부는 그 질서에 편승하는 일이었기 때문이다. 나와 함께 운동을 했던 후배들 중에는 고시를 통과해 판사나 검사, 회계사를 하고 있는 이들이 많아. 그러나 나는 민추위를 대표하는 '장'이었기 때문에 고시 공부나 공무원은 나의 선택지에 없었다. 그렇다고 대기업에 취직할 수도 없었다. 대기업은 국가보안법 위반에 징역을 산 사람을 채용하지 않는다는 것을 알고 있었다. 만약 돈을

많이 가지고 있었더라면 큰 사업을 벌일 수도 있었겠지만 나에게는 큰돈이 없었다. 결국 내가 유일하게 할 수 있었던 것은 아이디어, 즉 머리로 할 수 있고 소규모로 시작할 수 있는 지식산업, IT산업이었다.

Q _ 이 시절에 대표님께 특별히 영향을 미친 책이나 인물이 있나요?

A _ 인텔사의 전 회장인 앤디 그로브가 쓴《편집광만이 살아남는다》라는 책이 큰 영향을 미쳤다. 앤디 그로브는 세계의 기업인 중 내가 가장 존경하는 분이다. 반도체로 회사가 정점에 이르렀지만 기업환경과 트렌드가 바뀌자 과감하게 기존사업을 축소하고 주력사업을 마이크로프로세서로 전환했다. 그렇게 하기는 정말 어려운데 결국 그분의 혜안과 결단력이 맞아떨어지면서 인텔이 오늘날 전 세계 마이크로프로세서 시장을 장악한 것이다. 난 2001년 대표로 취임해 구조조정하고 향후 방향을 설정할 때 나름의 이론을 정립했는데, 그 이론이 바로 그분의 책의 영향으로 완성된 거였다.

6. 좌절과 재도약의 시기: 결말을 짓는 세대(43~49세)

가. 특징

위기와 기회의 양쪽의 시기

〈패시지〉에서는 결말을 짓는 세대에서 가장 두드러지게 볼 수 있는 것들 중의 하나가 위기와 기회가 모두 나타나는 시기라고 한다. 문용식의 삶에도 이런 시기가 있었다. 라이프사이클의 변화로 자신이 속한 나우콤이란 회사가 너무나 어려워진 것이다. 이런 시점에서 문용식은 전혀 회의감을 가지지 않았다. 이 상황이 위기가 될 수도 있고 기회가 될 수도 있다고 생각했고 위기가 아닌 기회를 잡기 위한 방향으로 나아가고자 했다.

자신의 목적을 재검토하여 자신이 소유하고 있는 자원을 어떻게 사용할 것인지를 평가하는 시기

자신이 속해 있던 나우콤이 어려워졌을 때 문용식에게는 두 가지의 선택권이 있었다. 나우콤을 떠나 다른 좋은 곳을 찾아가거나, 아니면 나우콤에 모든 전력을 쏟는 것이었다. 많은 사람들이 다른 곳으로 옮기라고 제안했고, 실제 많은 사람들이 이런 상황에 처하면 다른 곳으로 도피할 것이다. 하지만 문용식은 그렇게 하지 않기로 결정했다. 나우콤은 자신의 청춘을 다 바친 회사, 즉 자신의 모든 노력의 결실과도 같았던 곳이기에 포기할 수 없었다. 그리하여 회사가 어려워진 시점에서 문용식은 자신이 가지고 있던 모든 능력과 자원들을 나우콤을 회복시키고 일으키는 데 쓰기로 결정했다.

직업에 관해서 속도를 내려고 더 한층 가속기를 밟는 시기

〈패시지〉에 의하면 30대 중반에는 시간의 절박함을 체험하며 더 큰 성공을 추구한다고 말한다. 거의 모든 남성들이 직업에 관해서 속도를 내려고 더 한층 가속기(accelerator)를 밟는 시기인 것이다. 단으로 묶여진 동료들의 집단에서 뛰어나게 우수해지는 '나의 마지막 기회'가 되는 셈이다. 이제는 최상위 관리계층(top management)의 일부가 되기를 희망하게 된다. 외적이나 세상사 면에서 승진하는 일에 열의를 불태워 전력을 집중시키는 이 시기가 문용식의 삶에서도 확인된다. 그는 나우콤의 대표가 되어 나우콤을 다시 일으키기 위해 거래처를 직접 돌아다니며 피디박스(인터넷 파일 저장 서비스)로 돈을 벌 테니 3개월만 기다려달라고 부탁하고 정부에서 신설한 프라이머리 CBO(채권담보부증권)라는 자금지원제도를 통해 95억 원을 빌려 위기를 모면하는 동시에 사업구조 변경을 도모했고 구조조정과 함께 기존사업을 축소하고 사업 다각화 차원에서 신규 사업을 벌였다. 그리하여 점차 자금이 들기 시작한 이후 이듬해 나우콤은 흑자를 냈고 이후 5년 연속 흑자 행진이 계속되었다. 2003년, 2004년에는 200억대 흑자 기업으로 전환했고, 현재 인터넷 파일 스토리지 서비스(피디박스, 클럽박스) 분야 점유율 1위로 가입자가 1500만 명에 달한다. 문용식은 여기서 만족하지 않고, 2003년 5월부터 2007년까지 김근태 전 의원의 후원 조직인 한반도재단 사무총장을 역임했다.

시대의 계열

《남자가 겪는 인생의 사계절》에 의하면 청년 중기는 세대 간의 차이를 깨달음으로써 세대 간의 상호작용을 증진시키는 방법을 배우는 시기라고 말한다. 좀 더 인간적인 방법으로 모든 세대의 사람들과 원만한 관계를 가지게 되는 시기다. 문용식의 리더십을 보면 이것을 엿볼 수 있다. 그는 직원의 생일날 편지를 쓰고 선물을 한다. 그러나 그것은 하나의 이벤트일 뿐이라고 한다. 더 중요한 본질은 '자신의 소중한 것을 바치는 것'이라고 말한다. 이는 리더라는 자리뿐만 아니라 모든 관계에 적용된다. 그는 좋은 인간관계가 되기 위해서는 '자신한테 소중한 것을 남에게 주는 것'이 필요하다고 말한다. 인간한테 소중한 것은 몇 개 안 되는데 그중에 하나가 '관심'이라고 말한다. 다른 사람이 어렵고 힘들 때 그 사람에게 집중해서 들어주고 피드백을 해주는 것이다. 또 다른 소중한 것은 '시간'이라고 말한다. 이야기를 들어주고, 같이 시간을 보내는 것이다. 마지막으로 중요한 것이 '돈'이다. 돈은 자기가 투자한 것의 결과물이고 그런 결과물을 다른 사람들을 위해 쓰는 것이라고 말한다. 이처럼 자신에게 소중한 것을 다른 사람들에게 베풀어줄 때 좋은 관계를 가질 수 있다고 말하는 문용식을 통해 결말을 짓는 시대는 인간적인 방법으로 모든 세대의 사람들과 원만한 관계를 가지게 되는 시기임을 확인할 수 있다.

나. 중심 사건과 인터뷰 내용

2001 나우콤 창설, CEO가 됨
- 2000년대 인터넷 시대가 열리면서 PC통신은 사양길에 접어듦.
- 2000년 IT버블이 깨지기 시작하자 회사에 위기가 도래, 100억 원에 가까운 적자가 났을 때 나우콤 대표이사가 됨.

Q _ 이미 회사가 어려운 상황이었는데 굳이 대표이사가 되어 어려운 길을 가려 하신 이유는 뭔가요?

A _ IT산업을 선택했으니 10년은 해야 된다고 생각했다. 그리고 결과적으로 잘되었다. 그런데 라이프사이클의 변화로 회사가 어려워졌다. 그런데 거기서 포기하면 내가 열심히 했던 10년이 실패로 끝나는 것이라 생각했다. 게다가 그 10년은 서른 중반부터 마흔 중반까지의 내 인생의 황금기였다. 많은 사람들이 고민을 많이 하게 되는 순간이다. 대부분의 사람들은 잘되던 일이 망하면 배에

서 뛰어내리기 마련이다. 그때 대표를 맡아서 운영을 해달라는 제안이 들어왔다. 주변 사람들은 모두 아무 성과가 없고 마음고생만 할 일이니 하지 말라고 했다. 하지만 나는 청춘을 다 바친 회사를 포기할 수 없었다. 그리고 남들 하는 만큼은 할 수 있다는 자신감이 있었다. 못하면 할 수 없지만 하는 데까지는 해보자는 마음으로 대표를 맡게 되었다. 그 뒤에는 내가 생각하는 대로 운영했다. 그리고 그것이 성공의 결실을 맺을 수 있었다.

Q _ 문용식 대표님은 당시 나우콤이 100억에 가까운 적자를 냈는데도 불구하고 대표를 맡으셨고, 지금까지 많은 노력을 해오셨으며, 결국 나우콤이 살아나서 흑자를 내고 상장기업이 되는 쾌거를 이루셨습니다. 어떤 생각으로 나우콤의 대표가 되셨고 지금까지 노력해오신 건가요?

A _ 가장 큰 이유는 '지난 10년이 아까워서'였다. 그래서 대표로 취임하고 내 마음대로 한 것인데 운이 좋아서 게임 사업과 P2P 사업이 대박 났다. 하지만 운은 준비하지 않은 사람에겐 기회를 주지 않는다.

Q _ 그때 대표님을 움직였던 것은 무엇이었나요?

A _ 그때 나를 움직였던 것은 남을 이기거나 통제하고 싶은 욕구가 아니라 말 그대로 나에 대한 강한 확신과 자신감이었다. 나에 대한 확신은 나에게만 국한된 것이 아니라 조직 내의 동료들까지 포함된다.

Q _ 대표를 맡으신 후에 회의감은 들지 않으셨나요? 조직 내의 갈등은 없으셨나요?

A _ 물론 회사가 어려운 상황이었으니 내 뜻대로 하고 싶을 때 동료들과 의견

이 뒤틀리거나 주요 간부들과 의견이 충돌되었던 적이 많았다. 그러나 내 뜻을 따라달라고 했을 때 모두 동의했고 결과적으로 현재 회사의 상황이 긍정적이기 때문에 회의감은 들지 않는다.

2002 위기 극복 단계
- 거래처를 직접 돌아다니며 피디박스(인터넷 파일 저장 서비스)로 돈을 벌 테니 3개월만 기다려달라고 부탁
- 정부에서 신설한 프라이머리 CBO(채권담보부증권)라는 자금지원제도를 통해 95억 원을 빌려 위기를 모면하는 동시에 사업구조 변경을 도모. 구조조정과 함께 기존사업을 축소하고 사업의 다각화 차원에서 신규사업을 벌임.
- 점차 자금이 돌기 시작한 이후 이듬해 흑자를 냄. 이후 5년 연속 흑자 행진.
- 2003년, 2004년 200억대 흑자 기업으로 전환.
- 현재 인터넷 파일 스토리지 서비스(피디박스, 클럽박스) 분야 점유율 1위로 가입자가 1500만 명에 달함.

2003. 5~2007 김근태 전 의원의 후원 조직인 한반도재단 사무총장 역임
- '깃발' 사건에 연루되어 함께 고문을 당한 인연이 있던 김 전 의원이 대선 불출마 선언을 하기 이전까지 김 전 의원 캠프의 좌장 역할을 하며 필요한 재원을 후원함.

2007 나우콤이 상장기업이 됨
- "창조경영이란 회사 구성원이 공유하는 스토리를 만드는 것, 나우콤의 스토리는 아무리 어려워도 망하지 않는다는 믿음에서 출발한 독창적인 서비스와 강한 조직이다."
- 피디박스와 클럽박스의 고객 풀을 활용해 인터넷방송 서비스 사업에 주력하고 온라인게임 개발 및 퍼블리싱 사업, 기업을 대상으로 한 파일다운로드 사업, 웹2.0 트렌드에 맞춘 커뮤니티 서비스를 통해 사업 다각화, 내실 다짐.

Q _ 운동권을 하시고 대표라는 자리를 맡으면서 리더라는 역할을 오랫동안 해오셨는데, 대표님의 리더십이 있다면 무엇인가요?

A _ 나는 직원의 생일날에 편지를 쓰고 선물을 한다. 그러나 그것은 하나의 이벤트일 뿐이다. 더 중요한 본질은 '자신의 소중한 것을 바치는 것'이라고 생각한다. 이는 리더라는 자리뿐만 아니라 모든 관계에 적용된다. 좋은 관계가 되기 위해서는 '자신한테 소중한 것을 남에게 주는 것'이라 생각한다. 인간한테 소중한 것은 몇 개 안 된다. 그중 하나는 '관심'이다. 다른 사람이 어렵고 힘들 때 그 사람에게 집중해서 들어주고 피드백을 해주는 것이다. 또 다른 소중한 것이 '시간'이다. 이야기를 들어주고, 같이 시간을 보내는 것이다. 마지막으로 중요한 것이 '돈'이다. 돈은 자기가 투자한 것의 결과물이다. 그런 결과물을 다른 사람들을 위해 쓰는 것이다. 이처럼 자신에게 소중한 것을 다른 사람들에게 베풀어줄 때 좋은 관계를 가질 수 있다.

Q _ 대표님이 생각하는 리더십이란 무엇인가요?

A _ 인간관계를 좁히면 조직에서 리더십의 본질, 방향이 나온다. 리더와 리더십의 본질은 딱 2가지다. 리더는 조직의 장이다. 가정, 학교, 기업 모두에 적용된다. 조직의 장인 리더는 '미래에 잘되기 위해서 지금 해야 할 것'을 알려줄 수 있어야 한다. '올바른 의제 설정(agenda setting)'을 잘하는 것이 리더십의 요체 중 첫 번째이다. 두 번째는 '조직원(구성원)들이 리더를 믿고 따를 수 있게 하는 것'이다. 솔선수범해서 사람들의 신뢰를 이끌어낼 수 있어야 한다. 이 2가지가 갖추어지면 리더십이 완성된다.

7. 민중 속으로 회귀하는 시기(50세~)

Q _ 큰 조직의 장을 맡아오셔서 여쭤보는 것인데, 정치하시는 분들은 세상을 가지고 싶다는 포부를 갖는 경우가 많은데 대표님은 어떠신지요?

A _ 세상을 갖겠다고 정치를 하는 것은 미친 짓이다. 정치는 간절한 소망이 있을 때 하는 것이다. 갖고 싶다는 것은 간절한 것이 아니라 사욕이다. '간절히 내 마음대로 하고 싶어'라는 것은 말이 안 된다. 간절한 것은 지금 안 될 것 같지만 도덕적으로 옳은 것, 지금 안 되지만 나의 모든 것을 다 바쳐서 이것만은 하고 싶다는 것이 있다.

Q _ 그럼 사회에 일조를 하고 싶다는 것인가요?

A _ 사회생활은 대부분 개인의 사적인 이해와 욕구를 채우는 것이다. 돈 벌고 즐기며 사는 것이다. 그것은 웬만큼 노력하고 허튼짓을 하지 않는다면 다 될 수 있다. 그러나 정치라는 것은 보통 사람의 사적 욕구를 버리고 자기를 희생해야 하는 것이다. 사생활, 사적 이해관계, 돈, 편한 생활을 다 버려야 하고 인간이라면 당연히 가질 수 있는 어두운 구석, 망가지는 일 등이 다 까발려지는 희생이 따른다. 그것을 무릅쓰고서라도 사회, 민족, 나라를 위해서 이것만은 해야 한다, 이걸 안 하면 내 인생의 의미가 없다고 생각할 때 해야 한다.

Q _ 그럼 지금 행복하세요?

A _ 행복하다. 그런데 나에겐 바뀌지 않는 간절한 꿈이 있다. 그것은 이건 꼭 해야겠고, 누구에게 맡길 수 없고, 이걸 안 하고 죽으면, 이것을 회피하고 두려워하고 도전하지 않으면 인생이 치사하겠다는, 간절한 것이 있다. 그것이 무엇인지는 다음에 말하겠다.

Q _ 사업을 계속 할 것인가요? 정치권에서도 러브콜이 있었다는 걸 알고 있는데요.

A _ 지금까지는 아니었다. 왜냐하면 아직 회사를 내려놓을 때가 아니었기 때문이다. 할 만큼은 해야 하기 때문이다. 내 자신과 주변 사람들 모두가 그만해도 된다고 느껴질 때까지는 해야 된다고 생각하고 정치권은 거들떠보지도 않았었다. 적절한 때를 아는 것은 참 중요하다. 하지만 나중에 기회가 있다면 하게 될 수도 있다.

문용식의 삶에서 나타나는 방어기제

문용식의 삶을 살펴보면 그는 성숙한 방어기제를 주로 사용해왔음을 알 수 있다. 〈성공적인 삶의 심리학〉 발표를 맡은 5조의 〈방어기제 부록〉에 의하면 성숙한 방어기제는 12세에서 90세까지의 '건강한' 사람에게 일반적으로 나타난다. 사용자에게서 이 기제들은 외부현실, 대인관계, 그리고 개인의 사적인 감정을 통합시켜 주며, 관찰자에게서 이 기제를 사용하는 사람은 좋은 미덕을 가진 사람으로 보인다. 증가된 긴장 상황에서 이 기제들은 미성숙한 기제로 변화될 수 있다. 문용식이 사용한 방어기제는 다음과 같으며 앞으로도 문용식의 삶에 반복되어 나타날 것이고 그때마다 그의 삶을 성공으로 이끌어갈 것이다.

유머

유머는 개인의 감정적 불편함이나 무기력하다는 느낌 없이, 또 다른 사람에게 불쾌한 영향을 미치지 않으면서 사고나 감정을 겉으로 표현하는 것이다. 유머는 현실을 있는 그대로 인정하면서 개인이 참아내기에 너무 힘든 것을 참아내게 해주고 초점을 맞추도록 해준다. 문용식에게는 유머가 있다. 인터뷰 자리에서도, 강연에서도 그는 유머 실력을 발휘했다. 또 그는 얼마 전 피디박스와 클럽박스의 저작권 위반 혐의로 구속되었다가 보석으로 풀려났다. 그런데 그는 "정말 감사하다"고 했단다. 그 이유를 물으니 "이번 구속 전에는 50~60대 사람들을 만나 아프리카 서비스를 소개하면 전혀 몰랐다. 그런데 내가 감옥에 갔다 오니 사람들이 아프리카와 나를 잘 알더라. 문용식이라고 하면 '아, 그 아프리카 만든 나우콤의 사장이시군요'라며 순식간에 알아차리더라. 몇 억짜리 브랜드 프로모션을 했다"고 말했다 한다. "감사하다"라는 유머는 그의 어려운 상황을 모두 반영하면서도 듣는 이에게 웃음을 준다. 이러한 유머가 그가 어려운 상황을 즐길 수 있도록 하면서, 동시에 사람들에게 그의 상황을 잘 이해하고 기억하게 만들었을 것이다.

억제

억제는 바람직하지 않은 의식적 충동과 갈등에 대한 관심을 지연시키려는 의식적이거나 반의식적인 노력이고, 어려운 상황에서도 희망을 갖는 것이다. 문용식은 어려운 상황에서도 좌절하지 않았다. 그는 주어진 상황에 대한 좌절을 억제하고 희망을 가지고 어떻게 이 상황에 대처할 것인가에 대해 고민했다. 민주화운동을 하면서 감옥에서 보낸 5년 1개월 동안 그는 모진 고문을 당하고 독방살이를 했으며 사람들과 말을 하지도, 글을 쓰지도 못하는 상황에 놓여 있었다. 하지만 그는 좌절하지 않고 유일하게 허락된 〈이코노미스트〉를 읽으며 세계정세에 대한 감각을 익혔고 기수련과 체력단련을 통해서 맑은 정신을 유지했다. 2001년 나우콤이 100억에 가까운 적자를 냈을 때도 그는 억제를 방어기제로 활용했다. 그는 회사의 어려운 상황에서 좌절하지 않고 대표 자리를 맡았다. 당시 그는 다른 일을 할 수도 있었을 것이다. 하지만 그는 '남들이 하는 만큼 할 수 있다'는 확신을 가지고 과감하게 사업을 지휘해나갔다. 그 결과 나우콤은 5년 연속 흑자를 냈고, 주식시장에 상장된 건실한 기업으로 거듭났다.

문용식을 움직이는 것은 자기 확신이다

자신이 하는 일에 믿음이 있다

문용식은 자신이 하는 일에 대한 믿음이 있다. 학생운동을 시작한 이유는 사람에 대한 믿음이 있기 때문이었다. 그래서 그는 오랜 징역생활에도 불구하고 계속해서 학생운동을 이끌어나갔다. 인터넷의 등장으로 나우누리가 고전하고 나우콤에 큰 적자가 났을 때도 '나도 남들만큼 할 수 있다'는 믿음으로 대표 자리를 맡았다. 저작권법 위반 혐의로 구속되었을 때도 그는 유머와 여유를 잃지 않았다. 이는 그가 자신이 좋아하는 것과 자신이 하는 일에 정당성과 당위를 부여하고 바람직한 일이라는 강한 자기 확신을 가진다는 것을 보여준다. 그에게 닥쳤던 오랜 징역생활과 나우콤의 적자, 저작권법 위반 혐의 구속 등은 자신에 대한 확신과 믿음을 가지고 있는 그에게 위기나 실패가 아니라 일시적인 변동이었을 것이다. 즉 그가 강한 자기 확신을 유지한 것이 실패와 위기 극복의 원동력이었을 것이다.

실패와 성공은 과정이다

어쩌면 그에게 실패와 성공의 개념이 없을 수도 있다. 그는 하고자 하는 바를 꿈꾸고 그것을 이루기 위해 살아가고 있는 것인데, 그것이 남들이 보기에 잘되면 성공이라 불리고 잘못되면 실패라 불리는 것일지도 모른다. 즉 성공과 실패는 남들이 규정하는 것이고 그에게는 모두 과정이다. 그래서 그에게 "어떻게 하면 성공할 수 있나요?"라고 물으면 "열심히 잘하면 돼요. 인생 재밌게 살아, 뭘 그렇게 고민해?"라는 대답을 듣게 되는 것 같다. 좀 더 거시적으로 보았을 때, 그의 이분법적이지 않은 사고에서 나오는 안정적인 카리스마와 여유는 사람과 운, 돈을 끌어당기는 힘이 있는 듯하다. 실패라는 것을 규정짓지 않음으로써 나타나는 여유는 그의 20년 사업 인생에서 성공가도를 달리게 한 밑바탕인 것 같다.

긍정의 힘을 믿는다

이러한 자기 확신은 긍정적인 생각에서 나왔을 것이다. 긍정적인 생각에서 나오는 힘은 위기를 기회로 바꾼다. 이러한 긍정의 힘이 있다면 그가 겪는 모든 사건과 경험이 모두 기회가 된다. 얼마 전 그는 피디박스와 클럽박스의 저작권 위반 혐의로 구속되었다가 보석으로 풀려났다. 일각에서는 촛불시위의 파급효과를 높인 아프리카 서비스에 대한 보복 수사라는 의견이 나왔다. 그리고 그는 유명해졌다. 남들은 수치스럽다고 생각할 수도 있을 만한 상황에 기인한 '유명세'를 얻은 것이다. 그러나 그는 오히려 "이번 구속을 통해 사람들이 나우콤과 아프리카에 대해 잘 알게 되었다. '몇 억짜리 브랜드 프로모션'을 한 셈이다"라고 너스레를 떨었다. 이렇게 그에게는 유머와 여유를 잃지 않는 긍정의 힘이 있다.

리더는 '사람'을 잘 읽는다

그에게는 강한 확신과 믿음이 있다. 인터뷰에서 그는 이러한 자기 확신과 믿음이 그에게만 국한되는 것이 아니라 자신과 함께 일하는 동료들에게까지 적용된다고 했다. 이러한 동료에 대한 확신과 믿음은 그에게 사람으로 구성된 조직을 이끌어나가는 탁월한 능력을 키우게 했다. 그래서 그에게는 사람에 대한 통찰력과 사람의 마음을 움직이는 적절한 타이밍을 아는 감각이 있다. 그는 조직의 구성원들에게 적절한 타이밍에 관심, 시간, 돈을 적절하게 공급함으로써 효율적인 사람관리를 해옴과 동시에, 오랜 기간 한 집단의 리더로서의 자리를 유지해왔다. 그래서 그는 자신이 가진 '인적자원'을 낭비하지 않고 당당히 누릴 수 있었다. 뿐만 아니라 그에게는 인정이 있다. 통찰력만으로 다년간의 관계를 지속할 수는 없을 것이다. 그는 그의 집단 구성원들을 아끼고 애정을 쏟으면서 구성원들에게 사랑받는 리더로서 자리매김해왔다. 이렇게 자기 확신과 믿음을 동료들에게까지 확대한 그의 행동방식은 그를 사람에 대한 통찰력과 인적자원의 효과적인 활용, 그리고 인정과 사랑을 모두 갖춘, '사람'을 잘 읽는 리더로 만들었다.

꿈꾸는 것을 두려워하지 않는 용기를 가졌다

그는 50세라는 나이에는 보기 드물게 지금도 꿈을 품고 있다. 젊은 사람에게 꿈이 없으면 이상하지만 50대의 사람이 남들 앞에서 당당하게 꿈이 있다고 말할 수 있다는 것은 어찌 보면 용기라고 생각된다. 이 용기 역시 자기 확신에서 비롯된다고 생각한다.

꿈을 현실로 바꾼다

그는 몽상가가 아니다. 그는 꿈을 꾸면 그것을 실행에 옮기는 추진력과 될 때까지 시도하는 꾸준함을 갖고 있다. '맞다'고 생각하면 망설이지 않는 추진력, 10년이라는 긴 시간을 투자할 줄 아는 끈기와 노력 역시 본인의 선택에 대한 강한 자기 확신에서 비롯되며 성공의 밑거름이 되었다.

경험으로부터 배운다

그는 긍정적인 생각과 강한 자기 확신으로 해나간 민주화운동을 통해서 그만의 독특한 능력들을 키웠다. 지금 우리의 눈으로 보면 그는 20대를 민주화운동에 '소진'했다고 말할 수 있다. 하지만 그가 민주화추진위원회를 운영하고 민주화운동을 이끌어나갔던 경험과 5년 1개월을 감옥에서 보낸 경험은 일반적인 경험이 아니다. 민주화운동을 해나가면서 그는 적절한 의사소통 능력과 사람 관리 능력, 트렌드를 읽는 안목, 적절한 타이밍을 알아채고 실행에 옮기는 능력 등을 키웠을 것이다. 또한 그는 신뢰관계를 기반으로 집단을 결성하고 함께 운동을 해나가면서 사람들로부터 정보를 얻고 활용하는 방법, 사람들에게 적절한 때에 관심과 시간을 주어 마음을 얻는 방법을 체화했다. 이는 텍스트가 아닌 경험에서 우러나오는 암묵적 지식이며 쉽게 얻을 수 없는 능력이다. 이렇게 민주화운동을 통해서 사람과 경험으로부터 배운 능력을 바탕으로 그는 사업을 할 수 있었고, 조직을 관리할 수 있었으며, 리더십을 이해할 수 있었다.

KI신서 3668

함께 살자

1판 1쇄 인쇄 2011년 11월 23일
1판 1쇄 발행 2011년 11월 30일

지은이 문용식
펴낸이 김영곤 **펴낸곳** (주)북이십일 21세기북스
출판콘텐츠사업부문장 정성진 **출판개발본부장** 김성수 **국내개발팀장** 정지은
책임편집 윤홍 **디자인** 송경진 박현정 **해외기획** 김준수 조민정
마케팅영업본부장 최창규 **마케팅** 김현섭 김현유 강서영 **영업** 이경희 정병철
국내기획실장 안현주 **기획** 박영미 유승재
출판등록 2000년 5월 6일 제10-1965호
주소 (우 413-756) 경기도 파주시 문발동 파주출판단지 518-3
대표전화 031-955-2100 **팩스** 031-955-2151 **이메일** book21@book21.co.kr
홈페이지 www.book21.com **블로그** b.book21.com **트위터** @21cbook

© 문용식, 2011

ISBN 978-89-509-3424-8 03330
값은 뒤표지에 있습니다.